조선시대정치사 II
- 조선후기 전반편 -

조선시대정치사 Ⅱ - 조선후기 전반편

지은이 / 지 두 환
펴낸곳 / 도서출판 역사문화
펴낸이 / 김경현
2013년 9월 25일 초판 발행
2019년 3월 23일 개정판

등록 / 제 6-297호
등록일 / 1998. 2. 25.
서울 성북구 정릉동 716-109 행복빌 101호
전화 / 02) 942-9717
팩스 / 02) 942-9716
블로그/ blog daum net/ ihc21book
이메일/ ihc21book@hanmail.net

ISBN 978-89-88096-66-6 04910
ISBN 978-89-88096-64-2 04910(세트)
　　　　　　　　　값 15,000원

값 15,000원

조선시대정치사 II

- 조선후기 전반편 -

지 두 환 지음

도서출판 역사문화

일러두기

▶ 다음과 같은 부호를 사용하였다
　(　) 　 : 　음과 뜻이 같은 한자를 묶는다
　〔 　 〕 　 : 　음은 다르나 뜻이 같은 한자를 묶는다
　" 　 " 　 : 　대화 등의 인용문을 묶는다
　' 　 ' 　 : 　재인용이나 강조 부분을 묶는다
　「 　 」 　 : 　작품명이나 논문을 묶는다
　『 　 』 　 : 　책명을 묶는다
▶ 왕자나 공주·옹주의 봉호는 선원계보를 기준으로 하였다
　예) 함양군주(咸陽郡主: 선원록), 함양옹주(咸陽翁主: 선원계보)
　부마나 국왕 인척들의 봉호는 마지막으로 봉작된 것을 기준으로 하였다
▶ 조선 국왕 연대는 왕명과 연대를 병기하는 것을 원칙으로 하였다
　예) 선조 8년(1575)
　국왕들의(중국 황제 포함) 재위년도는 즉위년부터 산정하였다

서 문

그동안 한국사를 전공하면서 60년대 70년대에는 사회경제사관에 입각하여 사회경제구조의 변화를 파악하는데 많은 노력을 하였다. 그러나 이러한 변화를 사람의 생각이나 표현으로 그리고 정치로 파악하는데는 미흡하였다. 그래서 이러한 변화를 생각이나 표현으로 파악하는 사상사나 문화사를 이해하고 정리하는데 80년대 90년대를 보냈다. 이러한 고민 끝에 한국사상사를 나름대로 정리해서 한국사상사를 출간하였다. 이러면서 계속 부족하게 여겼던 것은 이러한 변화를 이끌어가는 정치사를 파악하지 않고는 안 되겠다 하는 생각이었다.

그리고 옛날 선현들이 역사를 하면서 정치사를 중심으로 했던 이유를 어렴풋이 알 것 같았다. 그래서 정치사를 정리하는데 필수적인 요소가 되는 국왕 친인척을 조사하여 태조부터 순종까지 27대 국왕 친인척 시리즈를 52권으로 출간하였다.

이를 바탕으로 조선시대 정치사를 강의하면서 일반 사람들은 정치사를 배우면서 역사에 흥미를 느끼고 역사가 중요하다고 평가를 하고 있다는 것을 알게 되었다. 그것은 당연한 결과였다. 그래서 이번에는 조선시대 정치사를 3권으로 출간하기로 하였다.

그동안 식민지사관의 당쟁론 때문에 정치사를 기피하는 바람에, 생명이 빠져 있는 역사를 하고 있었구나 하는 생각을 하게 되었다. 그러면서 식민지사관의 당쟁론의 피해가 새삼 큰 것을 다시 한번 뼈저리게 느꼈다.

그리고 그동안 성리학 부정론 때문에 성리학자인 두문동 72현이나 사육신 생육신 등을 개혁세력으로 주목하지 못하고 절의나 지킨 사람들로 다루었다. 게다가 성리학자인 신흥사대부나 사림들을 개혁세력으로 보면서도 성리학이념은 보수적으로 보는 모순을 가져왔다. 특히 조선후기에는 성리학자는 당쟁이나 하고 실학자들이 개혁을 해보려다 실패하는 것으로 보아왔다.

그래서 본 책에서는 조선전기는 성리학 긍정론에 입각하여 신흥사대부, 두문동 72현, 사육신 생육신, 사림파로 이어지는 성리학자들을 중심으로 줄기를 잡아가며 조선전기 정치사를 재구성해 보았다. 조선후기에는 성리학자들이 세계 최초로 붕당정치를 하며 대동법 균역법을 통해 성리학적 이상사회를 이루어갔다고 조선후기 정치사를 재구성해 보았다.

그리고 조선시대는 성리학이 이끌어가는 시대라서 삼강(三綱)에 어그러지면 정계에서 밀려났구나 하는 사실을 알았다.

세조찬탈을 했던 훈척들이 사화를 일으키며 아무리 막으려 했지만, 서원이 서고 사림이 주도하는 붕당정치가 선조대에 전개되면서 훈척들은 밀려났다.

동서붕당이 전개되는 가운데 임진왜란을 틈타 광해군을 옹립하며 정권을 잡았던 북인은 삼강의 가장 중요한 덕목인 효를 부정하는 폐모론을 추진하고 시행하다가 인조반정으로 몰려났다.

인조 반정 이후 서인 남인의 정책대결은 사상적으로 서인은 일원론(一元論), 남인은 이원론(二元論)으로 개혁 보수로 정책 대결을 하였다. 급기야 남인은 삼강에 어그러지는 장희빈을 옹립했다가 인현왕후가 복위하면서 실세하게 된다.

이후 서인은 군사부일체를 주장하는 노론과 이를 어기는 소론으로 대립하게 된다. 숙종대에는 송시열을 스승으로 받들다가 스승을 배반한 윤증을 지지하는 소론과 송시열을 지지하는 노론으로 대립하다가, 장희빈의 아들인 경종대에는 노론이 소론들에게 신임사화를 당하게 된다. 그러나 영조가 즉위하면서, 결국 삼강과 군사부일체, 존주론의 모든 원칙을 지키고, 철학적으로도 일원론을 고수하던 율곡학파 노론이 영정조대 문예부흥기를 주도하며, 우리 고유문화를 세계최고수준으로 만들며 사회를 주도한다.

그리고 이러한 흐름을 사상사 정치사는 물론 왕위계승이나 왕실친인척과 연결하여 설명해 보았다. 그동안 왕조사관이라 하여 부정적으로 보아만 왔던 국왕 왕실 관계를 정치사 전반 흐름과 연결하여 설명해보려 하였다. 이렇게 해야만 최고 지배층인 국왕이나 왕실이 민중이나 사회변화와 따로 존재하지 않고, 민중이나 사회 변화에 따라 같이 변화하였다는 것이 밝혀져, 올바른 정치사가 확립되리라 보았다.

이러한 의도로 출발을 했지만 아직은 공부가 많이 부족하여 책으로 꾸미기에는 한없이 부끄러웠다. 그러나 성리학을 부정적으로 보는 현 사회를 보면서 조금이라도 사실을 제대로 밝혀보려는 시도를 해보기로 하였다.

그래서 우선 부족하나마 조선전기 1권 조선후기 2권으로 조선시대 정치사를 3권으로 출간을 하기로 하였다. 강호제현의 많은 질정과 편달이 있기를 바란다.

조선시대 정치사 원고를 정리하고 교정을 하느라 수고해 준 양웅렬 군에게 이 자리를 빌어 고마움을 표한다.

2013년 9월 북악산장에서

개정판 서문

조선시대 정치사 개설서가 필요해서 2013년 황급히 출간하였다. 그러나 부족한 점이 너무 많아 일찍부터 개정판을 낸다고 기획을 하였다. 중학교 때 스승이셨던 유성종 선생님께 조선시대 정치사를 드렸더니 다 읽으시고 수정 보완을 해주셨다. 그래서 더욱더 빨리 개정판을 내야겠다 하다가 2017년에야 겨우 그동안 미흡했던 것을 조금 보완하는 수준에서 개정 작업을 하였다. 그러나 출간을 미루다가 보니 어느새 2019년이 되었다.

이제는 더 미룰 수 없어 3월에 우선 개정판을 출간하기로 하였다. 개정 작업을 도와준 제자 유준상 안소연 최동진에게 이 자리를 빌려 고마움을 표하려 한다.

2019년 3월 의헌재에서

차 례

1권

제1편 조선전기 전반

제2편 조선전기 후반

xvi

3권

제4편 조선후기 후반

제3편 조선후기 전반

제12장 인조대 정치사

■ 탄생에서 결혼까지

인조는 선조 28년(1595) 을미년 11월 7일 황해도 해주(海州)에서 태어났다.

인조의 할머니인 인빈 김씨는 혼란한 광해군 대를 만나 능양군(綾陽君: 후일 인조) 등 후손들을 보호하느라 많은 노력을 하였다. 이러한 혼란한 정국 속에서도 능양군[인조] 집안은 할머니인 인빈 김씨가 살아계시는 동안은 무사하였다. 그것은 선조대에 할머니 인빈이 선조의 총애를 받으면서 광해군을 보호하였기 때문이었다. 그러나 할머니 인빈 김씨는 능양군이 19세 때인 광해군 5년(1613) 10월 29일 돌아가셨다.

광해군의 견제세력인 인빈 김씨가 돌아가시자, 광해군 6년 1월 19일 기자헌(奇自獻, 1562~1624)을 영의정, 정인홍(鄭仁弘, 1535~1623)을 좌의정, 정창연(鄭昌衍, 1552~1636)을 우의정에 임명하여 삼정승이 모두 북인(北人)이 되는 북인정권을 구축하였다. 이를 기반으로 하여 반대세력을 철저히 제거하기 시작했다.

우선, 앞서 서인(庶人)으로 강등된 영창대군이 광해군 5년 8월 2일 강화에 위리안치되었다가, 광해군 6년 2월 10일 9세의 어린나이로 강화부사 정항(鄭沆)에 의하여 참혹하게 살해되었다.

이런 와중에서 능양군〔인조〕 집안을 보호해주시던 할머니 인빈 김씨가 돌아가신 지 2년도 채 못된 광해군 7년 윤8월 2일 '신경희 옥사'가 일어나 둘째아우인 능창군이 11월 10일 교동에 안치되었다가, 11월 17일 죽임을 당하는 참변이 벌어졌다. 이때 능양군의 나이 21세였고, 능창군의 나이는 17세였다.

이렇듯 광해군과 대북정권은 친형 임해군과 이복동생 영창대군 등을 죽이고, 이 후 어머니 인목대비를 폐위하자는 폐모론을 일으키며 인륜에 어긋나는 일을 저지르게 된다.

이것은 성리학 이념이 효(孝)에 근본을 두고 있는 까닭에 도저히 용납될 수 없는 천륜에 어그러진 행동이었다.

능양군(綾陽君: 인조)은 이렇듯 인륜이 무너지고, 종묘와 사직이 엎어지려는 것을 근심하여 어지러운 것을 다스려 난세를 바로잡아 본래의 태평한 세상이 되게 하는 것〔반정反正〕을 자기 임무로 여기게 되었다.

광해군 11년(1619) 5월 22일 25세인 능양군에게 후일 효종이 되는 둘째아들이 태어나는 경사가 있었지만, 5년전 동생 능창군의 죽음으로 말미암아 홧병으로 몸져 누운 아버지 정원군(定遠君: 원종)이 12월 29일 세상을 떠나는 불행을 당한다.

인빈 김씨 묘
경기도 남양주시 진접읍(榛接邑) 내각리(內閣里)

■ 인조반정

조선 왕조는 주자성리학을 국시(國是)로 천명(闡明)하여 건국한 나라였지만 3~4세기가 지난 조선후기 사회에는 주자성리학이 그대로 적용될 수 없었다. 시대가 흐름에 따라 달라진 현실에 대응하여 역사적 사명을 다하기 위해서는 조선후기 사회에 알맞는 성리학 이념으로 재정립해야만 했다.

이러한 필요성에 따라 세종대에 이루었던 고제연구(古制研究)를 바탕으로 하여 주자성리학 이념이 집현전을 중심으로 토착화되기 시작했다. 성종대에 사림파(士林派)가 등장하고, 16세기에는 점차 그 세력을 확대해가며 성리학 이념에 대한 이해를 심화시켜 나갔고, 사단칠정논쟁(四端七情論爭) · 인심도심논쟁(人心道心論爭) 등 성리철학 대논쟁을 거치며 율곡 이이(栗谷 李珥, 1536~1584)에 이르러 주자성리학은 조선성리학으로 재정립되었다.

이렇게 정립된 조선성리학 이념은 선조대 임진왜란 당시 철저한 의병투쟁을 전개할 수 있는 바탕이 되었고, 이 과정에서 일반에 깊이 뿌리내리게 되었다.

그러나 광해군(光海君, 1575~1641)이 즉위하자 비순정성리학자(非純正性理學者)인 북인(北人)이 정권을 주도하면서 명나라와 조선의 피폐를 틈타 강성해진 여진족(女眞族)에 대응해 의리명분론과 화이론에 어긋난 외교정책을 전개하니, 순정성리학자(純正性理學者)인 사림(士林)들로부터 지탄을 받는 것은 당연했다. 임진왜란 때 의병투쟁을 하며 세력을 확대한 순정성리학자들의 비판은 북인정권을 불안하게 만들었고, 이러한 불안 요소를 제거하기 위해 친형인 임해군(臨海君, 1572~1609)과 이복동생인 영창대군(永昌大君, 1606~1614)을 죽이는 등 인륜(人倫)에 어긋나는 일을 저지르고 급기야는 계모인 인목대비(仁穆大妃, 1584~1632)를 서궁(西宮)에 유폐시키기에 이른 것이다.

이것은 성리학 이념이 효(孝)에 근본을 두고 있는 까닭에 도저히 용납될 수 없는 천륜에 어그러진 행동이었다.

따라서 북인마저 대북(大北)과 소북(小北)으로 분열되면서 광해군의 폐위는 촌각(寸刻)을 다투는 문제가 되었고, 순정성리학자인 율곡학파가 중심이 되고 퇴계학파가 이에 동조함으로써 이루어지는 인조반정은 성리학 이념이 토착화되는 과정에서 일어나는 당연한 결과였다.

인조반정을 일으킨 순정성리학자들이 추구한 성리학의 이상인 왕도정치(王道政治)의 구현은, 현재의 헌법과 같은 '종법(宗法)'을 기본으로 하는 '예치(禮治)'라는 정치형태를 가져왔다.

이를 위해서 서인측(西人側)에서는 이미 율곡학파의 수장(首長)인 사계(沙溪) 김장생(金長生, 1548~1631)이 『가례집람家禮輯覽』 10권 6책을 편찬하였고(1599), 남인측(南人側)에서는 퇴계문인(退溪門人) 용졸재(用拙齋) 신식(申湜, 1551~1623)이 『주자가례朱子家禮』를 번역한 『가례언해家禮諺解』 5권 5책을 내놓았다.

이로써 바야흐로 조선왕조는 성리학 이념에 입각한 이상사회를 건설하기 위하여 종법을 기본으로 하는 예치를 실현해 갔다. 그리고 경제적으로는 정전제(井田制)의 이상을 실현하기 위하여, 광해군대에 중단되었던 대동법(大同法) 시행을 서둘렀다.

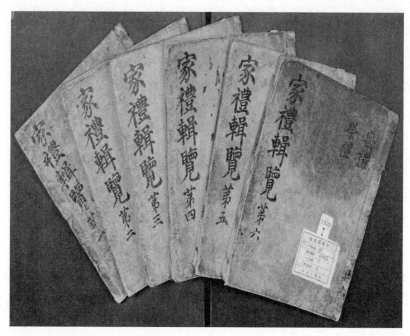

김장생 가례집람(규장각 한국학연구원)

인조는 마침 친근한 친족 중에 호걸이 많았다. 이를테면 신경진(申景禛, 1575~1643), 구굉(具宏, 1577~1642), 심명세(沈命世, 1587~1632), 구인후(具仁垕, 1578~1658)가 함께 보필하고, 김류(金瑬, 1571~1648), 이귀(李貴, 1557~1633), 김자점(金自點, 1588~1651), 최명길(崔鳴吉, 1586~1647), 이서(李曙, 1580~1637), 홍서봉(洪瑞鳳, 1572~1645), 장유(張維, 1587~1638) 등이 꾀하지 않고도 말을 같이하여 힘을 다하여 협찬하니, 문무의 선비들이 의리를 떨쳐 일어나고 풍문을 들은 자가 구름처럼 모였다.

> 김류의 아버지 김여물(金汝吻)은 신립(申砬)과 함께 선조 25년(1592) 임진년에 충주(忠州)에서 전사(戰死)하였다. …
> 김류가 비로소 신공(申公: 신립申砬)의 아들 경진(景禛)과 함께 만번 죽더라도 종사(宗社)를 위하기로 계책을 모의한 다음, 연평(延平) 이귀(李貴) 등 제공(諸公)과 합의하였는데, 제공이 김류를 추대하여 맹주(盟主)로 삼았다. 하루는 능양군[인조]이 친히 김류의 집에 이르러 객주(客主)의 예를 행하였는데, 이때 김류는 능양군을 부를 때, 관장 고사(關張故事: 촉한蜀漢시대 관우關羽와 장비張飛가 유비劉備와 의형제를 맺고 형님이라고 부른 일)를 사용하였다. 송시열 찬 「김류 신도비」

신경진(申景禛, 1575~1643)은 인조의 백부인 신성군과 처남매부간이며, 신경유(申景裕), 신경인(申景禋)은 신경진의 동생들이다.

구굉(具宏, 1577~1642)은 인조의 외삼촌이며, 구인후(具仁垕)는 인조와 외가로 6촌간이다.

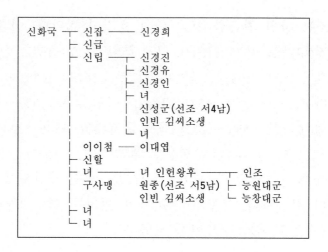

심명세(沈命世)는 구사맹의 외손자로 인조와는 이종 4촌 간이 된다. 심명세의 형 심정세(沈挺世, ?~1613)는 김제남 (金悌男: 인목대비의 아버지)의 맏사위이다.

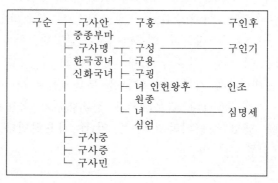

광해군 15년(1623) 3월 12일 이들은 능양군(綾陽君: 당시 29세)을 왕으로 추대하여 창의문(彰義門: 북소문으로 지금 의 자하문)으로부터 창덕궁으로 쳐들어갔다.

상[인조]이 윤리와 기강이 이미 무너져 종묘 사직이 망해가는 것을 보고 개연히 난을 제거하고 반정(反正)할 뜻을 두었다. 무인 이서(李曙)와 신경진(申景禛)이 먼저 대계(大計)를 세웠으니, 신경진과 구굉(具宏)·구인후(具仁垕)는 모두 상[인조]의 가까운 친속이었다. 이에 서로 은밀히 모의한 다음, 문사 중 위엄과 인망이 있는 자를 얻어 일을 같이하고자 하였다. 곧 전 동지(同知) 김류(金瑬)를 방문한 결과 말 한마디에 서로 의기투합하여 드디어 추대할 계책을 결정하였으니, 곧 광해군 12년(1620)이었다.

그후 신경진이 전 부사(府使) 이귀(李貴)를 방문하고 사실을 말하자 이귀도 본래 이 뜻을 두었던 사람이라 크게 좋아하였다. 드디어 그 아들 이시백(李時白, 1581~1660)·이시방(李時昉, 1594~1660) 및 문사 최명길(崔鳴吉)·장유(張維), 유생 심기원(沈器遠, ?~1644)·김자점(金自點, 1588~1651) 등과 공모하였다. 이로부터 모의에 가담하고 협력하는 자가 날로 많아졌다.

광해군 14년(1622) 임술년 가을에 마침 이귀가 평산부사(平山府使)로 임명되자 신경진을 이끌어 중군(中軍)으로 삼아 중외에서 서로 호응할 계획을 세웠다. 그때 모의한 일이 누설되어 대간이 이귀를 잡아다 문초할 것을 청하였다. 그러나 김자점과 심기원 등이 후궁에 청탁을 넣음으로써 일이 무사하게 되었다. 신경진과 구인후 역시 당시에 의심을 받아 모두 외직에 보임되었다. 마침 이서가 장단부사(長湍府使)가 되어 덕진(德津)에 산성 쌓을 것을 청하고 이것을 인연하여 그곳에 군졸을 모아 훈련시키다가 이때에 와서 날짜를 약속해 거사하게 된 것이다.

그런데 훈련대장 이흥립(李興立, ?~1624)이 당시 정승 박승종(朴承宗, 1562~1623)과 서로 인척이 되는 사이라 뭇 의논이 모두들 '도감군(都監軍)이 두려우니 반드시 이흥립을 설득시켜야 가능하다'고 하였다. 이에 장유의 아우 장신(張紳, ?~1628)이 이흥립의 사위였으므로 장유가 흥

립을 보고 대의(大義)로 회유하자 홍립이 즉석에서 내응할
것을 허락하였다. 그리하여 이서는 장단에서 군사를 일으
켜 달려오고 이천부사(伊川府使) 이중로(李重老, 1577~
1624)도 편비(褊裨)들을 거느리고 달려와 파주(坡州)에서
회합하였다.

그런데 이이반(李而攽, ?~1623)이란 자가 그 일을 이후
배(李厚培)·이후원(李厚源, 1598~1660) 형제에게 듣고 그
숙부 이유성(李惟聖)에게 고하자, 유성이 이를 김신국(金藎
國)에게 말하였다. 이에 신국이 즉시 박승종에게 달려가
이이반으로 하여금 고변(告變)하게 하고 또 승종에게 이홍
립을 참수하도록 권하였다. 이이반이 드디어 고변하였으
니 이것이 바로 12일 저녁이었다. 그리하여 추국청(推鞫
廳)을 설치하고 먼저 이후배를 궐하에 결박해놓고 고발된
모든 사람을 체포하려 하는데, 광해군은 바야흐로 어수당
(魚水堂)에서 후궁과 곡연(曲宴)을 벌이던 참이라 그 일을
머물러 두고 재결하여 내리지 않았다. 박승종이 이홍립을
불러서 '그대가 김류·이귀와 함께 모반하였는가?' 하므로
'제가 어찌 공을 배반하겠습니까?' 하자 곧 풀어주었다.

의병은 이날 밤 2경(9시~11시)에 홍제원(弘濟院)에 모이
기로 약속하였다. 김류가 대장이 되었는데 고변이 있었다
는 말을 듣고 포자(捕者)가 도착하기를 기다려 그를 죽이
고 가고자 하여 지체하며 출발하지 않고 있는데, 심기원
과 원두표(元斗杓, 1593~1664) 등이 김류의 집으로 달려
가 말하기를, '시기가 이미 임박했는데, 어찌 앉아서 붙잡
아오라는 명을 기다리는가.' 하자 김류가 드디어 갔다.

이귀·김자점·한교(韓嶠, 1556~1627) 등이 먼저 홍제
원으로 갔는데, 이때 모인 자들이 겨우 수백 명밖에 되지
않았고, 김류와 장단의 군사도 모두 이르지 않은 데다 고
변서(告變書)가 이미 들어갔다는 말을 듣고 군중이 흉흉하
였다. 이에 이귀가 병사(兵使) 이괄(李适)을 추대하여 대장

으로 삼은 다음 편대를 나누고 호령하니, 군중이 곧 안정
되었다. 김류가 이르러 전령(傳令)하여 이괄을 부르자 괄
이 크게 노하여 따르려 하지 않으므로 이귀가 화해시켰
다.

능양군[인조]이 친병(親兵)을 거느리고 나아가 연서역(延
曙驛)에 이르러서 이서(李曙)의 군사를 맞았는데, 사람들은
연서를 기이한 참지(讖地)로 여겼다. 장단의 군사가 7백여
명이며 김류·이귀·심기원·최명길·김자점·송영망(宋
英望)·신경유(申景裕, 1581~1633) 등이 거느린 군사가 또
한 6백~7백여 명이었다.

밤 3경(11시~1시)에 창의문(彰義門)에 이르러 빗장을 부
수고 들어가다가, 선전관(宣傳官)으로서 성문을 감시하는
자를 만나 전군(前軍)이 그를 참수하고 드디어 북을 울리
며 진입하여 곧바로 창덕궁(昌德宮)에 이르렀다. ― 창의
문에는 전날부터 바람이 불고 운애가 끼어 성안이 낮에
도 어두웠는데 반정군이 문 안으로 들어오자 갑자기
바람이 멈추고 구름이 걷혀 달빛이 대낮처럼 밝았다. ―
이흥립은 궐문 입구에 포진하여 군사를 단속하여 움직이
지 못하게 하였다. 초관(哨官) 이항(李沆, ?~1637)이 돈화
문(敦化門)을 열어 의병이 바로 궐내로 들어가자 호위군은
모두 흩어지고 광해군은 후원문(後苑門)을 통하여 달아났
다. 군사들이 앞을 다투어 침전으로 들어가 횃불을 들고
수색하다가 그 횃불이 발[簾]에 옮겨붙어 여러 궁전이 연
소하였다.

능양군[인조]이 인정전(仁政殿) 층계 위의 호상(胡床)에
앉았다. 궁중의 직숙관(直宿官)이 모두 도망쳐 숨었다가
잡혀왔는데, 도승지 이덕형(李德洞, 1566~1645)과 보덕(輔
德) 윤지경(尹知敬, 1584~1634) 두 사람은 처음엔 모두 배
례를 드리지 않다가 의거임을 살펴 알고는 바로 배례를
드렸다. 명패(命牌)를 내어 이정구(李廷龜, 1564~1635) 등

을 불러들이니, 새벽에 백관들이 다 모였다. 박정길(朴鼎
吉, 1583~1623)이 병조참판으로 먼저 이르렀는데, 판서
권진(權縉, 1572~1624)이 뒤미처 이르러 '정길이 종실(宗
室) 항산군(恒山君)과 함께 군사를 모았는데, 지금 들어왔
으니 아마도 내응할 뜻을 둔 것 같다.'고 하였으므로 곧
정길을 끌어내어 참수하였다. 항산군을 잡아다 문초하니,
혐의사실이 없어 석방하였다. 그런데 정길은 당연히 참형
을 받아야 할 자라 사람들이 모두 그의 참수를 통쾌하게
여겼다.

이날 광해군은 의관(醫官) 안국신(安國臣)의 집에 숨어있
다가 잡혀왔다.

능양군이 인정전(仁政殿) 앞에서 걸어나가 서궁(西宮: 지
금의 덕수궁)으로 가려는데 뭇 신하가 연(輦: 임금이 타는
수레)을 타기를 청하였으나 듣지 않고 말을 타고 가서 궁
문(宮門)에 이르러 걸어들어갔다. 인목대비가 서궁에 유폐
되고 그 문이 막힌 지 11년이 되었는데 이때에 이르러 비
로소 열렸다.

능양군이 침전(寢殿)을 바라보고 두 번 절하고 곡하니 뭇
신하들도 다 곡하였다. 대비가 명하여 들어오게 하고 선조
(宣祖)의 허위(虛位)를 설치하니, 능양군이 또 두 번 절하고
곡하였으며 곁에 있던 신하도 곡하였다. 능양군이 대비를
뵙고 또 곡하니, 대비께서 말리며 이르기를, '이처럼 큰 경
사에 어찌하여 곡하는가.' 하였다.

대비가 능양군에게 국보(國寶)를 전해주게 하였는데 능양
군이 재덕(才德)이 없다고 사양하니, 대비가 이르기를, '왕
실의 지친(至親)이고 신민이 사랑하여 추대하였으니 덕이
아니고 무엇인가. 사군(嗣君: 인조)은 이제부터 성주(聖主)

가 될 것이니 종사의 복이다' 하였다.

능양군이 절하고 나가 경운궁(慶運宮) 별당에서 조선 제
16대 왕으로 즉위하였다. 이날이 인조 1년(1623) 계해년 3
월 13일이다.

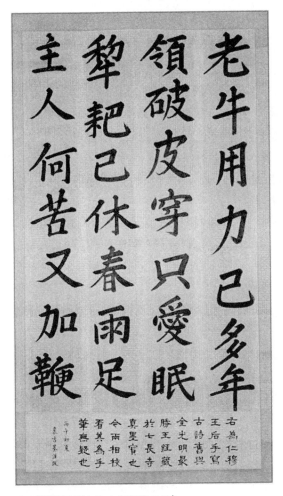

인목대비친필족자(仁穆大妃親筆族子)

(경기 안성시 죽산면 칠장사 소장)

인조는 우선 광해군에게 총애를 받던 폐희(嬖姬) 김상궁 (金尙宮)과 적신(賊臣: 불충한 신하) 이이첨, 한찬남(韓纘男, 1560~1623), 정조(鄭造, 1559~1623), 윤인(尹訒, 1555~ 1623), 이위경(李偉卿, 1596~1623)과 총환(寵宦) 조귀수(趙龜 壽) 등을 저자에서 환형(轘刑)하였다.

김상궁은 이름이 개시(介屎)로 나이가 차서도 용모가 피지 않았는데, 흉악하고 약았으며 계교가 많았다. 춘궁의 옛 시녀로서 왕비를 통하여 나아가 잠자리를 모실 수 있었는데, 인하여 비방(祕方)으로 갑자기 사랑을 얻었으므로 후궁들도 더불어 무리가 되는 이가 없었으며, 드디어 왕비와 틈이 생겼다. 세자빈 박씨가 들어올 때 이이첨이 조국필(趙國弼)과 은밀히 왕에게 아뢰어 선발했다. 빈으로 들어오게 되자 박승종과 박자흥이 친정아버지와 친정할아버지로서 왕에게 총애를 받아 유희분(柳希奮)과 더불어 세력을 끼고 이이첨을 견제하였는데, 이이첨이 크게 한을 품고는 두터운 예로써 상궁의 아버지와 관계를 맺어 상궁과 통하였다.

상궁이 인하여 이이첨 및 여러 권행가(權倖家)를 출입하였는데, 매우 추잡한 말들이 있었다. 그의 지기(志氣)와 언론(言論)은 이이첨과 대략 서로 비슷하였으니, 항상 의분에 북받쳐 역적을 토벌하는 것으로 자임한 것이 비슷한 첫째이다. 그리고 상궁이 되어서도 호를 올려달라고 요구하지 않은 채 편의대로 출입하면서 밖으로 겸손을 보인 것과 이이첨이 항상 조정의 논의를 주도하면서도 전조의 장이나 영상의 자리에 거하지 않아 밖으로 염정(廉靜)을 보인 것이 비슷한 둘째이다. 뜻을 굽혀 중전을 섬기면서도 내면의 실지에 있어서는 헐뜯은 것과, 이이첨이 저주하고 패역한 일들을 모두 스스로 했으면서 남에게 밀어

넘겨 도리어 토벌했다는 것으로 공을 내세운 것이, 비슷한 셋째이다. 『광해군일기』 광해군 5년 8월 11일

또한 학정(虐政)을 도운 박엽(朴燁, 1570~1623)은 감사로 평양에 있고 정준(鄭遵, 1580~1623)은 부윤(府尹)으로 의주에 있었으므로 모두 그곳에서 효시하였다.

박엽은 성품이 혹독하고 처사가 패려하였다. 유덕신(柳德新)의 사위로서 궁중과 결탁하였다. 일찍이 수령이 되어 사사로이 헌상하여 아첨하였고, 평안감사가 되어서는 영합하여 총애를 굳히기 위해 못하는 짓이 없었다. 기이한 완호품을 날로 궁중으로 실어들였으며, 의복과 음식을 법도에 지나치게 사치하게 하고 징세를 혹독하게 하며 사람 죽이기를 초개처럼 쉽게 하여, 한 도가 텅 비게 됨으로써 그 원한이 골수에 사무쳤다. 그가 효시되는 날에 이르러서는 한 도의 백성들로서 서로 경하하지 않는 자가 없었으며, 심지어 그의 관을 쪼개고 시신을 난도질하는 자가 있었다고 한다.

정준은 정조(鄭造)의 아우로서 그 위인이 흉험하고 간교하였다. 이이첨의 심복이 되어 흉역의 논의를 주장하지 않은 것이 없었다. 급기야 본주(本州)에 건너뛰어 제수되어서는 오로지 뇌물을 바쳐 아첨하는 것을 일삼고 탐욕을 부리며 토색질하니 온 경내가 원망하고 괴로워하였다. 그리고 노적(奴賊)과 사사로이 서로 내통함으로써 중국 조정의 의심을 샀다. 이에 이르러 효시되자 백성들이 크게 기뻐하였다. 『인조실록』 인조 1년 3월 3일

그리고 광해군이 즉위한 무신년(戊申年, 1608) 이후 억지로 꾸민 옥사에 관련된 사람들을 모두 탕척(蕩滌: 씻어 깨

곳이 함)하고, 의금부와 전옥서를 열어 죄인들을 모두 방면하였다. 또한 광해군 때 토목공사 등으로 만들어진 영건(營建), 나례(儺禮), 화기시(火器寺) 등 12개 도감(都監)을 혁파하고, 각종 토목공사와 그것을 맡아보던 관리, 세금으로 축재한 자들을 물리치고, 척족(戚族)이나 권귀(權貴)들의 전장(田庄)과 감세(減稅)·복호(復戶: 충신·효자·열녀 등에 대하여 호역戶役 등을 면제하는 일) 등을 조사·개혁하며, 내수사(內需司)·대방군(大房君)에 빼앗긴 민전(民田)을 일일이 환급하도록 하였다.

인조는 인재를 등용하였는데, 맨 먼저 이원익(李元翼, 1547~1634)을 영의정으로 삼아서 황야(荒野)로부터 들어오게 하고, 정온(鄭蘊, 1569~1641)을 사간으로 삼아서 제주의 적소(謫所: 귀양지)로부터 소환하고, 윤방(尹昉, 1563~1640), 신흠(申欽, 1566~1628), 오윤겸(吳允謙, 1559~1636), 이정구(李廷龜, 1564~1635) 같은 선조 때의 신하와 그 밖에 말 때문에 죄받은 이를 차례로 등용하였다.

이에 대북파는 거의 대부분 제거되어 사실상 북인은 붕당으로서의 면모를 잃었고, 반정의 주역인 서인과 광해군 때 대북의 전횡에 반대하다 축출당했거나 자진해 퇴거하고 있던 인사들 및 김장생 등 산림에 해당하는 인물들이 주로 등용되었다.

인조 1년(1623) 5월 29일 성균관에 사업(司業) 3원(員)을 두고 김장생(金長生, 1548~1631)·장현광(張顯光, 1554~1637)·박지계(朴知誡, 1573~1635)를 임명하였고, 윤10월 18일 김류(金瑬)·이귀(李貴)·최명길(崔鳴吉) 등 53인을 정사공신(靖社功臣)에 녹훈하였다.

이해 4월 3일 정인홍(鄭仁弘, 1535~1623)은 복주되고, 5월 22일 강화도에 위리안치된 폐세자가 탈출을 시도하였으나 실패하고, 5월 25일 폐세자빈은 자결하였다. 이어 6월 25일 폐세자에게 죽음을 내렸다.

■ 이괄의 난

그러나 반정직후 정국이 어수선한 틈을 타 인조 2년(1624) 1월 24일 부원수 이괄(李适, 1587~1624)이 반란을 일으켰다.

이괄은 반정공신의 논공행상에서 도감 대장(都監大將) 이수일(李守一, 1554~1632)은 내응(內應)의 공으로 공조판서에 임명된 데 비하여, 자신은 2등공신으로 한성판윤에 임명되고, 이어서 도원수 장만(張晩, 1566~1629) 휘하의 부원수 겸 평안병사에 임명되자 이에 불만을 품고 난을 일으켰다.

이괄은 그의 부하 이수백(李守白, ?~1634) · 기익헌(奇益獻), 구성부사(龜城府使) 한명련(韓明璉, ?~1624)과 함께 가까운 병영(兵營)의 군사 1만여 명과 항왜병(降倭兵) 100여 명으로 먼저 개천(价川)을 점령하고 평양으로 진격하였다.

이에 조정에서는 1월 24일 영의정 이원익(李元翼)을 도체찰사(都體察使)로 삼아 반란군을 토벌하게 하는 한편, 반란군과 내응할 것을 염려하여 1월 25일 전 영의정 기자헌에게 사약을 내리고, 성철(成哲) 등 37명을 처형하였다.

반란군은 평안도의 순천(順川) · 자산(慈山) · 중화(中和), 황해도의 수안(遂安) · 황주(黃州) 등을 차례로 점령하고 평산(平山)으로 진격하였다. 중앙에서 파견한 토벌군과 장만이 이끄는 추격군은 합세하여 저탄(猪灘)에서 반란군과 싸웠으나, 도리어 반란군에게 패하였고 반란군은 승승장구하여 경기도의 개성·벽제에 이르렀다.

이에 2월 8일 인조가 난을 피하여 공주산성으로 피란길을 떠났고, 한성은 반란군에게 점령되었다.

이괄은 2월 11일 선조의 서10남 온빈 한씨(溫嬪韓氏) 소생인 아들 흥안군(興安君)을 왕으로 추대하였는데, 바로 그날 밤 장만은 패잔병을 수습하여 반란군을 한성 근교의 안령(鞍嶺)에서 대파(大破)하였다.

2월 12일 대가가 천안(天安)에 이르렀을 때 관군이 승리한 첩보가 다다라 여러 의논이 모두가 '이곳에 머물러 있으면서 형세를 살펴보아 진퇴해야 한다.'고 하여 천안에 머물렀다. 2월 13일 대가가 천안군을 떠나 공주로 향하였는데, 닭이 울기 전이었다. 의논하는 이가 '남은 적이 저돌하면 행재소를 놀라게 할 걱정이 없지 않으니 공주로 급히 가서 산성에 들어가 지키는 것만 못하다.' 하므로 밤에 떠났다. 2월 14일 인조가 공주에 도착하여 머물렀다.

이괄은 패잔병을 이끌고 광희문(光熙門)을 빠져나와 경기도 이천(利川)으로 달아났으나, 전부대장(前部大將) 정충신(鄭忠信, 1576~1636)의 추격을 받았다.

2월 15일 이괄의 부하 이수백·기익헌 등이 자기들의 목숨을 보전하기 위해 이괄·한명련 등의 목을 베어가지고 행재소에 와서 바쳐 이괄의 난은 평정되었다.

난이 평정되자 2월 22일 인조는 다시 서울의 경덕궁(慶德宮: 영조 때 경희궁으로 개명됨)으로 돌아왔다.

■ 인성군 역모

그러나 이괄의 난을 평정한지 오래지 않아 인조 2년 (1624) 11월 8일 의관(醫官) 이이(李怡), 무인(武人) 김인(金仁) 심일민(沈逸民) 박홍구(朴弘耈, 1552~1624) 등이 인성군 (仁城君, 1588~1628)을 옹립하고 광해군을 모셔오려는 역모를 꾀한다고 고변하였다.

　　의관 이이와 무인(武人) 김인(金仁)·심일민(沈逸民) 등이 상변(上變)하여 박홍구(朴弘耈) 등의 역모사실을 고하였는데, 드디어 국문(鞫問)하도록 명하여 복주(伏誅)하고 유배 보내는 일을 차등있게 하였다.

　　… 대개 박홍구의 서질(庶姪)인 박윤장(朴允章)이 이대온·이대검(李大儉)·기필헌(奇必獻) 등과 주모(主謀)했고, 박홍구의 아들 박유장(朴有章)·박지장(朴知章)·박내장(朴來章)과 조카 박진장(朴晉章)·박성장(朴成章)·박일장(朴日章) 등도 모두 참여하여 알고 있었다고 한다.

　　박홍구의 생각은 '반드시 먼저 기찰하는 무리를 제거해야 성사시킬 수 있다. 성사된 다음에는 먼저 폐주(廢主: 광해군)를 태상왕(太上王)으로 받들어 인성군(仁城君)에게 전위(傳位)하게 하고, 폐주로 하여금 중국에 주문(奏聞)하게 해야 한다. 그러면 일의 순서가 순조롭게 될 것이다. 그러나 먼저 폐주를 받들 경우 인심이 복종하지 않아 반드시 역적 이괄(李适)이 흥안군(興安君)을 세웠을 때처럼 도성 백성들이 복종하지 않을 것이니, 먼저 인성군을 세운 다음에 폐주를 받들어 와야 한다.'는 것이었다. 그리고 박윤장과 기필헌 등의 음모는 '거사하기 하루 전에 약간의 정예 군사를 4대장(大將)의 집 근방에 잠복시켜 놓았다가 몇 경(更) 몇 점(點)에 서로 호응하여 한두 명만 제거해 버린다면 나머지야 염려할 것이 없다. 도감의 군사 1~2

초(哨)의 내용만 얻어도 성사시킬 수 있는데, 장관(將官)은 2인이 이미 우리 편이 되었다.'는 것이었다. …

선조 서7남으로 정빈 민씨(靜嬪閔氏) 소생이자 인조에게는 숙부가 되는 인성군(仁城君, 1588~1628)이 결국 박홍구의 역모사건에 추대된 혐의로 인조 3년(1625) 2월 25일 간성(杆城)에 유배되었다. 인조 6년 5월 14일 박홍구의 역모에 연루된 인성군을 결국 자결하도록 하여, 5월 28일 41세의 인성군이 자결하였다.

■ 정묘호란

한편, 임진왜란으로 조선과 명나라가 피폐한 틈을 타 강성해진 만주의 여진족이 대륙을 넘보게 됨으로써 중화질서(中華秩序)는 파괴되고 국제정세는 급변하여 여진족은 두 차례에 걸쳐 조선을 침략하였다.

광해군 8년(1616) 만주에서 건국한 후금은 인조가 '향명배금(向明排金)' 정책을 표방하고, 요동을 수복하려는 모문룡(毛文龍) 휘하의 명나라 군대를 평북 철산(鐵山)의 가도(椵島)에 주둔시켜 이를 은연히 원조하므로, 명나라를 치기 위해 중국 본토로 진입하려던 후금은 배후를 위협하는 조선을 정복하여 후환을 없애려 하였다.

또한 후금은 명나라와의 싸움으로 경제교류의 길이 끊겨 심한 물자부족에 허덕여 이를 조선과의 통교(通交)로써 타개해야 할 처지에 있었고, 때마침 반란을 일으켰다가 후금으로 달아난 이괄의 잔당들이 광해군은 부당하게 폐위되었다고 호소하고, 조선의 군세가 약하니 속히 조선을 칠 것을 종용하여 후금 태종은 더욱 결전의 뜻을 굳히게 되었다.

인조 5년(1627) 1월 13일 후금이 3만 명의 병력으로 침입한 정묘호란이 일어났다.

아민(阿敏)이 이끄는 3만의 후금 군(軍)은 앞서 항복한 강홍립(姜弘立, 1560~1627) 등 조선인을 길잡이로 삼아 압록강을 건너 의주를 공략하고, 이어 용천(龍川)·선천(宣川)을 거쳐 청천강을 넘었다. 그들은 '전왕 광해군을 위하여 원수를 갚는다.'는 명분을 걸고 진군하여 안주(安州)·평산(平山)·평양을 점령하고 황주(黃州)를 장악하였다.

조선에서는 장만(張晩, 1566~1629)을 도원수(都元帥)로 삼아 싸웠으나 평산에서부터 후퇴를 거듭, 그 본진이 개성으로 후퇴하였다. 1월 17일 도체찰사에 이원익(李元翼), 부체찰사에 김류(金瑬)를 임명하여 전열을 재정비하였다. 1월 26일 인조는 강화도로 피란하고, 소현세자는 전주로 피란하였다.

2월 2일 후금이 조선에 형제의 의를 맺을 것을 요구하는 서한을 보냈고, 황주에 이른 후금군은 2월 9일 부장 유해(劉海)를 강화도에 보내, 명나라의 연호인 '천계(天啓)'를 쓰지말 것·왕자를 인질로 할 것 등의 조건으로 화의를 교섭하게 하였다.

2월 15일 사간 윤황(尹煌)이 화친은 항복이니 화친하지 말 것을 상소하였고, 이어 2월 18일 후일 소현세자의 장인이 되는 강석기(姜碩期, 1580~1643)가 화친하지 말고 윤황을 배척하지 말도록 아뢰었다.

화전(和戰)의 양론이 분분하던 중 후금이 강화를 제의해 오자 인조는 최명길 등의 주화론(主和論)을 채택, 후금과 교섭하여 정묘조약을 체결하였다.

이에 양측은 화약 후 후금군은 즉시 철병할 것, 후금군은 철병 후 다시 압록강을 넘지 말 것, 양국은 형제국으로 정할 것, 조선은 후금과 화약을 맺되 명나라와 적대하지 않을 것 등을 조건으로 삼고, 3월 3일 그 의식을 행하였다. 4월 12일 인조가 강화도에서 환도하였다.

그러나 이 화약은 두 나라 다같이 만족할 수 없는 것이었다. 조선은 후금과의 형제관계가 굴욕적인데다가 막대한 세폐(歲幣)와 수시로 요구하는 물자의 조달에 따르는 과중한 경제적 부담으로 더욱 배금(排金)의 길을 걷게 되었다. 후금도 경제적 이익은 취할 수 있었으나 모문룡의 세력을 완전히 없애지 못하였을 뿐만아니라 조선의 배금경향이 날로 고조되는 데 불안을 느꼈다. 이에 국력이 더욱 강성해진 후금이 조선에 대해 강압적 태도를 취함으로써 두 나라의 관계는 더욱 악화되어 결국 인조 14년(1636) 병자호란이 일어나는 단서가 된다.

■ 원종 추숭

인조 8년(1630) 10월 28일 이귀(李貴, 1557~1633)가 정원군(定遠君, 1580~1619 : 인조 아버지)을 추숭하여 종묘에 모시자는 차자를 올렸고, 인조 9년(1631) 4월 20일 대신들이 모두 불가하다고 하였으나 정원군의 추숭을 명나라에 주청하기로 하였다.

인조 10년 5월 2일 아버지인 정원군을 원종(元宗)으로 추숭(追崇)하는 예를 행하였다.

인조 12년(1634) 7월 25일 원종을 부묘하는 일을 윤8월

10일로 결정하였다. 이후 부묘 반대 여론이 비등하였다.

그러나 인조 13년(1635) 2월 4일 원종대왕의 부묘 및 성종대왕의 세실 봉안을 기념하여 과거를 실시케 하였다. 3월 10일 큰 비가 내려 원종대왕 부묘제사를 미루도록 하였고, 목릉에 재변이 일어나 3월 16일 부묘제사를 미루기로 하였다가, 3월 19일 부묘제사를 거행하였다.

■ 경창군 역모사건

인조 10년(1632) 10월 16일 회은군(懷恩君) 이덕인(李德仁)의 상소로 경창군(慶昌君: 선조 서9남) 역모사건 관련자를 문초하였다.

조세형은 공초하기를, "임해군(臨海君)의 종 아내가 신의 외삼촌 홍집의 첩에게 말하기를 '경창군(慶昌君)의 아들 양녕군(陽寧君)이 임해군(臨海君)의 양자(養子)가 되었는데, 경창이 양녕을 위하여 남몰래 역모를 꾸민다.'고 하자, 홍집이 그 말을 듣고서 한 어리석은 여자의 말로써 경솔하게 발설할 수 없기 때문에, 예판(禮判) 최명길(崔鳴吉)에게만 말하고 또 신에게도 말하였습니다. 신이 또 홍우정에게 말해주었는데 그 뒤에 송홍주가 신에게 묻기에, 신이 한결같이 우정에게 말해주었던 대로 말하였을 뿐입니다. 회은(懷恩)은 이 일에 간여하지 않았습니다만, 회은의 5촌 조카인 유학(留學) 이유형(李惟馨)이 신에게 말하기를 '회은이 사람들에게 미움받아 막대한 말을 듣게 되었다.'고 하였는데, 신은 이 말만을 들었을 뿐입니다." 하고 …

어현(於玄)은 공초하기를, "본시 황주(黃州) 사람으로서 임해군(臨海君)의 궁노(宮奴) 철이(哲伊)에게로 시집와 행랑(行廊)에서 살고 있는데, 이른바 홍집의 첩과는 전혀 서로

알지 못합니다. 다만 궁노 득이(得已)·용이(龍伊)는 제 남편
의 4촌이며, 하탈(何脫)은 반노(班奴)인데, 그의 아내와 더
불어 도살(屠殺)로 직업을 삼았고, 홍집의 계집종은 매매
(賣買)하는 일로 왕래하였기 때문에, 서로 알고 있었습니
다." 하고, 철이는 공초하기를, "어현을 아내로 삼은 지가
겨우 2년으로서 경창군(慶昌君)의 집에서 도모한 일 및
술사(術士)를 초치하여 택일하였다는 말을 전혀 알지 못
합니다." .....

국청이 청하여 임해궁(臨海宮)의 여러 종 및 이른바 술
사(術士)란 맹인(盲人) 등을 잡아다 심문하니, 모두들 어현
이 앙심으로 인하여 거짓 끌어들였다고 말하자, 바로 면
질(面質)하도록 하니 어현이 말과 얼굴빛이 모두 꺾이었
다. 드디어 어현을 신문하니 말이 황란(荒亂)하여 마침내
사실이 없자, 요망한 말로 대중들을 현혹시킨 것으로써
그를 참수(斬首)하도록 명하였다.

결국 경창군 역모사건은 임해군의 노비 철이의 아내인
어현이 원한으로 모함한 것으로 종결되었다.

■ 인목대비 인열왕후 승하

인조 10년 6월 28일 선조 계비 인목대비가 48세로 승하
하셨다. 인조 13년(1635) 12월 5일 인조비 인열왕후 한씨
(韓氏, 1594~1635)가 아들을 낳았는데 그날로 죽었다. 인열
왕후가 애끊는 슬픔 속에 열병이 발작하더니 병세가 급속
도로 악화되어 마침내 12월 9일 42세로 승하하셨다.

■ 병자호란

조선왕조는 성리학 이념에 입각한 이상사회를 건설하기 위하여 종법을 기본으로 하는 예치(禮治)를 실현해가는데, 마침 임진왜란으로 조선과 명나라가 피폐한 틈을 타서 강성해진 만주의 여진족이 대륙을 넘보게 됨으로써 중화질서(中華秩序)는 파괴되었고 이를 고수하려던 조선은 이들에게 두 차례에 걸쳐 무력으로 유린당하는데 병자호란(丙子胡亂, 1636)에는 끝내 인조가 저들에게 무릎을 꿇는 치욕(恥辱)을 당한다.

이로 말미암아 인조반정으로 정권을 장악한 서인 중에서 정묘(丁卯)·병자호란(丙子胡亂)을 거치는 동안 여진족인 청(淸)나라에 끝까지 저항한 반청파(反淸派)인 청서파(淸西派)와 화의(和議)를 진행시킨 친청파(親淸派)인 공서파(功西派)의 대립이 나타나는데, 전자를 주도한 이는 김상헌(金尙憲, 1570~1652)과 이시백(李時白, 1581~1660) 형제이며 후자를 주도한 이는 김류(金瑬, 1571~1648)이다. 그리고 사육신(死六臣)과 함께 단종복위를 꾀하다가 결국 배신하고 밀고하여 공신이 된 김질(金礩, 1422~1478)의 5대손으로, 병자호란 당시 토산(兔山)싸움에서 참패한 죄로 문외출송(門外黜送)당하는 김자점(金自點, 1588~1651)이 김류를 지지하고 있었다. 또한 병자호란 후 척화(斥和)를 주장하던 김상헌 등 청서파(淸西派)가 많이 퇴거하자, 이를 기회로 주화(主和)에 동조하던 유석(柳碩, 1595~1655)·이도장(李道長, 1603~1644)·이계(李烓, 1603~1642) 등 남인이 청서파를 오군죄(汚君罪: 임금을 더럽게 여긴 죄)로 모함하여 몰아내려 하였으나, 인조의 결단으로 성공하지 못했다.

이보다 앞서 인조 5년(1627) 후금(後金)의 조선에 대한 제
1차 침입인 정묘호란 때, 조선과 후금은 형제지국의 맹약
을 하고 양국관계는 일단락되었다.

그러나 인조 10년(1632) 후금은 만주 전역을 석권하고
명나라 수도 북경을 공격하면서, 양국관계를 형제지국에서
군신지의(君臣之義)로 고칠 것과 황금·백금 1만 냥, 전마
(戰馬) 3,000필 등 세폐(歲幣)와 정병(精兵) 3만명을 요구하
였다.

인조 14년(1636) 2월 용골대(龍骨大)·마부태(馬夫太) 등을
보내 조선의 신사(臣事)를 강요하였다. 4월 국호를 청(淸)으
로 고치고, 황제를 칭한 후금의 태종은 조선이 강경한 자
세를 보이자 왕자·대신·척화론자(斥和論者)를 인질로 보
내 사죄하지 않으면 공격하겠다고 위협하였으나, 인조는
후금사신의 접견마저 거절하고 5월 26일 팔도에 선전유문
(宣戰諭文)을 내려, 후금과 결전할 의사를 굳혔다.

12월 2일 청나라 태종은, 청·몽골·한인(漢人)으로 편성
한 10만 대군을 스스로 거느리고 수도 심양(瀋陽)을 떠나,
12월 9일 압록강을 건너 쳐들어왔다.

의주부윤(義州府尹) 임경업(林慶業, 1594~1646)이 백마산
성(白馬山城: 義州)을 굳게 지켜 청군의 침입에 대비하였으
나, 선봉장 마부태는 이 길을 피해 서울로 진격하였다.

인조 14년 12월 13일 청나라 군의 침입사실이 조정에 알
려졌고, 12월 14일 청군이 개성(開城)을 통과하자, 급히 판
윤 김경징(金慶徵, 1589~1637)을 검찰사로, 강화유수 장신
(張紳, ?~1628)을 주사대장(舟師大將)으로, 심기원(沈器遠)을
유도대장(留都大將)으로 삼아 강화·서울을 수비하게 하였

다. 또 원임대신 윤방(尹昉, 1563~1640)과 김상용(金尙容, 1561~1637)으로 하여금 종묘사직의 신주(神主)와 세자비·원손(元孫)·봉림대군·인평대군을 비롯한 종실(宗室) 등을 강화로 피란하게 했다. 14일 밤 인조도 강화로 피란하려 했으나 이미 청나라 군에 의해 길이 막혀, 소현세자와 백관을 거느리고 남한산성으로 피하였다.

인조는 훈련대장 신경진(申景禛, 1575~1643) 등에게 성을 굳게 지킬 것을 명하고, 8도에 근왕병(勤王兵)을 모집하도록 격문(檄文)을 발하였으며, 명나라에 급사(急使)를 보내 지원을 청하였다.

인조 14년(1636) 12월 16일 청나라 선봉군이 남한산성을 포위하였고, 이듬해 1월 1일 청나라 태종이 도착하여 남한산성 아래 탄천(炭川)에 20만 청나라 군을 집결시켜, 성은 완전히 고립되었다. 성안에는 군사 1만 3천명이 절약해야 겨우 50일 정도 지탱할 수 있는 식량이 있었고, 의병과 명나라 원병은 기대할 수 없는 상황이었다.

1월 18일 최명길(崔鳴吉, 1586~1647)이 항복문서를 가지고 비국에 앉아 수정을 가하자, 예조판서 김상헌(金尙憲, 1570~1652)이 밖에서 들어와 그 글을 보고는 통곡하면서 찢어버리고, 인하여 입대(入對)하기를 청해 아뢰었다.

"명분이 일단 정해진 뒤에는 적이 반드시 우리에게 군신(君臣)의 의리를 요구할 것이니, 성을 나가는 일을 면하지 못할 것입니다. 그리고 한번 성문을 나서게 되면 또한 북쪽으로 행차하게 되는 치욕을 면하기 어려울 것이니, 군신(羣臣)이 전하를 위하는 계책이 잘못되었습니다. 진실로 의논하는 자의 말과 같이 이성(二聖: 인조와 소현세자)

이 마침내 겹겹이 포위된 곳에서 빠져나오게만 된다면, 신 또한 어찌 감히 망령되게 소견을 진달하겠습니까. 국서를 찢어 이미 사죄(死罪)를 범하였으니, 먼저 신을 주벌하고 다시 더 깊이 생각하소서." 하였다.

상이 한참 동안이나 탄식하다가 이르기를, "위로는 종사를 위하고 아래로는 부형과 백관을 위하여 어쩔 수 없이 이 일을 하는 것이다. 경의 말이 정대하다는 것을 모르지 않으나 실로 어떻게 할 수 없기 때문에 나온 것이다. 한스러운 것은 일찍 죽지 못하고 오늘날의 일을 보게 된 것뿐이다." 하니, 대답하기를, "신이 어리석기 짝이 없지만 성상의 의도가 어디에 있는지는 압니다. 그러나 한번 허락한 뒤에는 모두 저들이 조종하게 될 테니, 아무리 성에서 나가려 하지 않더라도 되지 않을 것입니다. 예로부터 군사가 성밑에까지 이르고서 그 나라와 임금이 보존된 경우는 없었습니다. 진무제(晋武帝)나 송태조(宋太祖)도 제국(諸國)을 후하게 대우하였으나 마침내는 사로잡거나 멸망시켰는데, 정강(靖康)의 일¹⁾에 이르러서는 차마 말하지 못하겠습니다. 당시의 제신(諸臣)들도 나가서 금(金)나라의 왕을 보면 생령을 보전하고 종사를 편안하게 한다는 것으로 말을 하였지만, 급기야 사막(沙漠)에 잡혀가게 되자 변경(汴京)에서 죽지 못한 것을 후회하였습니다. 이러한 지경에 이르게 되면 전하께서 아무리 후회한들 무슨 소용이 있겠습니까." 하였다.

이때 김상헌의 말뜻이 간절하고 측은하였으며 말하면서 눈물이 줄을 이었으므로 입시한 제신들로서 울며 눈물을 흘리지 않는 이가 없었다. 세자가 상의 곁에 있으면서 목놓아 우는 소리가 문밖에까지 들렸다.

---

1) 정강(靖康)의 일: 송나라 흠종(欽宗) 정강(靖康) 2년(1127)에 금나라 태종에게 변경(汴京)이 함락되어 휘종과 흠종 부자를 비롯해서 많은 황족과 신하가 사로잡혀 간 변란을 말함.『송사 宋史』권23 본기(本紀) 제20

1월 22일 강화도가 함락되고, 봉림대군(鳳林大君: 효종)의
처외조부인 전 우의정 김상용(金尙容, 1561~1637)이 77세
로 자결하였다. ― 성의 남문루(南門樓)에 올라가 앞에 화
약(火藥)을 장치한 뒤 좌우를 물러가게 하고 불속에 뛰어
들어 타죽었는데, 그의 손자 한 명과 노복 한 명이 따라
죽었다. 이때 김익겸(金益兼), 권순장(權順長)도 함께 순절
(殉節)하였다.

김상용 순절비(강화도)

1월 28일 이조참판 정온(鄭蘊, 1569~1641)이 한 편의 절구(絶句)를 읊고, 차고 있던 칼을 빼어 스스로 배를 찔렀는데, 중상을 입었으나 다행히 죽지는 않았다.

예조판서 김상헌도 여러 날 동안 음식을 끊고 있다가 스스로 목을 매었는데, 자손들이 구조하여 죽지 않았다. 이를 듣고 놀라며 탄식하지 않는 자가 없었다.

인조 15년(1637) 1월 30일 삼전도(三田渡)에서 청나라 태종에게 항복하였고, 2월 5일 소현세자 일행이 볼모가 되어 심양(瀋陽)으로 출발하였다. 소현세자를 호위하면서 심양으로 따라간 신하는 봉림대군(鳳林大君, 1619~1659), 우빈객(右賓客) 남이웅(南以雄, 1575~1648), 우부빈객(右副賓客) 박노(朴簹, 1584~1643), 좌부빈객(左副賓客) 박황(朴潢, 1597~1648), 보덕(輔德) 이명웅(李命雄, 1590~1642), 필선(弼善) 민응협(閔應協, 1597~1663), 필선(弼善) 이시해(李時楷, 1600~1657), 문학(文學) 정뇌경(鄭雷卿, 1608~1639), 사서(司書) 이회(李禬, 1607~1666), 익위(翊衛) 서택리(徐擇履), 사어(司禦) 허억(許檍), 세마(洗馬) 강문명(姜文明), 선전관 변유(邊宥), 선전관 구오(具鏊)이다.

세자를 호위하면서 따라간 팔장사(八壯士)는 박배원(朴培元), 신진익(申晉翼), 오효성(吳孝誠), 박기성(朴起誠), 조양(趙壤), 장애성(張愛聲), 김지웅(金志雄, 1621~1693), 장사민(張士敏)이다.

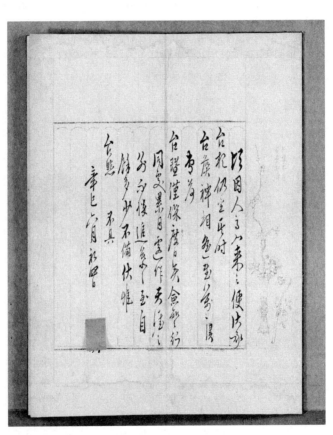

효종대왕 어필(규장각 한국학연구원)

■ 삼학사

이때 청과의 화의를 반대하고 청나라에 끌려간 강경한 세 학자(三學士)가 있다. 평양 서윤(庶尹) 홍익한(洪翼漢, 1586~1637), 교리 윤집(尹集, 1606~1637), 오달제(吳達濟, 1609~1637)가 바로 이들이다.

홍익한(洪翼漢)은 심양(瀋陽)에 도달하여 한(汗: 청나라 태종)이 불러 척화한 연유를 물으니 홍익한이 옷을 다 벗고 서서 말하되 굽힘이 없었다.

홍익한 묘소(경기도 평택 소재)

윤집과 오달제의 기개를 알 수 있는 대목은 다음과 같다.

윤집·오달제는 오랑캐가 군사를 거두어 돌아갈 때 그들의 한 장수에게 끌려서 군진(軍陳)의 뒤를 따라 북쪽으로 가게 되었는데, 끌고가는 자가 그의 절개와 의리에 감복하여 항상 존경하였다. 양화도(楊花渡)에 이르러서 윤집

이 그의 아우 유(柔)에게 편지를 보내 말하기를, "2월 3일
에 처음 백씨(伯氏)가 사절(死節)하였다는 기별을 듣고 차
라리 곧 죽으려고 하였으나 나라를 위하여 억지로 음식
을 먹으며 살고 있었을 뿐이다. 내가 끌려가는 것은 대개
청국이 지난봄의 척화한 사람을 잡아보내라고 요구하므
로 조정에서 홍익한이라고 대답하였더니, 또 남한산성 안
에 있는 사람으로 척화한 자를 요구하였다. 그러나 성중
에는 마침 그 사람이 없었으므로 나와 오달제가 소를 올
려 자진하여 나선 것이다. 따라서 이 일은 곧 내 스스로
하는 것이니 조금도 남을 원망할 것은 없다. 다만 늙으신
어버이가 돌아가실 날이 가까웠는데 다시 뵈올 수 없으
므로 하늘을 우러러 피눈물을 흘릴 뿐이다." 하였다. 「삼
학사전」 『국역 연려실기술』 6책 310쪽

중로에서 어떤 이가 달제에게 이르기를, "온갖 곤욕을
당하다가 오랑캐땅에서 죽는 것보다 우리나라 땅에서 죽
는 것이 좋지 않겠는가." 하니, 달제가 말하기를, "그것은
옳지 않다. 사람은 원래 이 세상에 나면 한번은 죽게 마
련인 것이다. 죽는 데도 마땅히 죽어야 할 곳을 찾아서,
우리의 절개와 의리를 밝히는 것이 즐거운 일이 아니겠
는가. 어찌 반드시 좀스러운 사나이의 작은 절조를 본받
는단 말인가." 하였다. 「삼학사전」 『국역 연려실기술』 6
책 310쪽

오달제는 청나라에 들어가 홍익한, 윤집 두 학사(學士)와
함께 항변하며 굴하지 않고 해를 당하였다. 오달제의 이때
나이 스물아홉 살이었다.

삼학사가 심양에 도착하자 청나라측에서는 이들을 회유
하려 하였으나 기개를 굽히지 않았다.

4월 15일 심양에 도착하자 예부(禮部)의 한 작은 방에 가두더니 자물쇠를 잠그고 엄중하게 지켰다. 19일 용골대가 불러다가 청나라 임금의 말을 전하기를, "너희들이 비록 화친을 배척하였다고 하나 앞장선 것같지 않으니 반드시 죽이지는 않을 것이다. 너희들의 처자를 거느리고 와서 이곳에 살게 하라." 하니, 대답하기를, "그 말은 결코 좋을 수 없다. 마땅히 빨리 우리를 죽이라." 하였다. 용골대가 되풀이하여 거듭 달래고 또 위협하기도 하였으나 마침내 굽히지 않으니 용골대가 일어나 들어가버렸다. 윤집 등이 나와서 데리고 온 하인에게 말하기를, "오늘 오랑캐들이 반드시 우리를 죽일 것이다." 하니, 하인이 놀라 울며 말하기를, "왜 아직 그 말을 좇지 않고, 갑자기 그의 노기(怒氣)를 돋우어 스스로 큰 화를 앞당기십니까." 하였다.

이에 윤집 등이 웃으며 말하기를, "몸을 굴복하는 모욕은 죽는 것보다 도리어 더 한 것이다. 이것을 너는 알지 못한다." 하였다. 「우암집」 『국역 연려실기술』 6책 312쪽

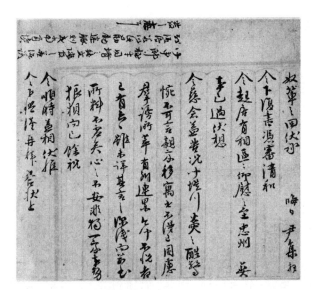

윤집 서간(근묵, 성균관대학교 박물관)

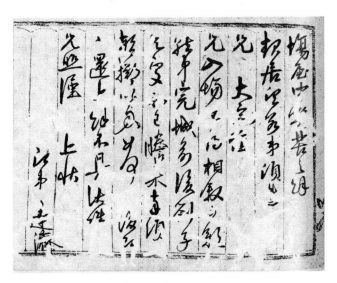

오달제 서간(근묵, 성균관대학교 박물관)

■ 척화파와 주화파

인조 16년(1638) 7월 29일 유석(柳碩) 등이 불사오군(不事汚君)죄로 김상헌을 극변(極邊)에 안치(安置)할 것을 계청(啓請)하였고, 10월 9일 지평 이도장(李道長) 등이 오군죄를 다시 재론하여 김상헌이 파직되었다가, 11월에 이계(李烓) 등이 오군죄를 또다시 재론하여 척화파의 수장인 김상헌이 11월 3일 삭탈관작(削奪官爵)되고 있었다.

이렇게 주화파가 척화파를 공격하는 가운데, 청나라가 인조 17년(1639) 11월 25일 사신을 보내 명나라를 공격하기 위해 수군 6천명과 1년치 군량미를 보낼 것을 요청하자, 12월 26일 김상헌이 이를 반대하는 상소를 올렸다. 이에 이전에 김상헌을 오군죄로 모함하였던 장령 유석이 인조 18년 1월 7일 김상헌을 비난하는 상소를 올렸다.

이렇게 척화·주화파가 논란을 하는 와중에서 인조 18년 11월 8일 청나라 장군 용골대가 우리나라 사신에게 청나라 연호도 사용하지 않고 청나라를 배척하는 인물을 심문하는 과정에서 김상헌의 이름이 거론되어 심양으로 잡혀가게 되었다. 이에 안동에 내려가 있던 김상헌은 12월 6일 71세의 나이로 서울로 올라와 12월 9일 심양(瀋陽)에 잡혀갔다.

인조 18년 12월 19일 김상헌은 의주에 도착하여 청나라 장군 용골대가 심문하는 데에 대해 자주적인 입장에서 당당하게 대답하였다.

김상헌이 의주에 도착하자 용골대가 영상 이하 여러 재신과 사은사 일행을 관(館)에다 모아놓고 불러들이게 하였다. 상헌이 베옷에 짚신을 신고 지팡이를 짚고 걸어와 절을 하지 않고 이현영(李顯英)의 우측에 의지해 누워있었다.

청차(淸差) 3인이 한참 동안 서로 의논한 뒤에 묻기를, "우리들이 들은 바가 있으니 모두 말하라." 하니, 상헌이 답하기를, "묻는 말이 있으면 내 의당 대답할 것이다. 그런데 이제 단서를 말하지 않고서 말하라 하니, 무슨 말을 해야 할 지를 모르겠다." 하였다. 용호가 말하기를, "정축년(1637, 인조15)의 난에 국왕이 성을 나왔는데도 유독 청국을 섬길 수가 없다 하였고, 또 임금을 따라 성을 나오려 하지 않았는데, 그것은 무슨 의도였는가?" 하자, 상헌이 말하기를, "내 어찌 우리 임금을 따르려 하지 않았겠는가. 다만 노병으로 따르지 못하였을 뿐이다." 하였다. ....

세 호인이 서로 쳐다보면서 말이 없다가 즉시 나가도록 하였다. 나간 뒤에 오목도(梧木道)가 말하기를, "조선 사람은 우물쭈물 말하는데 이 사람은 대답이 매우 명쾌하니 감당하기 어려운 사람이다." 하였는데, 여러 호인이 둘러서서 보고 감탄하였다.

인조 19년(1641) 8월 25일 이에 앞서 조정이 승려 독보(獨步)를 몰래 중국에 보내 본국의 세력이 곤궁하여 청국의 통제를 받고 있는 이유를 갖추어 주달하고, 독보가 칙서를 받아 돌아왔다. 그런데 칙서 중에 "이전의 허물은 거론치 않을 것이니 기어코 함께 협공하자."는 말이 있었다. 비국의 신료들 중에는 받아들이지 않을 수 없다는 자도 있고, 혹은 받아들이지 않는 것이 편하다는 자도 있었는데, 그 일이 비밀에 부쳐져 사람들이 알지 못하였다.

정축년 호란이 진정된 뒤에 곧 최명길이, 「종사(宗社)를 위하여 부득이 뜻을 굽혀 청국과 강화하여 보존하기를 도모한 것」이라고, 갖추어 진술한 자문(咨文)을 명나라 도독(都督) 진홍범(陳洪範)에게 보내 그를 통하여 황제에게 전달되기를 기도하였다. 그러나 바닷길이 멀고 아득하여 편지의 유실(流失)을 알 수 없으므로, 믿음성 있는 사자(使者) 한 사람을 얻어 다시 우리나라의 사정을 밝히고자 하는데 무인년 가을에 강가에서 경비하던 군사가 중[僧] 한 사람을 데려왔는데 이름을 독보(獨步)라고 하였다. 이를 평안병사(平安兵使) 임경업이 즉시 최명길에게 알리니, 명길이 서울로 보내오도록 하였다. 불러서 말하여 보니 사람됨이 강개(慷慨)하고 말을 잘하여 일을 부탁할 만하였다. 이에 명길이 기밀을 맡은 재상들과 의논하고 명나라 황제에게 아뢰는 글을 갖추어서 독보에게 부쳐 수로로 중국에 들여보냈다.

… 그때 독보(獨步)가 3, 4차례 왕래한 뒤에 비로소 명나라의 회답자문을 받아왔다. 임오년에, 명나라의 송산참(松山站)이 함락되자 병부상서 홍승주가 청국에 항복하고, 우리나라가 명나라에 중을 보낸 일과, 선천부사 이계가 한인(漢人)의 배와 몰래 장사한 것을 모두 말하였다.

일이 발각되니 청국의 장수가 청국에 인질로 가있는 소현세자를 데리고 봉황성(鳳凰城)에 나와 주둔하고, 이계를 포박하여 잡아다가 심문하니, 이계가 나라를 팔아서라도 살기를 바라고자 하여 명나라에 자문(咨文)을 보낸 일을 모두 말하였을 뿐만아니라 우리나라의 재상 최명길(崔鳴吉) 등 명사들 10여 명을 적어서 오랑캐에게 주었으므로 청국 사람들이 그들에게 와서 공술하라고 협박하였고, 이에 최명길은 "저 사람들이 이미 한인의 배가 왕래한 상황을 정탐하여 알고 이렇게 하는 것인데, 지금 만약 사실대로 말하지 않으면, 이것은 그들의 의심을 더하게 할 뿐이며, 또 세상일은 예측할 수 없는 것이니, 결국 일이 발각

되어 숨길 수 없는 경우에 이르면, 한층 더하여 화가 장
차 임금에게 돌아가서 진실로 말할 수 없는 일이 생길
것이니, 사실대로 말하여 화(禍)가 미치어 임경업 두 사람
의 죽음에 그치게 하는 것만 같지 못하다." 하고 드디어
봉황성을 향해 떠나니, 임금이 몸소 보고 위로하며 5백
금(五百金)을 하사하여 여비에 보태게 하고, 표피(豹皮) 갖
옷을 하사하였다. 「독보 獨步」『국역 연려실기술』권26
6책 284쪽

이렇게 명나라와 은밀히 교류하는 와중에서 인조 20년
(1642) 10월 선천부사(宣川府使) 이계(李烓, 1603~1642)가 명
나라와 교류하는 국비(國秘)를 밀고하는 사건이 일어나게
된다. 이에 10월 18일 청장 용골대와 소현세자가 이계를
심문하였다.

인조 20년(1642) 8월 3일 최명길이 영의정이 되었고, 10
월 19일 독보문제로 청나라 사신은 최명길(崔鳴吉) 구류·
임경업(林慶業) 압송을 요청하였다. 이렇게 압송되는 도중
에 11월 6일 임경업은 금교(金郊)에서 탈출하였다.

그리고 12월 20일에는 청국의 연호를 쓰지 않은 이경여
(李敬輿, 1585~1657), 지난 해에 명나라와 통신할 때 글을
지은 이명한(李明漢, 1595~1645), 그 논의에 참여한 허계
(許啓, 1594~?), 시론(時論)을 주도한 신익성(申翊聖, 1588~
1644), 기자묘(箕子廟)의 제향에 참여하여 궁관(宮官)을 그만
두려고 꾀하였다는 신익전(申翊全, 1605~1660) 등 5명의
신하가 청(淸)에 압송되었다.

인조 21년(1643) 2월 11일 압송된 신하 중 신익성(申翊
聖)·신익전(申翊全)이 석방되고, 3월 26일 이경여(李敬輿)·

이명한(李明漢)·허계(許啓) 등이 심양으로부터 귀국하였다.

한편, 3월에 명(明)의 의종(毅宗)이 자결하고 반란군 이자성(李自成)이 북경을 함락시키자, 4월 청군(淸軍)이 이자성군을 산해관(山海關)에서 격파하였다. 이때 소현세자가 청(淸)의 서정(西征)에 참가하였다.

■ 반청파와 친청파의 대립

명나라와 연결하여 청나라를 치려하였던 심기원이 역모로 죽는 옥사나, 임경업 장군의 죽음이나, 소현세자가 돌아온 지 두 달 만에 의문의 죽음을 당하는 것이나, 세자빈인 강빈이 인조 독살혐의로 죽는 것이나, 강빈 형제들이 유배갔다가 죽는 사건들은 모두 친청파인 김자점과 연관되어 있어서, 김자점 등의 친청파들이 당시 청나라가 명나라를 멸망시켜가는 와중에서 반청 척화세력들을 제거하고 정권을 장악하는 과정으로 보인다.

■ 심기원 옥사

인조 21년(1643) 3월 21일 좌의정 심기원(沈器遠)이 남한산성 수어사(守禦使)를 겸임하게 되자 이를 기화로 심복의 장사들을 호위대(扈衛隊)에 두고 전 지사(前知事) 이일원(李一元), 광주부윤(廣州府尹) 권억(權澺) 등과 모의하여 회은군(懷恩君) 이덕인(李德仁)을 추대하는 역모를 꾀한다고 부사직(副司直) 황익(黃瀷)과 오국별장(五局別將) 이원로(李元老) 등이 상변(上變)하였다.

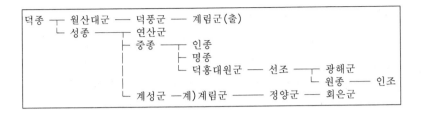

```
덕종 ┬ 월산대군 ── 덕풍군 ── 계림군(출)
     └ 성종 ──┬ 연산군
              ├ 중종 ──┬ 인종
              │        ├ 명종
              │        └ 덕흥대원군 ── 선조 ──┬ 광해군
              │                              └ 원종 ── 인조
              └ 계성군 ─계) 계림군 ──── 정양군 ── 회은군
```

이 사건은 인조가 믿고 의지하는 장상을 먼저 없앤 뒤
거사하려고 잔치를 벌여 술이 취하게 한 뒤에 여러 재상
들을 죽이려 한다고 한 것이다. 부하 황익·이원로 등이
훈련대장 구인후(具仁垕)에게 밀고하여 심기원은 고변 당
일인 3월 21일 복주되었다.

■ 임경업 장군의 죽음

심기원 등과 함께 명나라와 연결하여 청나라를 치려는
선봉장이었던 임경업 장군을 청나라에서 붙잡아 놓고도
죽이지 않자, 인조 23년(1645) 12월 11일 김자점은 사은사
로 간 기회를 이용하여 청나라 사신 정명수와 역관 이형
장과 짜고 임경업 장군을 청나라에서 본국으로 귀국시켜
심기원 옥사와 연루시켜 죽이려 하였다.

사은사 김자점(金自點)이 치계하기를, "정명수(鄭命壽)·
이형장(李馨長)이 몰래 신에게 말하기를 '칙사를 접견하였
을 때 상께서 「임경업(林慶業)은 본국의 역적일 뿐만아니
라 상국(上國)에게도 역적이다. 인심이 좋지 못하여 역적
의 변고가 연이어 일어나고 있는데, 뒷날 이를 본받는 자
가 있으면 진정시키기 어려울 것이다. 속히 내보내어 전
형(典刑)의 본뜻을 분명히 보이게 해달라.」 하면 구왕이
혹 들어줄지 모른다.' 고 하였습니다." 하였다. 이때 임경

업이 청나라에 가 있었는데, 청나라 사람이 그의 재략이
아까워서 선뜻 내보내려 하지 않자, 정명수가 임경업이
뜻을 얻게 되면 반드시 자기에게 해가 될 것으로 보고
매우 꺼린 나머지 기어코 내보내어 죽음의 길로 몰아넣
으려는 것이었다. 『인조실록』 인조 23년 12월 11일

이러한 음모는 성공하여 인조 24년(1646) 6월 3일 청나
라에서 임경업(林慶業, 1594~1646) 장군을 사은사 이경석의
행차에 붙여 돌려보내었고, 6
월 17일 심기원 역모사건에 연
루시켜, 임경업 장군을 인조가
친히 심문하였고, 6월 20일 임
경업 장군이 심문 중 옥중에서
53세로 졸했다. 고향인 충주의
달천에 장사지냈다.

임경업 장군은 의(義)를 지켜
명나라와 은밀히 교류하였다가
명나라가 망하면서 잡혔지만,
청나라 황제마저도 임경업 장
군의 기개를 보아 풀어주어 조
선으로 돌아왔다. 그런데 오
히려 조선에서는 친청파들이
자기 나라를 배반하고 남의 나
라에 들어가서 국법을 어겼다는 죄를 뒤집어 씌우고, 또
심기원 역모사건에 연루시켜 심문을 심하게 하여 옥중에
서 죽게 한 것이다.

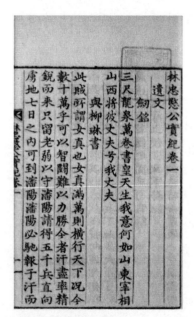

『임충민(임경업)공실기』
(국립중앙도서관)

■ 소현세자의 귀환과 의문의 죽음

이런 상황에서 소현세자(昭顯世子, 1612~1645)가 병자호란(1636) 후 볼모로 잡혀가 청나라가 명나라를 완전히 멸망시키는 인조 23년(1645) 2월까지 9년간 온갖 고초를 겪다가 이계(李烓)의 밀고로 잡혀갔던 김상헌 등과 함께 돌아오니, 주화파들의 처지는 풍전등화격이었다. 그러나 형세는 오히려 거꾸로 뒤바뀌어, 김상헌이 돌아왔으나 서인(庶人)이므로 대궐에 들어가 왕을 뵐 수 없어 성밖에서 귀환 상소를 올리나 이에 대해 인조는 대답도 하지 않고 불러보지도 않으며, 뒤에 등용도 하지 않았다. 이렇게 인조가 김상헌을 박대하는데도 영의정인 김류는 김상헌을 옹호하지 않다가 우승지 조석윤(趙錫胤, 1606~1655)의 비난을 받을 정도였다.

설상가상으로 뒤에 조귀인(趙貴人)의 소생으로 인조의 외딸인 효명옹주(孝明翁主)에게 손자 김세룡(金世龍)을 결혼시켜 외척이 된 김자점(金自點, 1588~1651)의 음모로, 그의 일당인 의원(醫員) 이형익(李馨益)에 의해 소현세자는 돌아온 지 두 달 만인 인조 23년(1645) 4월 26일 34세로 창경궁 환경당(歡慶堂)에서 급서하였다. 병석에 누운지 4일만의 일이었다.

> 소현세자의 졸곡제(卒哭祭)를 행하였다. 전일 세자가 심양에 있을 때 집을 지어 단확(丹艧: 고운 빨간 빛깔의 흙)을 발라서 단장하고, 또 포로로 잡혀간 조선 사람들을 모집하여 둔전(屯田)을 경작해서 곡식을 쌓아 두고는 그것으로 진기한 물품과 무역을 하느라 관소(館所)의 문이 마치 시장 같았으므로, 상이 그 사실을 듣고 불평스럽게 여겼

다.

그런데 상[인조]의 행희(幸姬) 조소용(趙昭容)은 전일부터 세자 및 세자빈과 본디 서로 좋지 않았던 터라, 밤낮으로

소현세자예장도 감의궤
(규장각 한국학연구원)

상의 앞에서 참소하여 세자 내외에게 죄악을 얽어 만들어서, 저주를 했다느니 대역부도의 행위를 했다느니 하는 말로 빈궁을 무함하였다. 세자는 본국에 돌아온 지 얼마 안 되어 병을 얻었고 병이 난 지 수일 만에 죽었는데, 온 몸이 전부 검은 빛이었고 이목구비의 일곱 구멍에서는 모두 선혈(鮮血)이 흘러나오므로, 검은 멱목(幎目)으로 그 얼굴 반쪽만 덮어 놓았으나, 곁에 있는 사람도 그 얼굴 빛을 분변할 수 없어서 마치 약물(藥物)에 중독되어 죽은 사람과 같았다. 그런데 이 사실을 외인(外人)들은 아는 자가 없었고, 상[인조]도 알지 못하였다. 당시 종실 진원군(珍原君) 이세완(李世完)의 아내는 곧 인열왕후(仁烈王后)의 서제(庶弟)였기 때문에, 세완이 내척(內戚)으로서 세자의 염습(斂襲)에 참여했다가 그 이상한 것을 보고 나와서 사람들에게 말한 것이다. 『인조실록』 인조 23년 6월 27일

인조 23년(1645) 5월 3일 소현세자가 급서하자 양사가 세자를 간호한 이형익(李馨益)을 죄주라고 두 차례 아뢰고 곧 정지하여 의혹을 남겼다. 이때에 대사헌 김광현(金光炫, 1584~1647)이 이형익을 죄줄 것을 강력하게 주장하였으나 곧 정지되었다. 강빈의 형제인 강문명이 김광현의 사위이다.

■ 봉림대군의 세자책봉

소현세자의 상(喪)은 적장자(嫡長子)로서 종법에 따라 당연히 삼년상(三年喪)을 치러야 한다고 홍문관이 주장하는데도 기년(朞年) 단상(短喪)으로 치러진다. 게다가 소현세자에게는 이때 10세·6세·2세 난 석철(石鐵)·석린(石麟)·석견(石堅) 세 아들이 있었고, 이미 장자 석철은 원손(元孫)으로 지칭되고 있었는데도 김자점파인 장유(張維)의 사위 봉림대군(鳳林大君, 1619~1659)을 형망제급(兄亡弟及)의 변칙을 써서 세자로 책봉하려 하니 순정성리학자들의 거센 반발은 당연했다.

이미 조선전기에 성리학의 이해가 진전됨에 따라 확립되어온 종법제도(宗法制度)에 의해 왕위계승은 적장자로 이어지는 것이 상식으로 되어 있었다. 따라서 인조의 적장자인 소현세자가 세자가 되고, 그의 10세 난 장자 석철이 이미 원손으로 칭해지고 있었으므로 소현세자가 죽은 후엔 당연히 원손이 왕세자(王世孫)로 책봉되어 왕위에 올라야 했다.

그러나 인조와 김류가 주도하고 김자점이 배후 조종하여 원손이 무능하다며 형망제급(兄亡弟及)의 변칙에 따라 인조의 둘째아들인 봉림대군을 세자로 결정한다. 봉림대군 마저도 이의 부당함을 들어 세자책봉을 거두어 줄 것을 두 번이나 상소하지만 결국 소현세자가 독살당한 지 6개월도 안된 인조 23년(1645) 을유년 9월에 세자로 책봉된다.

그리고 모순되게도 인조 27년(1649) 기축년 2월에 봉림대군의 아들을 왕세손으로 책봉하여 종법의 원칙에 따른 정통성을 확립하려 한다.

이러한 상황은 성리학 이념에 입각한 이상사회를 건설하기 위해 개혁을 서두르고 있는 사람에게는 도저히 용납될 수 없는 상식밖의 일이었으니 자연히 많은 문제가 연이어 일어난다. 우선 당시 우의정이던 이경석(李景奭, 1595 ~ 1671)이 추천해 북벌론을 내세우던 신독재 김집(金集, 1574~1656), 우암 송

『효종왕세자급빈궁책례도감의궤孝宗王世子及嬪宮冊禮都監儀軌』 「왕세자교명문」 부분 (규장각 한국학연구원)

시열(宋時烈, 1607~1689), 동춘당 송준길(宋浚吉, 1606~1672)이 사림의 영수(領首)로 추대되어 세자인 봉림대군의 사부(師傅)로 발탁되지만, 소현세자의 상(喪)에서 예(禮)에 어긋난 점을 지적하고 소현세자의 장자를 왕세손으로 책봉

할 것을 강력히 주장했던 송준길은 인조에 의해 제외된다.

■ 강빈옥사와 신생지옥

강빈옥사란 강빈이 인조의 어선(御膳)에 독을 타고 저주를 했다는 누명을 쓰고 발생한 옥사(獄事)이다. 인조 24년(1646) 1월 3일 인조의 음식인 전복구이에 독을 넣은 혐의로 강빈의 궁인 정열(貞烈) 등이 내사옥(內司獄)에 하옥되고, 강빈은 후원 별당(別堂)에 갇히는 강빈옥사가 발발하였다. 강빈의 시녀와 비복들은 강빈의 억울함을 항변하고 호소하다가 고문을 당해 죽었다.

2월 5일 강빈과 연루되어 강문성 등의 강씨형제를 국문하여 처리하라는 하교가 내렸다. 2월 7일 강빈 형제인 강문명의 장인 김광현(金光炫, 1584~1647)은 외직으로 좌천되었다.

김자점을 내의원 도제조(都提調)로, 민성휘(閔聖徽)를 제조로 삼고, 특명으로 순천부사(順天府使) 민응형(閔應亨)을 대사간으로, 김광현(金光炫)을 순천부사로, 조경을 형조참판으로 삼았다. 김자점이 병을 핑계하고 빈청에서 재차계사를 올릴 때 참여하지 않자, 상이 그가 다른 신하들과 입장을 달리하고 있다는 것과 그 사람됨이 부리기가 쉽다는 것을 알고는 끌어다 써서 자신을 돕게 하려고 한 것이다.

민응형은 일찍이 입대하였을 때 김류를 공박 배척하였기 때문에 순천으로 나가 보임하였는데, 이에 이르러 상이 김류를 미워하였기 때문에 특별히 부른 것이다.

김광현의 사위가 바로 강문명(姜文明)이다. 소현세자의

상에 김광현이 헌장(憲長)이 되어 의관(醫官)을 죄주자는
논의를 극력 주장하였는데, 상이, 강씨집의 사주를 받고
그러는 것인가 의심하여 몹시 미워한데다 또 강씨를 두
둔하는 무리를 물리치고자 하였기 때문에 외직을 명한
것이다.

조경은 전에 대사간이 되었을 때 나인(內人)을 국문하자
는 논의를 맨먼저 제기하였으므로 상이 기뻐하여 특별히
참판으로 승진시킨 것이다.

2월 12일 승정원에 강빈을 폐출하고 사사하라는 뜻을 양
사에게 말하라고 하교하였고, 2월 15일 최명길·이경석 등
에게 김자점과 함께 강씨를 사사하라고 명하였다. 2월 29
일 강문성과 강문명이 곤장을 맞다 죽었다. 3월 15일 소현
세자빈 강씨가 폐출되어 옛날의 집에서 사사되고, 교명죽
책(敎命竹冊)·인(印)·장복(章服) 등은 거두어 불태워졌다.

이러한 와중에 6월 20일 임경업은 심기원사건의 연루되
어 고문을 받다가 숨지고 말았다.

9월 5일 시제(試題)가 소현세자빈 강씨를 옹호하는 내용
이라는 이유로 문과별시(文科別試)의 초시(初試) 1·2소(所)
를 파방하고 시관(試官) 전원을 처벌하였다.

… 상호군 이경증(李景曾), 부제학 여이징(呂爾徵), 형조
참의 유황(兪榥) 등이 일소의 공거(貢擧)를 맡아 '한나라
시랑 왕장이, 위현성을 후하게 양육하여 그 뜻을 굽히지
말도록 청하다[漢侍郞王章請優養韋玄成勿枉其志]'로 표문(表
文)의 제목을 삼고 '옛날의 임금과 이별하면서 눈물을 흘
리다[流涕別舊君]'로 논문(論文)의 제목을 삼았다. 대제학
이식(李植), 병조참판 윤순지(尹順之), 병조참의 채유후(蔡

裕後) 등은 이소의 공거를 맡아 '당 예부시랑 왕호가 곽후를 경릉에 부장하도록 바라다[唐禮部侍郎王皥請以郭后祔葬景陵]'로 표문의 제목을 삼고 '황보규가 당인에 참여하지 못한 것을 부끄럽게 여기다[皇甫規恥不與黨人]'로 논문의 제목을 삼았었다. 그러자 상이 일소와 이소의 글 제목에 모두 기롱하고 풍자하는 뜻이 있다고 하여 하교하기를, "이 일소와 이소의 논문과 표문의 제목은 무엇을 의미하는가? 승지들은 고찰하여 아뢰라." 하였다. …

인조 25년(1647) 4월 25일 소현세자빈 강씨 관련 궐내 저주사건이 발각되었다. 이는 강빈옥사의 증인으로 변신한 신생(辛生)을 내세워 강빈이 저주를 했다는 신생의 옥(獄)을 일으켜, 유배지에 있던 강석기의 두 아들 강문두(姜文斗)와 강문벽(姜文璧)이 잡혀와 모두 형장(刑杖)을 맞다가 죽었다

5월 13일 소현세자의 세 아들인 이석철(李石鐵: 당시 12세), 이석린(李石麟: 당시 8세), 이석견(李石堅: 당시 4세)을 어머니 강빈에 연좌시켜 제주도에 유배보내고, 청나라 사신의 힐책을 피하기 위해 두 아들이 죽었다고 대답한다.

인조 26년 무자년 9월 18일 소현세자의 13세된 큰아들 이석철(李石鐵)이 제주에서 죽었고, 11월 26일 소현세자의 9세된 둘째아들 이석린이 제주에서 죽었다.

이러한 와중에서 인조는 재위 27년 만에 인조 27년(1649) 5월 8일 창덕궁에서 파란만장한 생애를 마치고 승하한다.

제13장 효종대 정치사

■ 효종탄생과 병자호란

효종은 광해군 11년(1619) 기미년 5월 22일에서 탄생하였다. 효종이 5세되던 해인 인조 1년(1623) 3월 13일 인조반정이 이루어진다.

8세인 인조 4년(1626) 1월 14일 할머니인 인헌왕후(仁獻王后) 구씨(具氏, 1578~1626)가 49세로 졸했다. 이해에 봉림대군에 봉해지게 된다.

9세인 인조 5년(1627) 1월 13일 후금이 3만 명의 병력으로 침입하는 정묘호란이 발발하였다.

13세인 인조 9년(1631) 가을에 한 살 위인 우의정 장유(張維, 1587~1638)의 딸인 덕수 장씨와 가례를 올렸다.

17세인 인조 13년(1635) 11월 29세의 우암(尤庵) 송시열(宋時烈, 1607~1689)이 봉림대군의 사부(師傅)에 임명되었다. 12월 9일 어머니인 인열왕후 한씨(韓氏, 1594~1635)가 42세로 승하하였다.

18세인 인조 14년 4월 11일 인열왕후를 장릉(長陵: 경기도 파주시 탄현면 갈현리 산 25-1)에 장사지내고, 4월 24일 인열왕후의 졸곡(卒哭)을 지낸 뒤, 비로소 봉림대군은 송시열과 상면하고 학문을 강론하였다.

　대군이 뜰로 내려와 짚자리를 깔고 조문(弔文)을 받은

다음 드디어 상좌(上坐)에 앉기를 청했다. 대군이 말하기
를, "평소에는 다담상(茶啖床)을 차렸는데 지금은 큰 상사
중이어서 감히 하지 못하고 식사를 차리도록 했습니다."
하였는데, 반찬이 자못 융숭하므로 선생이 손수 생선과
고기를 치우자, 대군이 말하기를, "어찌 아직도 행소(行素:
고기 반찬이 없는 식사)하십니까?" 하므로, 답하기를, "집
에 있을 적에는 그리 못했으나 지금 대반(對飯)을 하게 되
니, 제가 감히 고기를 먹지 못하겠습니다." 하자, 대군이
드디어 다시 소찬(素饌)을 차리게 하여, 단지 채소와 버섯
두어 가지로 대반을 했었다.

　… 이때 누가 자기 밭이 궁장(宮庄: 각 궁에 소속되어
있는 논밭)으로 들어갔다고 소송해왔는데, 선생이 말하기
를, "대군께서 소민(小民)들과 전답을 다투어서야 되겠습
니까?" 하니, 대군이 드디어 즉시 돌려주고 따지지 않았
다. 선생과의 제회(際會)가 융성함이 실은 이때부터 비롯
되었다. 『송자대전』 부록 권2 연보

18세인 인조 14년(1636) 병자호란(丙子胡亂)이 일어났다.

우암 송시열 영정

■ 심양생활과 귀국

19세인 인조 15년(1637) 1월 22일 강화도가 함락되자, 강화도를 지키던 처외조부인 전 우의정 김상용(金尙容, 1561~1637)이 77세로 자결하였고, 1월 30일 인조는 삼전도(三田渡)에서 청나라 태종에게 항복하였다. 봉림대군은 남한산성 아래에서 인조를 뵙고는 2월 5일 형 소현세자 및 척화신(斥和臣) 등과 함께 청나라 심양에 볼모로 잡혀갔다.

청나라에 잡혀가서는 전쟁터를 따라다니는 고초를 겪어야 했다. 서쪽으로는 몽골의 경계에 갔고, 남쪽으로는 산해관(山海關)에 갔으며, 또 더 남쪽으로 금주위(錦州衛)의 송산보(松山堡)에 이르러서는 명나라 제장(諸將)들이 패배하여 항복하는 것을 보았다. 또 동쪽으로는 철령위(鐵嶺衛), 개원위(開元衛)에 갔고, 또 동북쪽으로 여해부(如奚部)에 이르러서는 한 길이 넘는 두꺼운 얼음을 깨어 그 물을 마시기도 하였다.

26세인 인조 22년(1644) 1월 20일 형 소현세자가 귀국하였다가, 2월 19일 심양으로 되돌아갔다.

세자가 돌아왔을 때 심기원은 세자를 호위하고온 청나라 장수를 죽이고 명나라와 연결하여 청나라를 치려고 하였던듯 자신의 군관들과 이에 대한 애기를 하였다. 그러다가 소현세자는 심양으로 되돌아가고 3월 21일 좌의정 심기원(沈器遠, 1587~1644)은 명나라와 연결하여 청나라를 치려고 회은군(懷恩君) 이덕인(李德仁, 1587~1644)을 추대하려 한다는 역모로 죽게 된다.

중국에서는 인조 22년 3월 반란군 이자성(李自成)이 북경을 함락시키자, 명나라 의종(毅宗)은 스스로 목매어 죽고 후비(后妃) 이하는 모두 분신자살하였다. 이어 4월 청군(淸軍)이 이자성 군을 산해관(山海關)에서 격파하였다.

27세인 인조 23년(1645) 2월 18일 형 소현세자가 9년간 온갖 고초를 겪다가 귀국하였고, 2월 23일 최명길(崔鳴吉), 이경여(李敬輿), 김상헌(金尙憲) 등도 귀국하였다.

이처럼 청나라가 명나라를 멸망시키자 인질로 잡아두었던 소현세자와 청나라를 배척한다고 잡아갔던 척화신들을 모두 돌려보내니, 심기원 역모사건을 일으키며 권력을 장악했던 김자점 등의 친청파는 위기를 느끼지 않을 수 없었다.

형 소현세자는 귀국한 지 2개월 만인 4월 26일 34세의 젊은 나이로 급서하였다.

봉림대군[후일 효종]은 심양에서 같이 고생을 하던 형 소현세자가 친청파인 김자점 일파에 의해 의문의 죽음을 당한 지 20여 일이 지난 인조 23년(1645) 5월 14일 살얼음판 같은 본국으로 귀국하였다.

■ 세자시절

친청파들은 소현세자의 아들이자 원손(元孫)인 경선군(慶善君, 1636~1648)을 제치고, 주화파인 장유의 사위로 자신들에게 가깝다고 생각되는 봉림대군을 세자로 옹립하여 자신들의 정권기반을 다져나갔다.

27세인 인조 23년(1645) 윤6월 2일 인조는 영의정 김류(金瑬, 1571~1648)를 비롯하여, 좌의정 홍서봉(洪瑞鳳, 1572~1645), 영중추부사 심열(沈悅, 1569~1646), 낙흥부원군 김자점(金自點, 1588~1651), 판중추부사 이경여(李敬輿) 등

16인과 후사를 바꿀 일을 의논하여, 김자점이 주도하는 가운데 소현세자의 아들을 제치고 소현세자의 동생인 봉림대군을 세자로 정하였다.

이에 봉림대군〔후일 효종〕은 이틀 뒤인 윤6월 4일 상소하여 자신을 왕세자로 명한 성명(成命)을 거두고 소현세자의 아들인 원손을 왕세손으로 할 것을 청하였다.

이렇게 적장자 적장손으로 왕위를 이어가야 하는 종법(宗法)의 원칙에 맞지 않게, 형망제급(兄亡弟及)의 변칙을 써서, 둘째인 자신을 세자에 책봉하려 하자, 3일 뒤인 윤6월 7일 재차 상소하여 왕세자로 정한 성명(成命)을 거둘 것을 청하였다.

결국 석달여 뒤인 9월 27일 봉림대군은 왕세자로, 부인 장씨(張氏)는 세자빈으로 책봉되었다.

친청파들에 의해 세자가 된 봉림대군마저도 위협받는 상황에 처하게 되었다. 이는 소현세자에게 침을 놓다가 죽게 만든 친청파와 연결되었던 의원 이형익(李馨益)이 인조 23년 11월 3일 봉림대군에게도 침을 놓으려다가, 봉림대군이 거절하여 죽지 않을 정도로 봉림대군 역시 심각하게 위협받고 있었던 것이다.

　이때 왕세자가 앓아 오던 감기가 오랫동안 낫지 않아서 여러 의관이 약 처방을 의논하였으나 모두 효과가 없자, 상이 이형익(李馨益)에게 진맥하라고 명하였는데, 형익이 아뢰기를, "이 병은 사질(邪疾)이므로 사기를 다스리는 혈(穴)에다 침을 놓아야 합니다." 하니, 상이 세자에게 명하여 형익에게 침을 맞으라고 하자, 세자가 거절하며 아뢰기를, "이것은 감기입니다. 이것이 어찌 사질이겠습니까."

하였다. 상이 다시 강권하였으나, 세자가 그것이 아니라
고 극력 진술하고 끝까지 침을 맞지 않았는데, 얼마 안
가서 바로 나왔다.

그리고 다음해인 인조 24년(1646) 3월 15일에는 인조 독
살의 누명을 쓰고 형수인 소현세자빈 강씨〔강빈 姜嬪〕가
사사(賜死)되었다.

인조 25년 4월 25일에는, 소현세자빈인 강빈은 이미 1년
전에 인조를 독살하려 했다는 누명을 쓰고 죽었는데, 다시
강빈이 죽기전에 인조를 저주하기 위하여 흉칙한 물건을
대궐 곳곳에 파묻었다는 모함이 씌어지면서, 5월 13일에는
어머니 강빈에 연좌시켜 소현세자의 세 아들들마저 제주
도로 유배보내는 신생(辛生)의 옥(獄)이 발발하였다.

이렇게 친청파들에 의해 청나라를 공격하여 수치를 씻
으려던 임경업 장군이 죽고, 소현세자의 아들들이 제주도
에 유배가서 억울하게 죽는 것을 목도하면서, 효종은 후일
을 기약하면서 세자시절에는 공부를 하고 아버지 인조에
게 효도를 하면서 지낸다.

아버지 인조의 병세가 위독하자 세자〔후일 효종]는 손
가락을 잘라 피를 내어 먹이기도 하면서 정성으로 간호를
했지만, 얼마되지 않아 인조 27년(1649) 5월 8일 인조가 55
세로 승하하시자 땅바닥에 거처하며 가슴을 치고 통곡하
면서 물이나 장도 들지 않았다.

인조반정 이후 개혁을 주도하던 서인은 정묘호란 병자
호란을 거치며 심한 좌절을 겪는다. 이러한 와중에 청에
인질로 끌려가 온갖 고초를 겪고온 소현세자가 두 달 만

에 죽고, 소현세자의 아들 대신 주화파의 지지를 받는 장
유의 사위 봉림대군이 형망제급의 변칙으로 세자에 책봉
되어 효종으로 즉위한다.

그러나 효종은 즉위하자마자 북벌론을 외치며 성리학적
의리명분을 확립하고자 하니, 강빈 신원운동을 벌이려 한
다고 하여 서인들을 제거하려던 이온(李溫) 등 남인들의
기도는 무산되고, 오히려 강빈옥사를 일으킨 장본인으로
당시 영의정이던 김자점을 탄핵하는 김홍욱(金弘郁, 1602
~1654) 등의 상소가 잇따라 일어나면서, 인조의 묘호(廟
號)를 정하는 문제로 인조의 실정(失政)을 비판하는 논의마
저 나온다.

■ 아버지 묘호를 인조로 하다

인조가 승하한 지 일주일 만인 5월 15일 대행대왕(大行
大王)의 묘호를 열조(烈祖)라 하였다가, 5월 23일 인조(仁祖)
로 고쳤다.

> 대행대왕의 묘호(廟號)를 개정해서 올리기를 인조(仁祖)
> 라 하였다. 대신 이하가 아뢰기를, "시호를 의논하던 날에
> 뭇사람의 의논이 모두, 공이 있는 분을 조(祖)라 하고 덕
> 이 있는 분을 종(宗)이라 하는 것이 고례(古禮)인데 대행대
> 왕께서는 공은 조종(祖宗)을 빛내시고 덕은 온 누리에 입
> 혔으니 높여 조(祖)라 하는 것이 실로 고례에 부합하며
> 시법에 열(烈)자에 대한 해석이 셋이 있는데 그 중에 덕
> 을 지켜 업을 높였음을 일컫는 것으로 정하는 것이 묘호
> 에 마땅하다고 하였습니다.
>
> 모든 사람들의 의견이 같았으므로 열자로 의논해 정했

던 것입니다. 그런데 지금 듣건대, 의논하는 자들이 남당(南唐)의 임금 서지고(徐知誥)가 이 호칭을 사용하였으므로 지금 대행대왕에게 이 글자를 쓰는 것은 합당하지 않을 듯하다고 하였습니다. 신들이 여러 재상들과 널리 상의하였더니 어떤 이는 '시법에는 글자는 같아도 뜻이 각각 다르니 위로 소열(昭烈: 삼국시대의 유비劉備)의 열자에 비교할 것이지 하필이면 아래로 남당의 열자에 비교하는가' 하고, 어떤 이는 '이미 합당하지 않다는 의논이 있으니 즉시 여쭈어 고치는 것이 마땅하다. 조종조(祖宗朝) 때에도 시호 가운데 고쳐야 할 글자가 있으면 여쭈어 고친 전례가 있다.'고 하였습니다. 다시 의논하여 아뢰게 하소서." 하니, 상이 따랐다. …

또 아뢰기를, "열조(烈祖) 두 글자는 『시경 詩經』과 『서경 書經』에서 칭한 바와 한(漢) 소열(昭烈) 묘호의 자의(字義)를 취한 것으로 진실로 대행대왕의 공덕에 부합됩니다. 그러나 말하는 자들은 남당(南唐)이 참람한 묘호를 사용하여 국운(國運)을 재촉했기 때문에 지금 이 시호를 쓸 수 없다고 합니다. 생각컨대 인(仁)자가 대행대왕 묘호로 가장 합당합니다. 삼가 『통전 通典』을 상고하건대 역대 제왕의 시호에 부자가 호칭이 같은 이도 간혹 있었으니, 우리나라 세종과 세조의 호칭도 어찌 이에서 근본한 것이 아니겠습니까. 그리고 명나라 제도를 상고하건대 이미 인조(仁祖)가 있는데 또 인종(仁宗)이 있었습니다. 근거할 만한 고금의 전례(典禮)가 이미 이와 같을뿐더러 주공(周公)의 군부(君父)와 같은 시호를 쓴다고 한 것이 더욱 후세의 본보기가 될 만하니, 이로써 결단하여 의논하건대 오늘의 묘호로는 이 인자를 버리고는 달리 쓸 글자가 없으니 인자로 고치소서." 하니, 상이 따랐다.

5월 23일 응교 심대부(沈大孚)가 인조라는 묘호가 적당치 않음을 간(諫)하였다.

　… "예로부터 조(祖)와 종(宗)의 칭호에 우열(優劣)이 있
는 것은 아니었습니다. 창업한 군왕만이 홀로 조(祖)로 호
칭되었던 것은 기업(基業)을 개창(開創)한 1대의 임금이어
서 자손이 시조(始祖)로 삼았기 때문이었으니, 역대의 태
조(太祖), 고조(高祖)의 유에서 볼 수 있습니다. 그 밖의 선
대의 뒤를 이은 군왕들은 비록 큰 공덕이 있어도 모두
조로 호칭되지 않았습니다. 이것은 예로부터 지금까지 깨
뜨릴 수 없는 정리(定理)입니다.

　오직 한(漢)나라의 광무(光武)는, 먼 종실(宗室)의 후예로
왕망(王莽)이 찬역(簒逆)한 뒤 도적떼가 봉기한 때에 난리
를 평정하고 잃었던 나라를 광복(光復)하여 한나라를 하늘
에 배향(配享)해 제사지내어, 이름은 비록 중흥이지만 실
지는 창업과 같기 때문에 위로 압존(壓尊)되는 바가 없어
서, 스스로 대통(大統)을 전하는 시조(始祖)가 되어 조(祖)
로 호칭하였으니, 그 이치 또한 실로 당연합니다.

　저 명나라의 태종(太宗) 같은 이도 비록 건문(建文)의 난
리²⁾를 평정하였으나 실은 고황제(高皇帝)의 뒤를 이었기
때문에 처음에는 조라고 호칭하지 않았습니다. 그러다가
가정(嘉靖) 17년(중종 33년, 1538)에 와서 성조(成祖)로 추
호(追號)하니 당시에 식자들의 비난이 많았습니다.

　… 중종대왕께서는 연산(燕山)의 더러운 혼란을 깨끗이
평정하시고 다시 문명의 지극한 정치를 열으셨으되 조라
고 호칭하지 않고 단지 종이라 호칭하였으니 이것이 오
늘날 우러러 본받아야 할 바가 아니겠습니까. …. 며칠 동

---

2) 건문(建文)의 난리: 건문은 명(明) 혜제(惠帝)의 연호. 명(明) 태조(太祖)의
　태자 의문(懿文)의 둘째아들로 태자가 죽자 황태손(皇太孫)에 봉해졌고, 태
　조가 죽은 뒤 황제가 되었다. 정권의 불안을 느낀 나머지 제왕(諸王: 태
　조의 아들들)을 제거하려 했는데 연왕(燕王)이 군대를 일으켜 3년 전쟁
　끝에 그를 죽이고 황제에 오른 사건을 가리킨다.

안 상소문을 올리려 하다가는 다시 말곤 하였으나 끝내 말 수가 없었습니다." 하니, 상이 따랐다.

■ 등극과 북벌대의

효종 즉위년(1649) 5월 13일 효종이 31세로 제17대 왕으로 즉위하였다.

효종이 즉위하면서 북벌대의(北伐大義)가 천명되고 북벌론(北伐論)이 구체적으로 실행에 옮겨지면서 주화파인 김자점(金自點, 1588~1651) 일당이 제거되고, 척화파인 김상헌(金尙憲)·송시열(宋時烈) 등이 등용되어 정계를 주도해 나가니 여지껏 미진했던 양반호포법(兩班戶布法)·노비양처종모법(奴婢良妻從母法)·서얼허통(庶孼許通)·대동법(大同法)·동성불혼(同姓不婚) 등의 성리학 이념에 따른 개혁이 진행된다.

즉위 다음날인 5월 14일 김상헌(金尙憲, 1570~1652), 김집(金集, 1574~1656) 송준길(宋浚吉, 1606~1672), 송시열(宋時烈, 1607~1689), 권시(權諰, 1604~1672), 이유태(李惟泰, 1607~1684) 등이 천거되었다.

이렇게 척화를 주장하며 북벌대의를 추진하던 산림들이 천거되어 등용되는 분위기 속에서, 청나라에 붙어서 정권을 오로지 하던 영의정 김자점 등을 탄핵하여 몰아내게 된다. 우선 효종 즉위년(1649) 6월 4일 낙당(洛黨)·원당(原黨)이라 하여 낙당의 김자점과 대립하고 있는 원당의 원두표(元斗杓, 1593~1664)가 인재를 등용하는 데 뇌물과 인맥이 우선시되는 폐단과 붕당의 폐단을 비난하는 상소를 올렸다. 이어서 6월 16일 집의 김홍욱(金弘郁)·장령 이석(李

晢) 등이 영의정 김자점을 탄핵하려고 하다가 갈렸고, 6월 22일에는 사간원 사헌부에서 김자점의 죄목을 들어 파직을 간하여 이에 따랐다.

이렇게 친청파인 김자점 등을 몰아내는 분위기 속에서 이들에 의해 억울하게 희생되었던 소현세자빈인 강빈을 신원시키는 문제와 소현세자 아들들을 방면하는 문제가 대두되게 된다. 이에 첨예한 강빈옥사 문제보다는 제주도에 유배가 있는 소현세자 아들을 방면하는 문제가 먼저 거론된다.

효종 즉위년(1649) 6월 24일 사계(沙溪) 김장생(金長生, 1548~1631)을 이어 산림을 대표하는 공조참판 김집(金集, 1574~1656)이 소현세자 셋째아들 경안군(慶安君) 이회(李檜, 1644~1665)의 방면을 청하였다.

이러한 와중에서 효종 즉위년 6월 26일 장령 송시열이 올라와 효종을 뵙기를 요청하였다가 입대를 허락받지 못하자 상소를 올리고 떠났다.

이때 김익희(金益熙, 1610~1656)가 뒤쫓아가 유지(諭旨)를 전달하며 만류했고 김집도 누차 만류했는데, 송시열이 말하기를, "이미 나왔다가 도로 들어감은 염치에 관계되는 일이어서, 진퇴(進退)가 분명하지 못하면 임금을 섬길 수 없는 것이니, 잠시 도성 밖에 머무르며 상소를 진달(進達)하여 자핵(自劾: 자기 잘못을 스스로 탄핵하는 것)하겠다." 하였다.

송시열은 앞서 6월 26일에 상소했던 내용을 13개 항목으로 조목조목 열거하여 효종 즉위년 8월에 기축봉사(己丑封事)3)를 올렸다.

효종 즉위년 8월 4일 이경석(李景奭, 1595~1671)을 영의
정에, 김상헌(金尙憲, 1570~1652)을 좌의정에 임명하였다.
9월 1일에는 강빈옥사의 억울함을 푸는 방편으로, 부사직
하진(河溍, 1597~1658), 전 좌랑 이회보(李回寶, 1594~166
9)·봉례 여작(呂焯)이 신생(辛生)을 저주사건의 모함 원흉
으로 치죄해야 한다는 상소를 연달아 올렸다.

효종 즉위년 10월 15일 사헌부가 효종의 사부(師傅)였던
윤선도(尹善道)의 죄목을 들어 국문할 것을 청했으나 허락
지 않았다.

> 헌부가 아뢰기를, "전 현감 윤선도(尹善道)는 일찍이 선
> 조(先朝) 때 나라의 후한 은혜를 입었는데도 병자년 난리
> 때 끝내 분문(奔問)하지 않고 해도(海島: 보길도)를 점유하
> 여 호부(豪富)함을 즐겼으며, 나라에 국상이 있는데도 감
> 히 마음대로 편안함을 즐기고 분곡(奔哭)하지 않고서 아들
> 을 보내 상소하여 은연중 조정의 뜻을 염탐하였으니, 그
> 의 교만스럽고 세상을 농락한 정상이 더욱 얄밉습니다.
> 잡아다 국문하여 죄를 정하소서." 하였다. 여러 번 아뢰었
> 으나 따르지 않았다.

효종 1년 4월 22일 금림군(錦林君) 이개윤(李愷胤)의 딸을
의순공주(義順公主)로 봉하여 청나라 구왕(九王)[4]에게 시집

---

3) 중국 상고시대에 신하가 임금에게 비밀의 상소 등을 올릴 때 그 내용의
  누설을 막기 위해 검은 주머니를 가지고 단단히 봉해올렸다. 그로부터
  비밀스런 일로 임금에게 올리는 글을 봉사(封事)라 하였다.『한관의 漢官
  儀』

4) 구왕(九王): 청(淸) 태조(太祖)의 열넷째아들인 예충친왕(睿忠親王: 예친왕,
  1612~1650) 다이곤(多爾袞)의 별칭. 참고로 팔왕(八王)과 십왕(十王)을 소개
  하면 팔왕은 태조의 열둘째아들인 화석영친왕(和碩英親王) 아제격(阿濟格)
  의 별칭이고, 십왕은 태조의 열다섯째아들인 예통친왕(睿通親王) 다탁(多

보냈다. 12월 9일 의주부윤 소동도(蘇東道)가 "섭정왕(攝政
王)5)이 11월 9일 병으로 죽었습니다. 청나라 사신이 부고
를 전하기 위해 나왔는데, 추가로 보낸 시녀(侍女)도 중도
에서 돌려보냈다고 합니다." 라고 치계하였다.

조선에 대하여 강경책을 펴던 청나라의 섭정왕 다이곤
(多爾袞)이 죽자 청나라의 조선에 대한 태도도 크게 달라
지기 시작했다.

효종 2년 7월 27일 세자빈을 김우명(金佑明, 1619~16
75)의 딸인 청풍 김씨(淸風金氏: 후일 명성왕후)로 결정하
였고, 8월 16일 왕비 장씨를 책봉하였다. 김우명은 당시
대동법을 주도하던 잠곡(潛谷) 김육(金堉, 1580~1658)의 아
들이다.

8월 24일 영의정 김육의 주장으로 호서의 대동법(大同法)
이 비로소 정해졌다.

우리나라의 공법(貢法)은 너무나도 무너졌다. 서울에 있
는 호탕하고 간교한 무리들이 경주인(京主人)이라고 하면
서 제도(諸道)에서 공납하는 물품을 방납(防納)하고 그 값
을 본읍에서 배로 징수하였다. 그 물품의 값이 단지 1
필·1두라 할 때 교활한 방법을 써 수십 필, 수십 석에
이르게 한다. 탐관오리들이 그들에게 빌붙어 이익을 꾀하
는데, 마치 구렁텅이로 물이 몰려드는 것같아 그 폐단이
점점 불어났다.
또 임진왜란 이후로 공안이 더욱 문란해져서 계해(癸亥,

鐸)의 별칭이다. 『청사 淸史』 권218·9「제왕열전 諸王列傳」
5) 섭정왕(攝政王): 청(淸) 태조(太祖)의 열넷째아들로 지모와 용맹이 뛰어났
던 다이곤(多爾袞)을 가리킨다. 처음 예친왕(睿親王)에 봉해졌다가, 세조(世
祖) 때 정사를 섭정하여 섭정왕에 봉해졌다.

인조 1)년에 강정(講定)하였으나 다과가 균등하지 않았으므로 백성들이 매우 원망하였다. 그래서 60년 이래로 의논한 자들이 대부분 속히 개정해야 된다고 말하였다. 혹자는 "선왕이 토지를 맡겨준 뜻에 따라 공안을 개정하여 그 생산물을 징수해야 한다." 하기도 하고, 혹자는 "공안은 갑자기 개정하기 어려우니, 우선 양세(兩稅)의 제도에 의하여 1년 잡색(雜色)의 공물(貢物)을 통틀어 계산한 다음, 그 많고 적음에 따라 그 값을 공평하게 정하고 쌀이든 베든 바로 서울로 실어올려 물건을 무역해서 공물을 마련하게 하여 중간에서 이익을 꾀하는 폐단이 없게 해야 한다." 하는 등등의 의논이 분분하여 정해지지 않았다.

영의정 김육(金堉)이 대동법을 극력 주장하였고, 또 충청도는 공법이 더욱 고르지 못하다고 하여 먼저 시험할 것을 청하였다. 상이 누차 여러 신하들에게 물으니, 혹자는 그것이 편리하다고 말하고 혹자는 그것이 불편하다고 말하였다. 이에 이르러 상이 김육 등 여러 신하들을 인견하고 그것이 편리한 지의 여부를 익히 강론하여 비로소 호서(湖西)에 먼저 행하기로 정하였다.

한 도를 통틀어서 1결(結)마다 쌀 10두(斗)씩을 징수하되, 봄·가을로 등분하여 각각 5두씩을 징수하였다. 그리고 산중에 있는 고을은 매 5두마다 대신 무명 1필씩을 공납하였다. 대읍(大邑)·중읍(中邑)·소읍(小邑)으로 나누어 관청의 수요를 제하여 주고, 또 남은 쌀을 각 고을에 맡겨 헤아려 주어서 한 도의 역(役)에 응하게 하고, 그 나머지는 선혜청(宣惠廳)에 실어올려서 각사(各司)의 역(役)에 응하게 하였다.

■ 친청파의 제거

이렇게 대동법 등 개혁을 진행하면서 친청파를 제거하여갔다. 효종 2년(1651) 11월 23일에는 인조의 후궁 조귀인(趙貴人)이 저주한 사건이 일어나 관련자를 문초하였고, 12월 1일 홍문관이 조귀인의 작호를 삭탈하자고 청했으나 아버지의 후궁이므로 허락되지 않았고, 12월 2일 양사가 조귀인에게 법을 적용할 것을 청했으나, 또 허락하지 않았다.

그러나 이러한 와중에서 광양에 유배가 있는 김자점이 역모를 꾀한다고 고발하는 사건이 터져 나왔다. 효종 2년 12월 7일에 이영과 신호가 조귀인의 종형인 조인필이 김자점과 더불어 반역하려 한다고 고발한 것이다. 이효성(李孝性)·이순성(李循性) 형제는 바로 김자점의 가신(家臣)인데, 그 모의를 참여하여 알고 있다고 고발하였다.

12월 13일 김자점의 아들 김식(金鉽)과 손자 김세룡(金世龍) 등을 추국하여 역모에 관한 모든 것을 알아냈다.

> … 김식이 형신을 받고는 즉시 승복하였는데, 그 공사에 이르기를, "제가 변사기·안철(安澈)·이효성(李孝性)·이순성(李循性) 등과 역모하여, 원두표(元斗杓)와 산인(山人) 송준길(宋浚吉)·송시열(宋時烈)을 죽이고자 하였습니다.
> 경인년[효종 1년] 3월에 거사하기로 기약했었는데, 마침 저희 부자가 일시에 각자 흩어졌기 때문에 끝내 일으키지 못하였습니다. 저의 아비와 형인 김련(金鍊)도 모두 이 사실을 알고 있습니다. 대개 산인(山人)들이 저의 아비를 죄에 얽어넣었으므로 제가 화가 나서 이런 짓을 한 것입니다. 그리고 효명옹주와는 서로 왕래하면서 모의를 통하

여 자전과 대전·세자궁에 모두 흉한 물건을 묻고 저주
하였습니다. 제가 서울에 있을 때 안철(安澈)이 찾아왔었
는데, 제가 안철에게 말하기를 '영공께서 곤욕을 당함이
이와 같은데, 우리들 역시 산인들이 죽이고자 한다. 만약
산인들을 제거한다면 이 분함을 씻을 수 있을 것이다.' 하
였습니다. ....

효종 2년 12월 14일 역적 조씨를 스스로 자결하게 하고
특별히 예장하도록 하였다. 12월 16일 역적 조씨의 사위이
자 김자점의 손자인 낙성위 김세룡을 정형(正刑: 사형死刑)
에 처하고, 김자점을 국문하였다. 이날 김정(金鋌)이 여러
차례 형신을 받고서 승복하였다. 그 공사는 다음과 같다.

낙성위(洛城尉)가 과연 변사기·안철과 함께 반역을 모
의하여 항상 서신을 통하였는데, 내용이 몹시 간절하였습
니다. 김식이 처음에는 경인년[효종 1년] 봄에 거사하고자
하였습니다. 그런데 마침 김식이 곡성(谷城)에 보임되었고,
아비인 김자점이 배소(配所)로 갔으므로 실행하지 못하고,
변사기 등이 주병관(主兵官)이 된 다음에 다시 거사를 모
의하기로 하였습니다.

12월 17일 역옥에 관해 대신들과 의논하고, 김자점을 정
형(正刑: 사형死刑)하였다. 이로써 인조의 후궁 조귀인(趙貴
人) 옥사를 계기로 김자점 등의 친청파를 완전히 숙청하였
다.

■ 강빈 신원운동과 김홍욱의 죽음

이러한 일련의 과정에서 상식적으로 부각된 것이 강빈 옥사와 소현세자 셋째아들의 방면이었다.

당시 소현세자 셋째아들인 경안군(慶安君) 이회(李檜, 1644~1665)의 방면과 소현세자빈인 강빈이 억울하게 죽었 다는 것은 사림의 공론이었고, 김자점과 조귀인이 처단된 상황에서 이는 더욱 자명한 사실이었다.

이에 효종 3년(1652) 4월 26일 일찍이 효종의 신임을 한 몸에 받은, 김상헌(金尙憲, 1570~1652)의 제자 조석윤(趙錫 胤, 1606~1655)의 생질인 민정중(閔鼎重, 1628~1692)이 구 언교지(求言敎旨)에 응해 표류 한인(漢人)의 북송(北送)을 반 대하고, 북벌대의를 내세우며 강빈옥(姜嬪獄)의 무고(誣告) 와 소현세자 셋째아들 경안군 이회의 방면을 상소하였다.

이에 효종은 효종 3년 5월 21일에 강빈옥에 대해 신하들 에게 말하였고, 6월 3일 임금은 이후로 강빈옥을 거론하는 자는 역적으로 다스리겠다는 엄명을 내렸다.

이는 강빈옥이 무고라면 시아버지 인조가 며느리 강빈 을 억울하게 죽인 것이 되어 인조가 인륜에 어그러진 행 동을 한 결과가 되기 때문인 듯하다.

그리고 효종 3년(1652) 11월 30일 특지로 이완(李浣, 160 2~1674)을 병조참판에 임명하고, 이듬해 3월 14일 원두표 (元斗杓, 1593~1664)를 공조판서에, 6월 10일 유혁연(柳赫 然, 1616~1680)을 황해병사(黃海兵使)에 임명하여 본격적인 북벌준비에 착수하였다.

한편으로는 강빈옥사의 억울함을 푸는 방편으로, 하진 (河溍, 1597~1658)·이회보(李回寶, 1594~1669)·여작(呂焯)

이 신생(辛生)을 저주사건의 모함 원흉으로 치죄해야 한다는 상소를 연달아 올리고, 김집(金集, 1574~1656) 등은 소현세자의 세 아들 중 유일하게 생존한 셋째아들 경안군(慶安君, 1644~1665)의 방면을 계속 요구한다.

이와 같은 일련의 정치사건, 즉 소현세자의 죽음·강빈옥사·신생지옥(辛生之獄) 등 일련의 사건이 김자점(金自點, 1588~1651) 일파의 정권야욕에서 빚어진 결과였고, 이런 과정에서 성리학이념에 입각하여 확립된 종법이 무너지는 결과까지 낳게 되었던 것에 대한 반작용이었다.

또한 이것은 당시 병자호란으로 인하여 화이(華夷)의 질서가 유린당한 수치를 회복하기 위해 척화(斥和)와 북벌을 외치던 순정성리학자들인 사림에게는 용납할 수 없는 사태들이었기 때문이었다. 따라서 효종이 즉위하여 북벌대의를 천명하자, 병자호란 당시 화약으로 자결한, 효종비 장씨(張氏)의 외조부 김상용(金尙容, 1561~1637)의 동생이며, 남한산성에서 항복문서를 찢고 6일간 단식하다 목을 매달아 자결하려 했다가, 이계(李烓, 1603~1642)의 밀고로 심양에 끌려가 8년간 고초를 겪었던 척화론의 종주(宗主) 김상헌을 중심으로 북벌론이 내세워지고, 이를 따르는 김집·송시열 등이 대거 등용되어, 송시열이 북벌론을 천명하는 '기축봉사(己丑封事)' 라는 비밀 상소까지 올리게 되었다.

이에 비해 패전의 책임을 지고 유배갔던 김자점 일파는 처단되었다. 이것이 당시 대세였다.

그러나 효종은 오히려 이후로 강빈옥을 거론하는 자는 역적으로 다스리겠다는 엄명을 내렸다.

북벌준비가 진행되고 여러 가지 개혁이 진행되는 가운

데, 사림들의 명분상 가장 문제가 되는 것이 강빈옥사였다. 그래서 비록 효종이 강빈옥사를 거론하는 것을 금지했지만, 소현세자 아들을 방면하고 강빈이 역모로 몰려 억울하게 죽은 것을 풀어주는 문제가 금지한 지 2년 만에 다시 대두하게 된다.

효종 5년(1654) 6월 16일 전 사복시 정 심광수(沈光洙, 1598~1662)가 섬에 유배된 소현세자의 셋째아들 경안군 이회를 석방하라는 상소를 올렸다. 6월 17일 부수찬 홍우원(洪宇遠, 1605~1687)이 인조 후궁 폐귀인 조씨에 연루되어 해도(海島)에 안치된 조씨의 아들들인 숭선군(崇善君) 이징(李澂)과 낙선군(樂善君) 이숙(李潚)의 석방과 소현세자의 셋째아들을 석방해 주라는 상소를 올렸다.

효종 5년 6월 20일 영중추부사 이경여(李敬輿, 1585~1657)가 소현세자의 아들을 석방해 주라는 상소를 올렸다.

이와 같이 한필원(韓必遠), 심광수(沈光洙), 이경여(李敬輿), 홍명하(洪命夏) 등에 의해 '소현세자의 셋째아들 방면'으로 강빈이 억울하게 죽었다는 것이 표현되면서 사림의 공론으로 더욱 굳건히 자리잡는다.

이에 효종 5년 7월 7일 이미 효종 초에 영의정 김자점을 탄핵하면서 강직한 신하로 명성을 떨친 바 있는 황해도 관찰사 김홍욱(金弘郁, 1602~1654)이 구언교지(求言敎旨)에 응해 강빈원옥(姜嬪寃獄)과 소현세자의 두 아들이 김자점에 의해 살해됐다고 직간(直諫)하였다.

이렇게 김홍욱이 강빈옥(姜嬪獄)의 의문점들을 거론하며 강빈과 그 아들들이 억울하게 죽었다고 직간을 하다가, 김홍욱은 역적으로 재판도 받을 사이없이 상소를 올린 지

열흘만인 7월 17일에 53세로 장살되었다.

김홍욱의 현손(玄孫)이 영조 제1부마 월성위(月城尉) 김한신(金漢藎, 1720~1758)이고, 김한신의 증손자가 추사(秋史) 김정희(金正喜, 1786~1856)이다.

홍우원(洪宇遠, 1605~1687)이 이에 앞서 조귀인 역옥(逆獄)과 조귀인 아들 방면을 앞세워 강빈 원옥과 소현세자 아들 방면을 요구하던 상소는 도리어 조귀인 역옥(逆獄)을 옹호하는 처사로 인정되어 이행진(李行進, 1597~1665)·홍처대(洪處大, 1609~1676)·이시해(李時楷, 1600~1657) 등 사림들로부터 지탄을 받게 된다.

김홍욱 신도비는 송시열이 찬하였다.

김홍욱 묘(金弘郁墓)

충청남도 서산시 대산읍 대로리 묵수지 소재

■ 북벌대의와 개혁

이후에 김홍욱 사건을 무마하면서 민심을 수습하는 여러 가지 대책이 시행되었다. 먼저 효종 5년(1654) 12월 15일에는 김상헌의 제자로 유배갔던 조석윤(趙錫胤, 1606~1655)을 동지중추부사로 특별히 등용하고, 효종 6년 2월 6일에는 송시열을 이조참의로 등용하는 등 여태껏 미진했던 북벌대의를 내세우며 여러 개혁을 서두른다.

효종 6년 1월 남한산성에 군량미를 비축하고, 금중(禁中)에서 금군을 군사훈련시키는 등 북벌준비를 착실하게 진행하였다.

> 강가에 있는 각 고을의 세미 6천 석과 충주(忠州)의 모곡(耗穀) 10분의 3을 남한산성으로 실어다두게 하고, 강화도에서 선혜청에 바쳐야 할 쌀을 견감했으며, 화량(花梁)·덕포(德浦) 두 보(堡)를 연미(燕尾)와 갑곶(甲串)으로 옮겼었다. 그때 상[효종]은 밤낮 쉴새없이 만일의 사태에 대비하기 위하여 원두표(元斗杓)는 강화도를, 이후원(李厚源)은 안흥(安興)을, 이시방(李時昉)은 남한산성을, 홍명하(洪命夏)는 자연도(紫燕島)를 각각 맡게 하고 그들로 하여금 각자 병기를 수리하고 군량미를 비축하도록 했으며, 늘 그 네 신하를 인견하고 모든 계획을 수립하면서 해가 지도록 지칠 줄을 몰랐다. 그리고 또 때로는 좌우별장(別將)을 불러 금군을 나누어 영솔하게 하고 친히 금중(禁中)에서 그들을 시험하고 사열도 했다. 『국조보감』

효종 7년 윤5월 14일 김자점·조귀인 역모사건에 처벌받았던 인조 후궁 폐귀인 조씨(趙氏)의 소생이자 효종에게는 이복동생이 되는 숭선군 이징(李澂)·낙선군 이숙(李潚)

과 강빈옥사에 연루되어 제주에 유배되었다가 유일하게 살아남은 소현세자의 셋째아들이자 효종에게는 조카가 되는 경안군 이회(李檜: 어릴 때 이름은 석견石堅)를 방환하도록 하였다. 또 이징·이숙 등의 작호(爵號)를 회복시키라고 명하였다.

효종 8년(1657) 1월 23일 훈련도감의 군사를 1만 명 수준으로 늘리게 하였다. 5월 20일 송시열이 찬선에 임명되었고, 5월 21일 특별히 찬선 송시열을 불렀다. 송시열이 이때 어머니의 상복을 벗었으므로 승지에게 교지를 기초하도록 명하여 하유하였으나 끝내 병을 핑계대고 오지 않았다.

효종 8년 8월 16일 51세의 송시열이 시정(時政) 19 조목에 걸쳐 상소했는데, 이를 정유봉사(丁酉封事)라 한다. 그 내용을 정리하면 다음과 같다.

1. 제학(帝學)에 성의를 기울이고 시무(時務)를 급급히 서둘러 한결같이 우(禹)·탕(湯)으로 본보기를 삼으소서.
2. 북벌을 위해 후원(後苑)에서 몸소 말달리기를 일삼는데, 몸을 공경하는 것을 가장 중하게 여기소서.
3. 남쪽으로 간 명나라와 밀접하게 외교관계를 유지하소서.
4. 금법(禁法)을 엄하게 하여 기밀을 누설하는 이에게 전형(典刑)을 행하소서.
5. 무엇보다 양민(養民)·양병(養兵)을 우선하소서.
6. 어려운 때를 만났으니 세쇄(細碎)한 일보다는 나라의 올바른 기상을 세우소서.
7. 오늘날 위급한 형세에서 정온(鄭蘊) 같은 충의열사를 포장하여 탐욕을 부리고 기질이 약한 자를 격려하는 터

전으로 삼도록 하소서.

8. 원나라에 굴신한 허형(許衡)을 종사위(從祀位)에서 내치고 공자·주자의 공을 이으소서.

9. 소인들의 이욕에 찬 의심으로 인해 인평대군(麟坪大君)이 빈번하게 사신으로 가게 되니, 이를 자제하여 형제 간의 화목함을 백성들에게 보여 백성의 모범이 되소서.

10. 익(益)이 순(舜)에게 경계하듯, 안일하게 놀지 말고 오락을 지나치게 하지 마소서

11. 김홍욱(金弘郁) 등에 대한 처분이 지나쳤으니, 대신을 공경하고 신하를 부리되 예로써 하고, 물리칠 때도 예로써 하소서.

12. 김홍욱의 죽음과 윤강(尹絳)이 받은 곤욕과 매질이 지나쳤으니, 염치로써 신하들을 대우하소서.

13. 종묘의 수치를 씻지 못한 때에, 백성을 곤궁하게 하는 큰 역사를 일으키지는 마소서.

14. 군율(軍律)을 엄하게 하소서.

15. 이유태(李惟泰), 유계(兪棨) 등 어진 인재를 등용하소서.

16. 신의는 임금의 큰 보배이니 군사와 백성에게 신의를 잃지 마소서.

17. 하늘같이 백성을 보살피소서.

18. 주자가 말하기를, '옛날 성왕(聖王)은 음식과 주장(酒醬) 그 어느 것도 총재(冢宰)에게 관장시키지 않은 것이 없었기 때문에 안과 밖이나 은미(隱微)한 곳과 드러난 곳에 이르기까지 정수(精粹)하고 순백(純白)하여 후세의 본보기가 될 만하였다.' 하듯 하소서.

19. 세월이 머물지 않음을 깨닫고 장년(壯年)이 쉽게 가는 것을 애석히 여기셔서, 쉬지말고 분발하여 덕업(德業)을 높임으로써 황천(皇天)이 크게 명한 마음과 선왕(先王)의 부탁한 뜻에 부응하소서.

然以二帝三王自期哉因循苟且牽補架漏天春日
衰民心日離四顧茫然若無津涯而兼且歲月逾邁
如川之流年齡益高志氣益衰則抑將委之於時運
之無可奈何而唯目前之娛是狥矣自古迄今有志
之君始初清明而終至於委靡者何限此臣之所大
懼而潢憂故不得不先事而畢其愚蒿臣既退伏田
野則不當妄有論說以犯出位之戒而只是愛君之
誠出於犬馬之性而不能自已冒犯至此臣罪萬死
伏乞
聖明哀矜財赦而擇其中芻蕘不勝瞻天戀
闕激切屏營之至

卷五
封事

宋子大全

丁酉封事八月十六日

三十三

伏以臣伏蒙前月
批諭憂念臣疾病異慈父之於
稚子也且許以安心調理俾得淹屠刻臣奉戴湯
恩感涕交橫也臣朝暮餒饍日夜祇攝冀得必愈庶
伸趨謝之願而因循月餘疾勢彌篤失眠食或連
數日沉綿枕席如往朝夕所待者只是死而已
聖恩未報孤衷莫
效一朝溘然誠難瞑目又況胃達華貴久屛塵埃埃
諸事體疎然所不偯伏乞
聖慈終賜松念許遞臣職　誤恩於地下永為
使臣死後得以野服從事毋竊

一九九
卷之五　封事

罪戾之鬼也臣又竊自惟愛君之心根於天性銷鑠
不得況蒙
殿下不世之知遇旣不能致身周行以
效犬馬之勞又不能一進忠言以補
聖德之萬一
則臣不知將何以死哉且臣西質未學無所知識然曾
子有言曰人之將死其言也善玆陳一二忠赤以效
芹曝之誠倘垂採納或以有助於遇災動懼之
心也第其中或有不宜宣洩者故敢以小冊子手自
繕寫三襲以紙各行膠署謹望
前特令承旨史官開拆以啓也此非臣所創備自有
朱夫子故事也臣吟呻痛楚夜不能寐怨然傷感以
為皇天之誕命
聖躬之付畀　殿下是豈
為皇天之誕命
聖躬之付畀　殿下是豈

卷五
封事

宋子大全

三十四

聖聰
聖考之意俯答羣臣萬姓之望者至於今
偶然而臨御八年因循往吾無尺寸之效可以仰
酬皇天
日則入怨天怒內關外忽忿忿之禍迫在朝夕彼臣
僚之泄泄沓沓惟祿位苟保者固不足言矣殿下
獨不念
祖宗基業之傳社稷臣民之託耶比來
殿下因天示警惕然改圖庶戒懼之意每發於號令事
為之間若此不已殆庶幾矣而心體難持志氣易
衰月往月來浸淫解惰則仁愛之天亦將怠棄而已
不旋日矣一念至此心膽若隕嗚呼今日之事無一

「정유봉사 丁酉封事」첫 부분

『송자대전 宋子大全』권5.

(1985, 보경문화사 영인 간행)

효종 8년(1657) 8월 12일 송준길(宋浚吉, 1606~1672)을 이
조참의로, 8월 18일 찬선으로 임명하였다. 그리고 10월 14
일 송준길이 석강에 나아가 『심경』을 강하면서 경(敬)에
대해 논하였다.

10월 18일 송시열의 말을 따라 김홍욱(金弘郁)의 자제와
족속들에게 내렸던 금고령(禁錮令)을 해제하도록 명하였다.
11월 22일 찬선 송시열이 재변을 경계하고 선(善)으로 돌
아갈 것을 간하는 상소문을 올렸다.

효종 9년 1월 16일 찬선 송준길이 송시열의 아버지 송갑
조(宋甲祚, 1574~1628)의 벼슬을 추증하여 줄 것을 청하였
다. 12월 10일 송시열에게 초구(貂裘)를 하사하여 북벌의지
를 천명하였다.

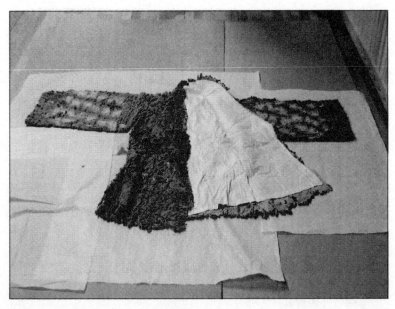

효종께서 우암 선생에게 하사하신 초구(貂裘)
북벌을 함께 하자는 상징적 의미가 담긴 것이었다.

효종 10년(1659) 3월 11일 창덕궁 희정당에서 이조판서 송시열을 불러보고 시사에 대해 의논하였다.

　신이 듣건대 어떤 선비집 종이 고향에서 올라올 때 어느 시골집에 들어가니 사대부 집이었는데 슬하에 두 자식을 거느리고 여러 날을 굶고 앉았다가 길가는 사람에게 밥을 얻어먹고 난 다음 이윽고 통곡소리가 들렸는데 그 아이들이 이미 죽었더라고 했습니다. 대개는 오래 굶은 나머지 갑자기 밥을 먹게 되면 죽습니다. 옛말에 '봄에 큰물이 지면 여름에 가문다' 했는데, 그럴 수밖에 없는 이치입니다. 금년에는 아직 이른 봄인데도 벌써 굶어죽는 걱정거리가 생겼으니 앞으로 백성들의 일을 어찌한단 말입니까. 요사이 주상께서 백성을 가엾이 여겨 슬퍼하시고 애써 구제하시는 정성이 지극하지만, 지금 하늘의 뜻이 편안치 않아 재앙이 거듭 생기고 큰 흉년까지 만나 백성이 이처럼 원망하고 있으니 몹시 민망합니다." 하자, 상이 이르기를, "백성의 부모된 자로서 굶어죽은 백성을 구원해주지 못하였으니 듣기에 측은하기만 하다." 하였다. …

　송시열이 또 아뢰기를, "송(宋) 효종(孝宗)이 당초에 큰일을 하려는 뜻을 품고 장남헌(張南軒: 남송南宋의 학자 장식張栻)을 볼 때, 만일 전상(殿上)에서 만나 보면 혹시 엿듣는 자가 있을까 싶어서 뜰 가운데다 장막을 설치하고 그를 보았는데 좌우에는 아무도 없었습니다. 임금과 신하 사이가 이와 같아야만 큰일을 도모할 수 있는 것입니다." 하니 상이 이르기를, "근래에 경의 병으로 인하여 오랫동안 서로 만나보지 못해 늘 매우 답답하였다. 오늘은 자못 조용한 듯하니 경은 나가지 말라." 하였다.

　상이 승지 이경억(李慶億, 1620~1673)에게 이르기를, "오늘은 승지가 먼저 물러가라." 하고, 또 사관(史官)과 환관에게 모두 물러가라고 분부했다. 그리고 나서 송시열

혼자 입시하였는데, 외조(外朝)에 있는 신하들은 송시열이
어떤 일을 말씀드렸는지 몰랐다.

이때 효종이 좌우를 물리고 오직 송시열만을 남기고서
흉금을 터놓고 논의하였는데, 이것을 「악대설화 幄對說話」
라 한다. 그 내용은 대외적으로는 청나라에 대한 복수설치
와 그에 따른 준비와 마음가짐, 대내적으로는 율곡(栗谷)
이이(李珥) 등의 문묘종사 문제, 강빈옥사와 김홍욱 처분
문제 등을 논하였다.

『송서습유』「악대설화」(국립중앙도서관)

효종 10년 3월 27일 강빈 신원운동이 김홍욱 신원운동으
로 이어져 결국 5년만에 김홍욱은 복관되었다.

4월 8일에는 헌납 민유중(閔維重, 1630~1687)이, 세자(世
子: 후일 현종)의 장인 김우명(金佑明, 1619~1675)의 형인

전 참판 김좌명(金佐明, 1616~1671)이 그의 아버지 김육(金堉, 1580~1658)의 묘에 국왕만이 쓸 수 있는 수도(隧道)를 만든 것이 예(禮)에 벗어난다고 김육의 묘를 개장할 것을 청했다.

이렇게 척신과 논란을 하며 기강을 잡아가면서, 북벌대의 천명에 따른 양반호포제(兩班戶布制) 주장 등 성리학 이념에 입각한 개혁을 유계(俞棨, 1607~1664)·송시열(宋時烈, 1607~1689) 등이 진행해간다.

그리고 효종은 송시열과 함께 호남 산간에도 대동법을 시행할 것을 추진하였다.

그러나 북벌론을 내세우며 개혁을 진행하던 효종이 41세 장년(壯年)의 나이로 승하하게 되니, 청나라의 안정과 함께 현종이 즉위하여 북벌론은 주춤하게 된다.

따라서 북벌론을 대신하여 대의명분을 상징할 수 있는 가장 좋은 문제로 비화된 것이 예송이었고, 반대로 야당인 남인 쪽에서는 정권을 장악할 수 있는 절호의 기회가 되었다.

예송의 배경은 앞서 일어난 김육의 수도사건으로 인해 김좌명·김우명 형제가 민유중을 비롯한 송시열 등과 결정적으로 틈이 벌어지게 되고, 곧 이어 현종이 즉위하면서 김좌명 형제는 송시열 일파에 대항하기 위해 일시적으로 허적(許積, 1610~1680), 오정일(吳挺一, 1610~1670), 윤휴(尹鑴, 1617~1680), 허목(許穆, 1595~1682) 등과 결탁하여 송시열의 예론(禮論)에 반대하고 나오게 된다. 이것이 조선후기 정치사에서의 가장 큰 논쟁점인 동시에 오늘날 헌법 논쟁과도 같은 예송으로 비화하게 된다

제14장 현종대 정치사

■ 탄생과 세자 시절

현종은 인조 19년(1641)에 청나라 심양의 봉림대군(鳳林大君) 관저에서 태어나 인조 22년(1644)에 조선에 돌아왔고, 인조 23년에 소현세자(昭顯世子)가 죽자 아버지 봉림대군이 세자에 책봉되었고, 9세인 인조 27년(1649) 2월 18일에 왕세손(王世孫)에 봉해졌다. 이해 여름 인조가 승하하고 효종이 즉위하여 세자(世子)가 되었다.

11세인 효종 2년(1651) 7월 27일 인조의 삼년상을 마친 후에, 8월 9일 관례(冠禮)를 하였고, 이해 8월 28일 세자에 책봉되었으며, 12월 22일 영의정 김육의 손녀요, 김우명(金佑明, 1619~1675)의 딸인 청풍 김씨(후일 명성왕후明聖王后, 1642~1683)와 가례를 올렸다.

■ 기해예송

병자호란으로 피폐해진 나라를 바로 세우느라, 북벌대의를 비롯한 개혁을 추진하던 효종이 즉위 10년만에 장년의 나이로 갑자기 승하하자, 북벌론은 일단 주춤하게 되면서, 지금까지 사회개혁을 이끌어왔던 북벌론의 대의명분이 예송(禮訟)으로 비화하게 되었으니 이것이 효종에 대한 인조 계비 조대비의 복상문제를 둘러싼 예송이었다.

현종 즉위년(1659) 기해년 효종의 계모인 자의대비(慈懿

大妃, 장렬왕후) 양주 조씨(楊州趙氏)의 효종에 대한 복상(服喪)문제로 논쟁이 일어났는데, 이것이 기해예송이다.

당시는 조선성리학 이념에 따라 종법이 확립되어 있었기 때문에, 신분에 관계없이 모든 집안에서 부모에 앞서 자식이 죽으면 종통(宗統)을 잇는 적장자에 대해서는 3년상을 입지만 그 이하 차자(次子)에게는 1년상을 입었다. 그리고 종통은 적장자만이 이어받을 수 있고, 적장자가 불행히도 부모에 앞서 죽게 되면 적장자의 아들인 적장손이 이어받고, 만약에 적장자의 아들인 적장손이 없을 경우는 적장자의 동생이 종통(宗統)을 이을 수는 없고 양자(養子)를 세워 종통을 이어받게 했다. 이것은 왕위 계승에도 그대로 적용되는, 지금의 헌법 같은 성격을 가진 것이며, 성리학 이념의 핵심이기도 했다.

따라서 율곡 이이·사계 김장생을 이어, 당시 예학의 종장(宗匠)으로 추대된 우암 송시열 및 서인들은 현종 즉위년(1659) 5월 5일 효종이 비록 변칙적으로 왕위를 계승했지만 이는 왕가(王家)에 있을 수 있는 일이므로 인정한다 하더라도, 왕위를 계승했다고 하여 엄연히 적장자인 소현세자를 두고 효종을 적장자로 대우할 수는 없으니, 차자로서 일년상을 해야 한다고 주장하였다. 이를 통하여 송시열은 천하동례(天下同禮)에 입각하여, 성리학의 근본이념인 종법은 천리(天理)이므로 왕을 비롯한 어느 경우에도 똑같이 적용되어야 한다고 하여 성리학 이념에 따른 이상사회를 구현하려는 의지를 표명하였다.

이에 반해 퇴계(退溪) 이황(李滉, 1501~1570)의 제자인 한강(寒岡) 정구(鄭逑, 1543~1620)를 잇는 미수(眉叟) 허목(許

穆, 1595~1682) 등 기호남인들은 왕자의 예는 사대부와 서민들과는 같지 않다는 왕자례부동사서(王者禮不同士庶)에 입각하여, 현종 1년 4월 10일 비록 적장자는 아니지만 차자로서 왕위를 계승했으므로 장자로 대우하여 재최삼년상(齋衰三年喪)을 해야 한다고 주장함으로써 성리학의 이념구현을 위한 예론(禮論)을 펴면서도 종법이 왕에게나 또는 어떤 경우에는 변칙적으로 적용될 수 있다는 여지를 남기어 보수적인 경향을 띠었다.

이에 동조하여 소북계(小北系)인 윤휴는 좀더 급진적으로, 조대비는 어머니이지만 효종이 왕위에 올랐으므로 신하로서 참최삼년상(斬衰三年喪)을 입어야 한다는 신모설(臣母說)을 주장하며, 왕 앞에서는 어머니도 신하가 되어야 한다고 함으로써 기본적으로 성리학 이념에 맞는 올바른 복제를 확립하려고 예론(禮論)을 전개하면서도 부자간의 천륜을 기반으로 하는 성리학 이념을 근본적으로 부정하는 논의에까지 이르는 모순을 보인다.

우암 송시열의 입장에서는 형이 죽으면 동생이 잇는다는 형망제급(兄亡弟及)의 변칙에 의해 왕위에 오른 효종의 종통도 훼손하지 않으면서, 성리학의 근본이념이 표출된 종법도 지켜나가야 할 필요가 있었던 것이다. 따라서 종법상으로 보면 인조의 원래 적장자는 소현세자이었고 효종은 차자이므로, 송시열은 인조 계비인 조대비의 효종에 대한 복제는 차자에 대한 복인 1년상을 입어야 한다고 하였다. 이는 효종이 원래는 방계로서 왕위에 오른 성서(聖庶), 즉 원칙적으로 왕위에 오를 수 없는 차자이지만 왕위계승에서 일어난 여러 가지 사정으로 변칙적으로 올랐다는 것을 분명히 해주고 있었다. 적장자가 적통(嫡統)을 이어가야 한다는 종법은 왕이나 사서인(士庶人)이 모두 지켜야 할 불변의 천리(天理)이고, 다만 왕통은 끊어질 수 없으므로 왕위계승에서는 할 수 없이 변칙적으로 방계가 종통을 이어가는 경우가 생기는데, 이는 '성서탈적(聖庶奪嫡)'이라는 변칙으로, 나무에 비유하면 가지가 줄기로 변화되는 변칙이지, 가지가 변화한 줄기가 원래 줄기였던 것은 아니라는 것이다.

【인조 · 효종 · 현종 · 소현세자 관련 족보】

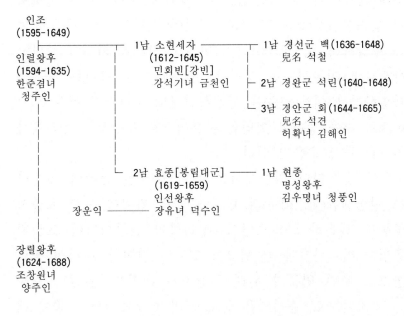

인조
(1595-1649)
인렬왕후
(1594-1635)
한준겸녀
청주인

1남 소현세자 ——— 1남 경선군 백(1636-1648)
(1612-1645)   兒名 석철
민회빈[강빈]
강석기녀 금천인 — 2남 경완군 석린(1640-1648)

— 3남 경안군 회(1644-1665)
兒名 석견
허확녀 김해인

2남 효종[봉림대군] ——— 1남 현종
(1619-1659)   명성왕후
인선왕후   김우명녀 청풍인
장운익 ——— 장유녀 덕수인

장렬왕후
(1624-1688)
조창원녀
양주인

이에 비해 미수 허목은 차자가 왕위를 계승하면 장자가 되는 것이라 하여 차장자설(次長子說)을 주장하고, 백호 윤휴는 누구든지 왕위를 계승하면 왕 앞에서는 어머니도 신하가 되어야 한다는 신모설(臣母說) 입장에서 3년상을 주

장하여, 왕자(王者)의 예(禮)는 사서인(士庶人)과는 다르다는 공통된 주장을 피력하게 된다. 이는 결국 왕에게는 성리학의 근본이념의 표출인 종법이 변칙적으로 적용되거나(허목 경우) 또는 부정되는 경우로(윤휴 경우) 나타나게 되고, 현실적인 정책에서도 자연스럽게 허목 등이 양반호포법을 반대하는 보수성을 띠게 되고, 윤휴의 경우는 급진적인 시행방법을 주장하는 양상으로 나타날 수밖에 없었다.

율곡—김장생—송시열 계로 이어지는 순정성리학자들이 주도하는 현종 전반기인 1차예송은 윤선도·허목·권시·조경·홍우원·김수홍 등을 필두로 지방유생까지 이어지는 예송논의에도 불구하고 종법을 천하에 똑같이 적용해야 한다는 입장이 천명되게 된다.

현종 1년(1660) 3월 16일 미봉책으로 결정된 복제는 다시 논란이 되니, 효종의 소상기(小喪期)에 허목이 차장자설(次長子說)과 함께 '서자(庶子)=첩자(妾子)설'을 말하였기 때문이었다.

이에 4월 16일 송시열은 다시 상소하여 서자(庶子)=첩자설(妾子說), 종통(宗統)=적통설(嫡統說), 차장자설(次長子說)의 잘못을 지적하였다.

이와 같이 종법상 효종 승중, 즉 왕위계승의 정당성 여부가 실질적인 논의이면서도 표면적으로는 단순한 전례문제(典禮問題)로 논의되던 예송이, 현종 1년 4월 18일 고산(孤山) 윤선도(尹善道, 1587~1671)가 '종통(宗統)=적통(嫡統)설'을 주장하면서 송시열의 주장을 '이종비주(貳宗卑主: 종통을 둘로 하고 임금을 천하게 함)' 라는 역모와 같은 성격이라고 공격하여 정쟁(政爭)으로까지 비화되기에 이르렀다. 이로 인하여 4월 19일 윤선도는 단순한 전례문제(典禮問題)로 중신(重臣)을 역적으로 모는 간흉한 신하라고 지칭되었다.

현종 1년 4월 18일 복제에 관해 허목의 사주를 받아 윤선도가 상소를 올리자 현종은 그의 관작을 삭탈하고 시골로 쫓아내라고 하였다.

조대비의 효종에 대한 복제는 변칙으로 왕위에 오르게 된 효종에게 종법을 어떻게 적용시키는가 하는 문제였다. 종법은 성리학 이념을 구현하는 핵심이었기 때문에 이를 어떻게 적용하는가 하는 문제는 성리학 이념에 따라 대동법(大同法)·양반호포법(兩班戶布法)·서얼허통(庶孼許通)·노비종모종량법(奴婢從母從良法)·궁방전혁파(宮房田革罷) 등 여러 사회개혁을 추진하려는 사람들에게는 대단히 중대한 논의였다.

복제논의(服制論議)는 천리인 종법을 모든 경우에 적용되어야 하는 불변의 법칙으로 보는가[천하동례天下同禮], 아니면 왕에게는 변형될 수 있는 가변적인 법칙으로 보는가[왕자례부동사서王者禮不同士庶]에 따른 논의였던 것이다. 이러한 논의는 필연적으로 이발(理發)을 부정하고 기발(氣發)만을 인정하여 이(理)는 절대불변으로 하고 기(氣)의 가변성만을 인정하는 율곡학파인 서인과 이발·기발을 내세워 이(理)의 가변성을 인정하는 퇴계학파인 남인과의 대립으로 나타났다.

이처럼, 현종 즉위 이후 소현세자의 막내 아들 경안군

(慶安君) 이회(李檜, 1644~1665)가 살아 있었을 때에는 효종을 장자(長子)로 대우하는가 차자(次子)로 대우하는가 하는 문제가 왕위계승 문제와 아주 밀접히 관련하여 현종초 예송이 대두되었으나, 현종 6년(1665) 9월 18일 경안군 이회가 졸함에 따라, 다음해 7월 예송이 일단락되었다.

■ 김만균사건

현종 4년(1663) 11월 6일 김익희의 아들 김만균이 할머니가 병자호란 때 강화도에서 순사(殉死)하였기에 청나라 사신을 접대하지 못한다고 사직소를 올리니, 서필원이 탄핵을 하여 파직되기에 이른다. 이에 현종 5년 1월 20일 우찬성 송시열이 서필원을 비판하고 김만균을 옹호하는 상소를 올렸다. 송시열의 맏형 송시희(宋時熹)는 정묘호란에 오랑캐에게 죽었다.

이에 서필원이 함경감사로 있으면서 반박하니 집의 민유중이 서필원을 공격하다가 체차되었고, 서필원은 6월 5일 사직하였다. 6월 12일 대사간 이홍연이 서필원을 파직시킬 것을 청하였다. 이에 현종 5년 7월 4일 김만균을 부교리로 임명하는 것으로 일단락지었다.

김만균(金萬均, 1631~?)의 증조부는 사계(沙溪) 김장생(金長生, 1548~1631)이다. 종조(從祖)가 신독재(愼獨齋) 김집(金集, 1574~1656)이다.

조부는 김반(金槃, 1580~1640)이고 조모는 두 분이다. 첫째 조모는 김진려(金進礪)의 따님 안동 김씨, 둘째 조모는 서주(徐澍)의 따님 연산 서씨이다. 둘째 조모인 서씨가 병자호란 때 강화도에서 순사(殉死)하였다.

아버지는 김익희(金益熙, 1610~1656), 어머니는 이덕수(李德洙)의 따님 한산 이씨이다. 이덕수는 송시열의 처부 이덕사(李德泗)의 형이 되는 인물이니, 김익희와 송시열은 각기 부인들이 사촌자매간이기에 동서간이 된다.

김만균의 고모는 인조 반정공신으로 우의정을 지내고 완남부원군(完南府院君)에 봉해진 우재(迂齋) 이후원(李厚源, 1598~1660)과 혼인하였는데, 슬하의 딸이 김육의 손자이자 김좌명(金佐明)의 아들인 김석주(金錫胄)와 혼인하였다.

김만균과 사촌형제인 김익겸(金益謙)의 아들 김만기(金萬基, 1633~1687)가 후일 숙종의 국구(國舅)가 되었으니, 그 딸이 바로 숙종비 인경왕후가 되었기 때문이다. 김만기의 동생이 국문학자 서포 김만중(金萬重, 1637~1692)이다.

【광산 김씨 김만균을 중심으로】

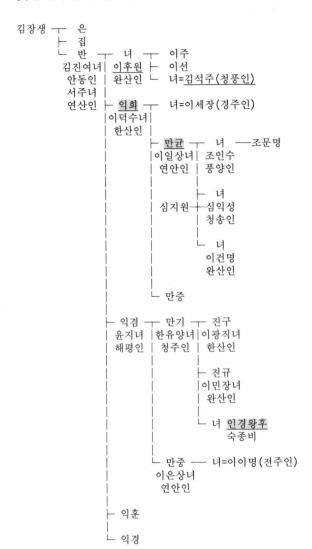

김장생 ┬ 은
├ 집
└ 반 ┬ 녀 ┬ 이주
김진여녀│ 이후원 ├ 이선
안동인 │ 완산인 └ 녀=김석주(청풍인)
서주녀 │
연산인 ├ 익희 ┬ 녀=이세장(경주인)
│ 이덕수녀│
│ 한산인 │
│   ├ 만균 ┬ 녀 ── 조문명
│   │ 이일상녀│ 조인수
│   │ 연안인 │ 풍양인
│   │   │
│   │   ├ 녀
│   │ 심지원┬ 심익성
│   │   │ 청송인
│   │   │
│   │   └ 녀
│   │   이건명
│   │   완산인
│   │
│   └ 만증
│
├ 익겸 ┬ 만기 ┬ 진구
│ 윤지녀│ 한유양녀│ 이광직녀
│ 해평인 │ 청주인 │ 한산인
│   │   │
│   │   ├ 진규
│   │   │ 이민장녀
│   │   │ 완산인
│   │   │
│   │   └ 녀 인경왕후
│   │   숙종비
│   │
│   └ 만중 ── 녀=이이명(전주인)
│   이은상녀
│   연안인
│
├ 익훈
│
└ 익경

■ 온천 행행과 산림 초빙

현종 6년(1665) 4월 17일 현종이 눈병을 치료하러 온양 온천에 거둥하였다. 5월 1일 산림인 송준길을, 5월 7일 송시열을 인견하였다. 그리고 같이 올라갈 것을 청하였으나 여러 가지 상황 때문에 송시열은 돌아가고 송준길만 현종과 함께 올라갔다. 9월 20일 소현세자의 막내 아들 경안군이 죽어 예송의 단서가 사라졌다.

그러나 현종 7년 2월 21일 김상용의 손자 김수흥이 허목의 '서자 첩자설'을 긍정하며 3년설을 주장하여 예송이 다시 지방으로 확산되었다.

이는 지방으로까지 확산되어 현종 7년 3월 23일 영남 유생 유세철(柳世哲) 등이 상복고증(喪服考證)의 책자를 올려 허목을 지지하며 송시열을 비난하고 나오니, 3월 23일 도승지 김수흥(金壽興, 1626~1690), 좌승지 김우석(金禹錫, 1625~1691), 좌부승지 송시철(宋時喆), 우부승지 김만기(金萬基, 1633~1687) 등 승지들이 이를 탄핵하였다.

3월 25일 대사헌 조복양(趙復陽, 1609~1671), 대사간 정만화(鄭萬和, 1614~1669), 사간 이정(李程, 1618~1671) 등 대간이 이를 탄핵하였다. 같은날 응교 이민서(李敏敍, 1633~1688), 교리 오두인(吳斗寅, 1624~1689), 부교리 이단하(李端夏, 1625~1689), 부수찬 박세당(朴世堂, 1629~1703) 홍문관이 역시 상차하여, 유세철이 흉악하고 간사한 물여우 같은 위인으로서 흉악한 꾀를 부려 어진 이를 해친다고 배척하면서 죄를 주자고 청하였다.

이에 따라 3월 25일 예송을 빙자하여 유현(儒賢)을 모독하는 것을 금지하는 명령이 내려지니, 관학 유생(館學儒生)

홍득우(洪得禹, 1641~1700) 등이 송시열을 지지하고 허목
·윤선도를 비난하면서 유세철 등의 주장을 반박하였다.

그리고 3월 26일 현종이 대비를 모시고 온양온천으로 거
둥한다. 4월 26일 송시열을 인견하고 4월 27일 온천을 출
발하여 4월 30일 궁으로 돌아오면서 다시 송시열 송준길
산림을 초빙하여 같이 올라오다가 송시열이 성환에서 돌
아간다.

5월 16일 전라도 유생(儒生) 안음(安崟) 등과 6월 29일 상
주(尙州) 유생 성진승(成震昇) 등이 유세철이 예론을 가탁(假
托)하여 유현(儒賢)을 무함(誣陷)한 것에 대해 죄줄 것을 상
소함에 기해예송(己亥禮訟)은 일년상을 주장한 송시열계의
승리로 일단락된다.

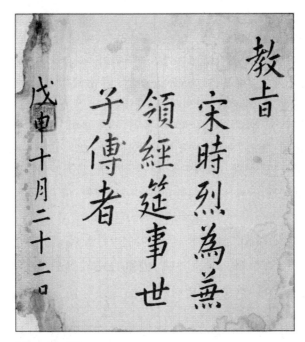

우암 송시열 교지

■ 청 사신에게 모욕을 당하다

청나라에 포로로 잡혀갔다 도망온 조선사람을 청나라에 돌려 보내지 않은 데 대해, 청의 사신이 와서 직접 조사하여 왕이 청의 사신에게 모욕당하는 일이 벌어졌다.

현종 7년(1666) 7월 8일 청나라 사신을 접견하고 7월 9일 도망한 사람들에 대한 조사를 무마하기 위해 청 사신 일선에게 5천냥의 뇌물을 주기로 하였다. 그러나 현종이 7월 17일 온갖 모욕을 당하였다.

> 상이 남별관 서연청에 거둥하여 조사하였다. 영상과 좌상은 문밖에 있고 우상만 들어와 참여하였다. 상과 칙사가 서로 읍하고 다례를 행하였다. … 상이 인하여 칙사에게 며칠 머무를 것을 청하니, 2일간 머무르겠다고 하였다. 상이 궁으로 돌아왔다.
> 삼가 살펴보건대, 이 일을 조사하는 때에 상이 받은 곤욕을 어찌 차마 말하겠는가. 늦더위가 기승을 부리는 때에 종일토록 예복을 차려입은 채 이류(異類)와 상대하여 수응하였고, 대신을 감죄하는 때에는 일어나 자리를 피하여 북쪽을 향해 땅을 치며 몸소 담당하여, 마치 청나라 황제에게 죄를 청하는 듯이 하였으니, 그 처참한 상황을 생각해보면 어찌 남한산성 아래에서의 굴욕보다 작은 것이었겠는가. … 『현종실록』 현종 7년 7월 17일

현종 7년(1666) 12월에 급기야는 현종이 벌금형을 당하는 수모를 겪는다. 현종 7년 12월 25일 진주사 허적 등이 돌아오는 길에 현종이 벌금을 내는 상황을 치계하였다.

> 진주사 허적이 돌아오다가 중도에서 사신간 상황에 대

해 치계하였는데, 벌금을 무는 치욕이 상에게 미치었는데
도 두 신하가 죄를 면하게 된 것이 자기들의 공인 양 여
기는 뜻이 있었으므로 안팎에서 이를 듣고 너나없이 놀
라고 분개해하였다. 『현종개수실록』 현종 7년 12월 25일

현종 8년(1667) 1월 12일 진주사(陳奏使) 허적(許積)이 현
종을 인견하여 청이 조사한 일을 보고하고 인책하고 죄줄
것을 청하였으나 허락하지 않았다.

이에 1월 29일 집의 이숙(李翽) 등이 합계(合啓)하여 정태
화 등의 체직과 허적 등을 파직할 것을 상소하였으나 받
아 답하지 않았고 오히려 이숙 등을 변방에 귀양보낸다.

이에 부교리 오두인(吳斗寅, 1624~1689) 등이 상차하여
이숙 등을 찬축 또는 안치하도록 한 명을 환수하기를 청
하였는데, 현종이 받아들이지 않았다. 오히려 양사의 관원
이 모두 귀양가고 승지도 잡아다 국문하게 하는 등 정국
이 혼란에 빠졌다.

2월 3일 김수항은 사직하고 2월 6일 조복양을 추고하고,
민유중은 파직한 다음 추고하게 하였다. 2월 9일 사간 이
후(李垕)가 진주사 건에 대해 삼정승을 탄핵하였다가 오히
려 파직된다. 2월 9일 대각을 관대하게 포용하는 도리가
아니라는 이유로 승정원 및 집의 김익렴·장령 심유·지
평 안숙이 이후를 구원하기를 청하였으나, 오히려 현종은
2월 10일 이후를 온성(穩城)으로 귀양보낼 것을 명하였다.
11일 김익렴, 심유, 안숙이 인피하였으며, 당시의 일을 기
록한 주서가 파직되기까지 이른다.

2월 13일 양사가 합계하여 이후의 일로 내린 조처의 부

당함을 아뢰었으나 받아들여지지 않았으니, 이 일로 인하여 7명의 간신(諫臣)이 귀양가고, 2명의 승선(承宣)이 하옥되었으며, 대사헌(大司憲) 이하 여러 관원이 대부분 지적을 받고 물러갔다.

2월 14일 송준길이 이들을 구원하는 상소를 올리는 동시에 치사를 청하였다. 송시열 또한 인책하며 사직 상소를 올렸다.

결국 허적은 현종 8년 3월 21일 또 상소를 올려 체직을 빌고 이어서 형벌을 받기를 청했는데, 현종이 부드럽게 답하고 본직의 면직을 허락했다. 3월 22일 행지중추부사에 제수되었다. 윤4월 27일 허적을 좌의정에 삼았으나 다음날 상소를 올려 면직을 청하였다. 9월 27일 허적을 판중추부사에 임명하였다.

■ 정릉 복위와 절의 추승

이렇게 현종 8년 허적이 물러나자 송시열 송준길이 올라오며 그동안 지체되었던 개혁이 진행된다. 현종 9년 8월 현종이 온양에 왔다가 가는 길에 양송을 초빙하여 송시열과 송준길이 올라왔다.

현종 10년(1669) 1월 4일 송시열이 태조 계비 신덕왕후 강씨의 능인 정릉(貞陵)을 복구하기를 청하였다.

정릉은 태조비 신덕왕후(神德王后) 강씨(康氏, ?~1396)의 능이다. 태종 8년(1408) 5월 24일 태조가 승하하니, 태종 9년 2월 23일 신덕왕후 능인 정릉(貞陵)을 도성 밖의 사을한(沙乙閑)의 산기슭으로 천장(遷葬)하고, 왕비의 제례를 폐하고, 봄·가을 중월제(中月祭)로 격하시켰다. 그리고 한

달 후 태종은 정자각을 헐고 목재와 석재는 각각 태평관
(太平館)을 짓는 데 썼으며, "석인(石人)은 묻고 봉분은 깎
아 버려 무덤의 흔적을 남기지 말라."는 명을 내려 완전히
파괴하고 말았다. 선조 14년(1581) 11월 200여년 흘러 먼저
3사(三司)에서 신덕왕후의 시호와 존호를 복귀하고, 정릉을
회복하자는 논의가 있었으나 6개월여 만에 정파된 바가
있었다. 이는 천리에 어긋난 것이었다. 이에 송시열이 정
릉의 복구를 청한 것이었다.

　　… 송시열이 아뢰기를, "종묘의 예에 대하여 이미 단서
　를 일으킨 이상 신에게 생각이 있습니다. 일찍이 선조 때
　진달하고자 했지만 하지 못하였습니다. 신덕왕후(神德王
　后) 강씨(康氏)는 태조대왕의 비입니다. 승하한 뒤 정릉(貞
　陵)에 묻혔는데, 국초에는 고려의 예제를 여전히 사용하였
　습니다. 아침 저녁으로 재(齋)를 베풀며 태조께서 매우 간
　절하게 추모하시어 매번 정릉의 경쇠 소리를 들은 뒤에
　야 수라를 드셨다고 하니, 두터웠던 태조의 마음을 알 수
　가 있습니다. 그런데 지금은 능침이 파묻혀 일반 능보다
　도 못하며 또 태묘에 배식(配食)되지도 못하고 있으니, 예
　에 있어서 어떻겠습니까" 하니, 상이 이르기를, "처음에
　무슨 일 때문에 이 지경이 되었는가?" 하였다. 송시열이
　아뢰기를, "태조께서 개국한 뒤 정도전(鄭道傳) 등이 태종
　을 무함하고 신덕왕후의 자식을 세자로 세웠습니다. 일이
　실패하여 신덕왕후의 두 아들은 비명에 죽었고 능침은
　성밖으로 옮겨졌습니다. 이 때문에 태묘(太廟)에 배식되지
　못한 것입니다. 고려 때에는 서울과 지방에 아내를 각각
　두는 풍속이 있었습니다. 태조께서 잠저(潛邸)에 계실 때
　신덕왕후가 서울의 아내였는데, 사랑과 예우가 극진하였
　습니다. 그런데 지금 태묘에 배식되지 못하고 있으니 진

실로 온당하지 못한 일입니다. 조정 신하들에게 널리 의
논하시어 태묘에 배향하고 능묘를 다시 봉토하는 게 어
떻겠습니까." 하니, 상이 이르기를, "서서히 다시 생각한
뒤 대신들에게 의논하여 처리하겠다." 하였다. …『현종개
수실록』현종 10년 1월 4일

  현종 10년 1월 5일 다시 정릉 복위를 청하였다. 1월 21
일 윤집(尹鏶)과 이준구(李俊耉)를 정릉중건청(貞陵重建廳)
당상으로 삼아 능의 보수에 들어갔다. 1월 27일 판중추부
사 송시열이 신덕왕후를 종묘에 부묘(祔廟)할 것을 청하였
다. 그러나 현종은 이 일은 매우 중대하기에 후일 상의하
여 처리하겠다고 하였다. 그리하여 8월 5일 부묘(祔廟) 하
기를 윤허하였고, 8월 13일 관원을 신덕왕후의 능소에 보
내어 기신제를 거행하게 하였다. 이때 신덕왕후의 제사를
빠뜨린 지 2백여 년이었는데 하루아침에 비로소 거행하자
사람들이 모두 기뻐하며 눈물을 흘렸다고 전한다.
  10월 1일 태조(太祖)의 계비 신덕왕후를 태묘에 부묘하
고, 대신을 보내 제사를 섭행케 했다.

정릉 전경 (사적 제208호, 서울시 성북구 정릉동 산87-16 소재)

현종 9년(1668) 10월 11일 판부사 송시열이 정명수를 죽이려는 모의에 참여했다가 죽은 강효원(姜孝元)과 심양에 징병갔다가 명나라와 의리를 지켜 빈 포를 쏘다가 발각되어 죽은 이사용(李士用)을 포상하기를 청하였다.

　판부사 송시열이 아뢰기를, "강효원(姜孝元)은 시강원 서리입니다. 필선 정뇌경(鄭雷卿)이 심양에 있을 때에 정명수(鄭命壽)를 죽이려고 꾀하였는데 ― 정명수는 우리나라 사람으로 적에게 포로가 된 자인데, 중간에서 용사(用事)를 하여 우리나라를 곤란하게 하기를 끝없이 하였다. ― 강효원이 그 일에 참여하였다가 일이 발각되어 죽음을 당하였습니다. 함께 일을 했던 자들이 모두 수를 써서 벌을 면했는데 강효원은 죽었습니다.
　이사용(李士用)은 성주(星州)의 포수(砲手)입니다. 심양에서 징병(徵兵)을 할 때에 이사용이 거기에 참여하게 되었는데, 전쟁에 임해서 빈 포를 쏘아 중국을 저버리지 않았음을 보였다가, 일이 발각되어 죽음을 당하였습니다. 두 사람의 일은 모두 가상하니, 포상하는 법전을 시행하여 절의를 부지하는 것이 합당하겠습니다" 하니, 상이 뒷날 품의하여 처리하라고 명하였다. ― 뒤에 정태화와 민정중 등의 말을 인하여 강효원의 아들과 손자는 면천(免賤)하고 이사용의 처에게는 휼전을 거행하였으며 아들 이선(李善)은 녹용(錄用)하게 하였다 ―『현종실록』 현종 9년 10월 11일

현종 10년(1669) 1월 5일 송시열, 송준길 등이 중종 이래의 기묘사화 을사사화 등을 논하였다. 그리고 조광조의 인물됨, 단경왕후 복위 상소를 올린 박상 김정, 송인수, 곽순(郭珣)·정희등(鄭希登) 등 사화로 억울하게 죽은 이들의

증직 등에 관하여 아뢰었다.

   ... 송시열이 아뢰기를, "조광조의 일에 대해서 신이 갖추어 진달하겠습니다. 중묘의 반정공신들은 계해(1623, 인조반정)의 훈신과는 달리 대부분 무부(武夫)로 교만하고 멋대로 구는 일이 많았습니다. 조광조가 개연히 그들의 숙청을 자신의 책임으로 여기자 못된 무리들의 시기와 질투가 이미 심했습니다. 심지어 그들은 궁액(宮掖)과 짜고 궁궐의 수풀 나뭇잎 위에 '주초위왕(走肖爲王)' 이라는 글자를 써놓아 현혹시키는 계책으로 하였으며, 또 희빈의 아비 홍경주(洪景舟)와 서로 안팎이 되었습니다. 그러다 중종께서 밀지를 내려 말씀하시기를 '조광조가 하루 아침에 누런 옷을 몸에 걸치는 왕이 된다면 어떻게 하겠는가?' 하자, 인하여 군소배들이 틈을 타 밤에 신무문을 열어 놓고는 밀고하는 자가 있는 듯이 하여, 장차 화가 헤아릴 수 없게 되었습니다. 영의정 정광필(鄭光弼)이 울면서 끝까지 간언하였지만 임금의 노여움은 거듭 일어나 옷을 떨치고 일어났는데, 정광필이 소매를 잡아끌며 온 힘을 다해 간쟁하여 마침내 죽음을 벗어날 수 있었습니다. 정광필이 정승에서 체직되고 남곤이 대신 임명되자, 현인들이 차례로 죽음에 나아갔던 것입니다." 하였다.

   송준길이 아뢰기를, "애초에 박원종이 거의하려고 하면서 신수근(愼守勤)에게 묻기를 '매부를 폐하고 사위를 세우면 옳겠는가.' 하였는데, 신수근은 바로 중종비 신씨의 아버지이자 연산군비의 오빠입니다. 신수근이 답하기를 '상이 바야흐로 피똥을 누는 병환을 앓고 있으니 어찌 오래갈 수 있겠는가.' 하였으니, 이는 곧 따르지 않겠다는 뜻이었습니다. 그러자 박원종이 사람을 시켜 그를 쳐죽였습니다. 중종이 즉위한 후 박원종 등이 죄인의 딸은 한 나라에 어머니로 임할 수 없다고 군부(君父)를 윽박질러 신씨를 폐하고 계비를 들였으니 바로 장경왕후였습니다. 장경왕후가 승하한 후 김정(金淨)·박상((朴祥) 등이 상소 하여 신씨의 복위를 청하였는데, 이는 실로 정론이었습니 다. 그런데 일종의 논의는 '만약 신씨를 복위한다면 원자 (元子)를 어떤 지위에 둘 것이냐?'고 하였으니, 이는 참으 로 근거없는 논리였습니다. 김정과 박상이 모두 이 때문 에 죄를 입었는데, 조광조가 정언이 되자 김정 등의 논리 를 세워 다른 의견을 누르고 시비를 밝히니, 논의가 비로 소 대립되어 끝내는 사화를 빚어내었습니다." 하였다. ....

... 송준길이 아뢰기를, "기묘 제현들이 그날 죽음을 면 할 수 있었던 것은 참으로 정광필의 힘이니, 그분은 사림 에 큰 공이 있는 것입니다. 그분은 정태화의 선조인데, 정씨가 지금 잇따라 세상에 명성을 떨치는 것에 대하여 사람들은 정광필의 음덕이라고 말하고 있습니다." 하고,

또 아뢰기를, "을사년의 화는 더욱 참혹했습니다. 지금 돌이켜 생각해 보아도 마음이 아프지 않을 때가 없습니 다. 중종께서 승하한 뒤에 간흉 윤원형, 정순붕, 이기, 임 백령 등이 '사림들이 어진 임금을 가려서 세우려는 뜻을 가지고 있다.'고 큰 옥사를 얽어 만들었습니다. 인종께서 승하하심에 명종께서 차적(次嫡)의 자리에 있으니 정통이 어디로 가겠습니까. 그런데 간신들이 이것을 가지고 화를 얽어내어 하루에 세 대신을 죽였으니, 참으로 마음이 아 픕니다. 억울하게 죽은 사람 가운데서도 송인수(宋麟壽)가 가장 심하며, 그밖에 곽순(郭珣)·정희등(鄭希登)도 같이 억울하게 죽은 자들입니다. 신이 일체 증직해 주시길 청 하고자 했습니다만, 아직 청하지 못했습니다." 하니,

상이 이르기를, "송인수에게 증직한 것은 어느 때에 있 었는가?" 하였다. 송준길이 아뢰기를, "신이 선조 때 건의 했던 일입니다." 하니, 상이 이르기를, "해조에 말하여, 억 울하게 죽은 사람들을 상고해 내어 품처토록 하라." 하였

다. …『현종개수실록』현종 10년 1월 5일

그리고 단종을 묻어준 엄흥도의 절의를 장려하기 위해 후손을 녹용하기를 청하였다.

■ 종법 수호 논의

그리고 재상 심지원(沈之源, 1593~1662)이 양자 심익선을 파하고 자기 소생 심익상으로 종통을 잇게 한 것을 비판 하며 거실(巨室) 세가부터 종법을 철저히 준수할 것을 주 장하였다.

> 송시열이 또 아뢰기를, "고 상신 심지원(沈之源이, 양자 익선(益善)이 있는데도 자기 소생 익상(益相)으로 하여금 제사를 맡게 하였으니, 크게 예제에 어긋났습니다. 애초 에 대관이 개정하라고 계청했을 때 허락하지 않으시다가, 어제 적통(嫡統)을 빼앗았다고 논핵하자 따르셨습니다. 성 상의 거조가 어찌 그렇게 전후로 차이가 나십니까. 신의 생각으로는 조정에서 바로잡고 인하여 일정한 제도로 삼 아야 마땅할 것 같습니다. 주자가 말하기를 '종법(宗法)은 우선 명문가의 집에서부터 시행해야 본보기가 되어 비로 소 아래로 사대부의 집에서도 행하게 할 수 있다.'고 했습 니다. 심지원이 대신으로서 왕가와 혼인관계를 맺고 있으 니, 어찌 일반 백성들의 본보기가 될 자가 아니겠습니까." 하니, 상이 이르기를, "받들어 시행하는 사이에 장애가 없 겠는가?" 하자, 송시열이 아뢰기를, "장자가 제사를 받드 는 것은 천리와 인륜에 있어서 순한 일이 어찌 아니겠습 니까." 하였다. …『현종개수실록』현종 10년 1월 4일

심지원은 초취부인인 권득기(權得己)의 딸 안동 권씨와의

사이에서는 남녀간 소생이 없었다. 이에 부자인 종가집 장손 심지택(沈之澤, 1597~1634)의 두 아들중 막내 심익선(沈益善, 1627~1696)을 양자로 들여왔다. 그런데 권씨부인이 심지원이 41세 때 38세로 돌아가자 심지원은 월정(月汀) 윤근수(尹根壽, 1537~1616)의 증손녀인 해평 윤씨(海平尹氏, 1616~1672)를 후취로 맞아 그 사이에서 4남 2녀를 얻는다. 그러자 친생자로 하여금 제사를 받들게 하고 싶은 욕심이 나서 유언으로 친생 장자인 심익상(沈益相, 1639~ 1695)에게 제사를 받들라 하고 죽었다.

그러자 명분을 중시하는 청론(淸論)에서 물의가 떠들썩하게 일어나게 되었다. 그래서 이해 현종 3년(1662) 9월 13일에 대사간 민정중(閔鼎重)이 남의 양자가 된 사람을 아들로 삼는 것이 정도이니 이를 어긴 자는 모두 왕명으로 개정하게 하라는 상소를 올린다.

결국 이 사건은 사회문제가 되어 조정에서 그 시비를 다루게 된다. 현종 9년(1668) 7월에 심익상이 세자시강원 세마(洗馬)에 임명되자 사간원 정언 윤경교(尹敬敎, 1632~1691)가 적통을 빼앗는 죄인이라 해서 이를 탄핵하려 했기 때문이다.

윤경교는 윤증(尹拯, 1629~1714)의 당질이고 윤증은 권시(權諰, 1604~1672)의 사위이며, 심지원의 초취부인 안동 권씨는 권시의 누님이었다. 안동 권씨가 양자로 삼은 심익선에게서 적통을 빼앗았으니 윤경교가 발벗고 나섰던 모양이다. 그러나 명분 앞에서는 국왕도 어쩔 수 없어 현종은 윤경교의 말이 옳다고 하고 외숙부인 장선징을 체직시킨다. 그 다음날인 7월 12일에 사간 이유(李秞)와 정언 윤경교 등이 심익상이 적통을 빼앗은 죄를 논했는데 임금이 좇지 않다가 세 번 아뢰니 허락했다. 드디어 왕명을 내려 명의(名義)의 죄인으로 사대부 사회에서 도태시킨 것이다.

그러자 심익상과 인척관계가 있는 김만중(金萬重), 민정중 등 청류가문 출신들이 도리어 심익상을 변명해 주는 역현상이 일어난다. 그러자 그들의 스승이며 산림의 수장인 우암 송시열이 나서서 심익선에게 적통을 되돌려주어 제도를 바로잡도록 한 것이다.

【청송 심씨 심지원을 중심으로】

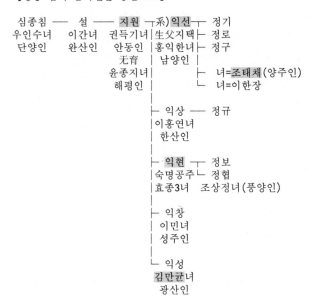

현종 10년 1월 22일 형조판서 서필원이 고 상신 한흥일(韓興一)의 친생자가 제사를 지내도록 해주자고 주장한 문제로 추고를 받았다. 이는 종법에 어긋났기 때문이다.

　　형조판서 서필원이 상소하여 고 상신 한흥일(韓興一)의
제사 받드는 것을 그가 낳은 아들이 주관하게 해주도록
청하였다. 애초에 한흥일이 아들이 없어서 후사를 들여
손자를 보았었다. 그런데 나중에 맞은 아내가 아들을 낳
자 자기 아들로 제사를 주관하게 하고 싶어 일찍이 서필
원에게 부탁하였다. 이때에 이르러 조정에서 후사로 삼은
아들로써 제사를 주관하게끔 규식을 개정하자, 서필원이
소를 진달하여 해조로 하여금 의논하도록 청하니, 상이
그 말대로 하였다.

　　사간 박세견, 정언 경최가 아뢰기를, "후사를 세운 자는
비록 자기가 난 자식이 있더라도 반드시 후사를 삼은 자
로 하여금 제사를 받들게 하도록 바로잡은 하교가 있은
이상, 후사가 비록 죽었더라도 뒤를 이를 손자가 있다면
그가 전중(傳重)해야 하는 법임은 다시 의논할 만한 것이
없습니다. 의리가 매우 분명하니 한 사람의 사사로운 뜻
을 받아들여 바꿀 수는 없습니다. 서필원은 고 상신 한흥
일이 생전에 부탁한 말을 감히 상소하여 상께 아뢰고 심
지어 예관이 다시 의론하기를 청하였으니, 일의 체모에
있어 매우 외람됩니다. 서필원을 무겁게 추고하고, 해조
로 하여금 시행하지 말도록 하소서." 하였다. 여러 차례
아뢰자, 상이 그 추고하라는 말을 따랐고, 해조 또한 방
계(防啓)하였다. 『현종개수실록』 현종 10년 1월 22일

　　한흥일(韓興一, 1587~1651)의 아버지는 한백겸(韓百謙)이
며, 어머니는 김정준(金廷俊)의 딸이다. 인조 계비 인열왕
후(仁烈王后)의 사촌이다. 한흥일은 인조 15년(1637) 봉림대
군(鳳林大君, 효종)이 청나라에 볼모로 잡혀갈 때 배종하였
으며, 귀국 후에는 이조참판, 대사간, 공조판서·예조판서
를 거쳐, 효종 2년(1651) 우의정에 올랐다. 인조 때 척화파

의 한 사람이다.

【청주 한씨 한홍일을 중심으로】

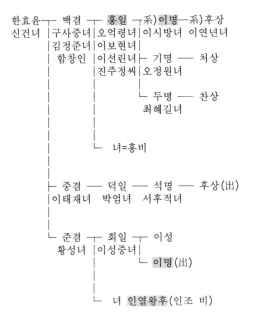

```
한효윤┬ 백겸 ┬ 홍일 ┬系)이명─系)후상
신건녀 │구사중녀│오억령녀│이시방녀 이연년녀
       │김정준녀│이보현녀│
       │ 함창인 │이선린녀├ 기명 ── 처상
       │       │진주정씨│오정원녀
       │       │        └ 두명 ── 찬상
       │       │         최혜길녀
       │       │
       │       └ 녀=홍비
       │
       ├ 중겸 ── 덕일 ── 석명 ── 후상(出)
       │이태재녀 박엄녀 서후적녀
       │
       └ 준겸 ┬ 회일 ┬ 이성
         황성녀│이성중녀│
              │        └ 이명(出)
              │
              └ 녀 인열왕후(인조 비)
```

■ 사회 경제 개혁 논의

현종 9년(1668) 2월 24일 송시열을 우의정으로 8월 5일
에는 송준길을 이조판서의 대임을 맡겨 9월 4일 간곡하게
불러올리니, 각종 사회 경제 개혁을 추진해간다.

송시열은 태안(泰安)의 안흥(安興)에 포구(浦口)를 파거나
조창(漕倉)을 설치하기를 청하는 한편, 공안(貢案)을 개정하
여 백성들에 대한 진휼책을 제시하였다. 또한 노비종모종
량법(奴婢從母從良法)을 시행할 것을 주장하였다.

그러나 당시 재상으로 있었던 허적이 현종의 신임을 한
몸에 받으면서 서필원을 사주(使嗾)하여 송시열을 견제하
고 있었으니 모든 개혁이 지연되고 있었던 것이다.

현종 10년 1월 4일 양전(量田), 보오법(保伍法), 동성불혼
(同姓不婚) 시행과 성 안팎의 절을 철거할 것을 주장하였
다.

송시열이 또 아뢰기를, "나라를 다스리는 도는 토지 제
도가 우선입니다. 법제에 20년마다 한 번씩 측량하게 되
어 있는데, 경기는 이미 다시 측량했고, 충청도도 현재
다시 측량하고 있습니다. 그런데 반드시 적임자를 얻은
뒤에야 그 일을 잘 마무리 지을 수 있습니다. 현재 감독
하고 있는 사람들은 모두 그 고을 양반으로서 차출된 자
들인데, 그들에게 단지 일을 시키기만 하고 다른 장려하
는 일은 없습니다. 신의 생각으로는 가장 우수한 자를 가
려 재주에 따라 선발하여 임용함으로써 권장하는 터전이
되도록 하는 것이 좋을 듯합니다." 하니, 상이 해조에 명
하여 선발해서 수용하게 하였다. ...『현종개수실록』현종
10년 1월 4일

■ 노비 종모종량법

현종 10년(1669) 1월 10일 송시열의 건의로 아버지가 노
비라도 어머니가 양인이면 자식은 어머니를 따라 양인이
되는 노비종모종량법을 시행하였다. 노비종모종량법은 어
머니가 양인이면 아버지가 노비라도 자식은 양인이 되는
법이다. 이렇게 하면 남자노비는 양인 부인을 얻고 여자
노비는 양반의 첩이 되거나 하여 자식은 양인을 만들어
감으로써 노비제를 철폐해가게 되는 것이다. 그리고 전체
적으로는 집안에 역부담을 줄이어 자영농으로 성장하여
갈 수 있는 것이었다.

이는 율곡 이이가 선조 3년(1570)에 주장하였던 것인데 거의 백년 만에 시행된 것이다.

> 이에 앞서 판부사 송시열(宋時烈)이 상에게 아뢰기를, "이경억(李慶億)이 충청감사로 있을 때 상소하여 공사천의 양처 소생은 남녀를 논할 것 없이 일체 모역(母役)을 따르게 할 것을 청했는데, 이는 바로 선정신 이이(李珥)의 논이었습니다. 그 당시 묘당이 방계하여 시행하지 못했습니다만, 지금 양민이 나날이 줄어들고 있는 것은 진실로 이 법이 행해지지 않고 있기 때문입니다. 속히 제도를 확정하여 변통하소서." 하니, 상이 대신에게 의논하라고 명했다. 영의정 정태화(鄭太和)는 시행하기 어렵다고 여겼으나 병으로 의논에 참여하지 못했고, 판부사 정치화도 역시 다른 의견을 제시하였는데, 좌의정 허적(許積)이 법을 정해 시행해야 한다고 하자, 상이 따르면서 이날부터 시작하게 하였다. 『현종개수실록』 현종 10년 1월 10일

■ 대동법 개혁 논의

인조대부터 서인이나 남인이나 대동법 시행은 기본이었다. 다만 공안개정을 하여 공물 수를 줄여 농민 부담을 줄이면서 하는가, 아니면 공물 수는 그대로 두고 대동법을 시행하는가가 개혁 보수 논의의 초점이었다.

현종 10년 송시열은, 율곡때부터 주장해온 공안 개정 즉 공안에 쓸데없는 공물을 줄여서, 농민의 부담을 줄이면서 대동법을 시행하자고 하였다. 이에 대해 남인을 대표하는 허적은 공물 수를 줄이면 공물을 사서 납품하는 공물 주인들이 원망한다고 공물 수를 줄이는 공안 개정을 반대하였다.

현종 10년(1669) 1월 9일에는 송시열이 민정중과 함께 쓸데없는 데 지출되는 대동미(大同米)가 많다며, 공안(貢案)을 개정할 것을 청하였다.

> … 호조판서 민정중이 아뢰기를, "어제 경연에서 판부사 송시열이 비용을 줄이자는 뜻으로 진달하자, 각사의 공물 가운데 두드러지게 지나친 것을 가려내어 품처하라는 분부가 있었으므로 써 왔습니다. 산삼과 도라지 등의 가미(價米)가 8백 60여 석이니, 쓸데없는 비용이 많다는 것을 알 수가 있습니다." 하니,
> 시열이 아뢰기를, "신이 일찍이 선조때 도라지 등의 가미가 수백 석이라는 뜻으로 상달하자 선왕께서 듣고는 놀라워하시고, 계획서를 써들이라고 명하여 변통하는 터전을 삼으려 하셨는데, 미처 써들이기 전에 문득 국휼을 만났던 것입니다. 신의 뜻으로는 한 해의 정해져 있는 원래 쌀로 수를 계산하여 안에 들이면 안에서 바꾸어 쓰는 것이 좋을 듯합니다." 하였다.
> 상이 이르기를, "수백 석의 쌀만 안에 들이고 그 나머지는 감하라." 하니, 시열이 아뢰기를, "수백 석은 혹 부족할 근심이 없지 않을 것이니 8백 석 가운데 반을 감하여 안에 들이고 나머지는 종족들에게 나누어 주어 친목의 의리를 두터이 하는 것이 어떻겠습니까?" 하자, 상이 따랐다.『현종개수실록』현종 10년 1월 9일

이에 대해 1월 10일 허적은 도라지와 산삼 등 공물을 줄이고 각사의 공물들을 차례로 줄이니 도성 백성인 공물 주인(貢物主人)들이 원망할 것이라고 반박하였다.

> "도라지와 산삼 등의 공물을 이미 줄였는데, 각사(各司)의 공물들을 차례로 혁파한다고 합니다. 공물가(貢物價)는

비록 매우 지나치지만 도성 백성들로 하여금 여기에 힘입어 보존되도록 하려는 것이었습니다. 지금 만약 모두 혁파한다면 폐해는 제거하지도 못한 채 먼저 도성 백성들에게 원망만을 취할 것입니다. 그리고 이러한 변통은 대대적인 조처인데 신은 애초부터 알지 못하였고 빈청에 이르러 비로소 알았습니다. 영상도 아마 알지 못했을 것입니다." 『현종개수실록』 현종 10년 1월 10일.

이에 송시열은 공물 주인의 이익은 국가의 해라고 하여 불필요한 공물(供物)을 줄일 것을 주장하였다.

"도라지와 산삼을 감하는 데 무슨 불가한 점이 있겠습니까. 각사의 공물을 모두 혁파하는 것이 아니라 그 가운데 너무 지나친 것만 혁파하는 것입니다. 남겨두는 것도 많으니, 그 무리들이 또한 힘입어 보존될 수 있을 것입니다. 그리고 공물 주인들의 이익은 국가의 해입니다. 이런 무리들의 원망을 무슨 돌아볼 것이 있겠습니까. 신의 생각으로는 이런 일들을 모두 혁파하지 않는다면 끝내 나라꼴이 되지 않을 것이라고 여깁니다." 『현종개수실록』 현종 10년 1월 10일

이처럼 허적을 중심으로 한 서필원 등 남인들에 의하여 송시열의 경제정책이 지연되자, 다음날인 7일 송시열은 태안(泰安)의 창고 설치와 공안(貢案) 개정의 문제로 인혐(引嫌)하여 사직상소를 올렸다.

판중추 송시열이 차자를 올리기를, "이번에 서필원이 태안(泰安)에 설치하는 창고의 일을 가지고 이견을 제시하는 것은 좋았으나 대신을 불충하다고까지 배척하였는데,

불충이란 신하의 극죄입니다. 비록 일반 벼슬아치에게라도 감히 이러한 말을 할 수 없는데 더구나 대신에게 할 수 있겠습니까. 그런데 전하께서는 도리어 너그럽게 포용하는 뜻을 보이셨으니, 대신이 비록 넓은 도량으로 자처한다 하더라도 조정의 체통이 여지없이 손상되었습니다. 이제부터 대소 신료는 서로 받드는 도리가 없어지고 총애받는 자는 함부로 날뛰는 형세가 있을 것이니, 신은 삼가 근심이 됩니다. 다만 그 창고를 설치하자는 의논이 신에게서 시작되어 점점 확대되어 이렇게까지 되었으니, 신은 황공함을 견딜 수 없어 죄를 기다리고 있습니다.

또한 어공(御供)을 변통하자는 의논도 역시 신이 선왕의 말명(末命)으로 인하여 약간 시험하여 보고자 한 것인데, 이것은 중국 조정의 제도이며 선정신 성혼(成渾)이 선조조에 청하였던 것입니다. 이것으로 인하여 서리들이 말을 만들고 사부(士夫)들이 호응하여 음험하고 악독한 말이 날마다 신의 몸에 모일 뿐만 아니라, 이 일을 담당하였던 민정중에게도 연루되어 자칫 견디어내지 못하게 될 줄은 생각조차 못했습니다. 이 두 가지는 모두 신이 함부로 국가대계를 논의함에서 비롯된 것이니, 스스로 뉘우치고 책망한들 무슨 소용이 있겠습니까." 하고, 인하여 질병도 이미 고질이 되었으니 직명을 체차해 달라고 청하자,

상이 답하기를, "필원이 상소한 말이 광망(狂妄)됨을 내 어찌 모르겠는가. 방금 경의 차자를 보고 내가 체통을 세우지 못한 잘못을 바로 깨달았다. 아, 오늘날의 인심과 세도가 한심스럽다고 말할 만하다. 경의 차자 말미를 보건대, 조정의 체통이 조금이라도 있다면 어찌 이럴 수 있겠는가. 나는 몹시 놀랍다. 경은 안심하고 더욱 조섭을 잘하여 나의 뜻에 부응하라." 하였는데, 사관을 보내어 전유하였다. 『현종개수실록』 현종 10년 2월 7일

결국 이를 인하여 송시열은 돌아갈 뜻을 확고히 하였던 것이다. 그러자 2월 12일 남이성(南二星, 1625~1683) 등이 송시열을 조정에 붙들어 놓을 것을 청하였다.

일이 이렇게 되자 현종은 부랴부랴 송시열을 불렀으나, 이미 떠날 뜻을 확고히 하였던 송시열은 다만 이를 기회로 쓸데없는 공물(供物)에 대동미(大同米)가 허비되는 것을 막기 위해 불필요한 공물을 감할 것을 재촉하였다.

> 상이 양심합에 나아가 대신과 비국의 여러 신하와 삼사를 인견하고, 판부사 송시열도 입시하라고 명하였다.
>
> … 시열이 또 아뢰기를, "『논어』에 '천승(千乘)의 국가를 다스리되 쓰임새를 절약하고 사람을 사랑하라.'고 하였습니다. 그러므로 신이 매번 쓸데없는 비용을 절약하라고 진달하였는데 크게 줄인 것이 없습니다. 송엽(松葉), 도지(桃枝), 도판(桃板), 춘번(春幡), 인승(人勝), 세화(歲畵)를 진배하는 등의 일은 역시 쓸데없는 비용으로 감할 수 있는 것입니다." 하니, 상이 이르기를, "이것을 혁파하기가 어찌 어렵겠는가." 하고, 명하여 모두 혁파했다. 『현종개수실록』 현종 10년 2월 13일

2월 14일 도승지 장선징(張善澂)과 부수찬(副修撰) 김만중(金萬重)이 송시열이 떠난다며 이를 만류(挽留)할 것을 현종에게 청하였다. 이에 현종이 우승지(右承旨) 이익(李翊)을 송시열에게 보냈으나, 15일 송시열은 돌아갈 뜻이 없다고 하였다. 그동안 송시열이 창고 설치와 공안(貢案) 개정 등 사회 경제 정책을 내어놓았으나, 번번이 허적을 중심으로 한 서필원 등 남인들에 의해 제지(制止)되었기 때문이었다. 그리하여 현종 12년(1671) 3월 이후 대기근(大饑饉)이 일

어나 영의정 허적이 실정(失政)의 책임을 지고 물러나기까지 조정의 부름에 응하지 않았다.

현종 12년(1671) 3월 이후 대기근으로 인하여 전국이 전쟁을 치른 것과 다름없는 참상을 겪게 되니 이를 치유하기 위해 현종은 현종 12년 5월 13일 송시열을 다시 우의정으로 재임명하고, 6월 19일 윤계(尹堦, 1622~1692)가 영의정 허적의 실정(失政)을 비판하고 북벌 준비에 박차를 가할 것을 건의하였다. 6월 29일 민정중(閔鼎重)을 병조판서에 제수하고, 8월 평안감사로 있으면서 만반의 진휼대책을 세웠던 민유중(閔維重)을 10월 4일 형조판서로 등용한다.

■ 양반호포론

이에 현종 12년 11월 30일 송시열이 다시 양반호포·서얼허통·동성불혼 진휼책을 제안하는 한편 책자를 올려 성리학 이념에 따른 전반적인 개혁안을 제시한다.

그와 함께, 사민(士民)에게 베를 거두는 양반호포론의 일을 청하였다.

> 사민(士民)들이 평생 동안 편히 놀면서 일전(一錢)의 벌이도 하지 않는 잘못은 진실로 옛 현인이 탄식한 바입니다. 그러므로 인조조(仁祖朝)와 효종조(孝宗朝)의 집정(執政)들이 모두 사민(士民)에게도 신포(身布)를 거두자고 발의(發議)하였으나, 행하기 어려움을 고려하여 그 의논을 바로 중지하였는데, 신이 무엇 때문에 많은 사람의 노여움을 범(犯)하려고 다시 그 일을 발의하겠습니까. 그런데 도리어 이 문제를 가지고 신을 비방하여 심지어 신이 명분

을 버리고자 한다고까지 합니다.『송자대전』권13. 소차(疏 箚).「의소 擬疏」

■ 진휼책

아울러, 송시열은 진휼에도 대책을 마련하고자 하였다. 현종 12년(1671) 11월 30일에 올린 장문의 상소에서 지난 해 가을에 추수를 하지 못하고 올 여름에 보리를 거두지 못해 실로 굶주린 백성이 도적이 되어 나오고 할 정도니 진휼대책을 철저히 세워야 한다고 하면서 다음과 같은 대 책을 제시하였다.

"주부자(朱夫子)가 일찍이 말한 '쌀을 꿔주는 것을 폐하 는 자는 유배를 보내고, 위협해서 벼를 뺏는 자는 참형에 처한다.'는 여덟 글자는 구황(救荒)의 가장 좋은 대책입니 다. 대개 부자가 감히 폐적(閉糴)하지 못한즉 인근이 의뢰 할 바가 있을 수 있고 게다가 또 겁화(刦禾)하면 사형에 처한다고 한 까닭입니다."『현종개수실록』권25. 12년 11월 30일

송시열은 주자의 말에 근거하여 흉년에 구휼을 잘못한 수령은 처벌하여야 하고 동네에 굶어죽는 사람을 보고도 구휼하지 않은 부자들은 처벌해야 한다고 하였다. 특히, 진휼은 실상을 파악하여 일찍 행할 것을 주장하였 다. 주린 백성들이 비록 죽을 먹는다 하더라도 땅에서 노 숙하므로 열흘이 못되어 쓰러지고 마니, 반드시 흙집을 미 리 짓고 땔감을 갖추어 추위에 떠는 폐단이 없게 하여야 온전히 살 수 있다고 하였다. 한편에서는 절용애인(節用愛

人)이라 하여 사치를 금하고 절약하여 백성을 진휼하여야
한다고 하였다. 이러한 송시열의 구휼대책은 기본적으로
사적인 재산이나 국가재정보다는 농민의 안정을 우선으로
하는 정책이었다.

한편 현종 12년 12월 5일 윤경교(尹敬敎, 1632~1691)가
허적을 탄핵하고, 현종 13년 4월 17일 송준길(宋浚吉)이 윤
경교를 신구(伸救)하여 끝내 4월 30일 허적은 영의정을 사
직한다. 그리고 5월 11일 이상(李翔, 1620~1690)이 허적을
사욕에 눈먼 역적으로 비유한 상소를 올렸다.

현종 13년 5월 16일 송시열이 좌의정이 되었다. 6월 9일
에는 면직을 청하면서 소장을 올려 허적이 재상의 도리를
잘못한다고 탄핵한다.

■ 영릉 천릉, 표석문제

그리하여 남인은 송시열을 공격하기 위하여 현종 1년
(1660) 일단락되었던 효종 산릉 문제를 가지고, 현종 14년
3월 24일 영림령(靈林令) 이익수(李翼秀)가 영릉(寧陵, 효종
릉)의 석물(石物)이 갈라지고 물이 샌다고 상소하였다. 『현
종개수실록』에 보면 이익수는 윤선도의 가까운 친속으로
오정창(吳挺昌)의 사주를 받아 복창군 이정(李楨), 복선군
이남(李枏)과 서로 화응해 이런 짓을 한 것이라고 하였다.

　… 뒤에 봉분에 틈이 생겼는데, 영림 령(靈林令) 이
익수(李翼秀)가 몰래 가서 기록해 가지고 상소하여
말했기 때문에 마침내 능을 옮기게 되었다. 이익수
는 바로 윤선도의 가까운 친속으로 역적 정창(挺昌)

의 사주를 받아 정(楨), 남(柟)과 서로 화응해 이런 짓을 한 것이다. 『현종개수실록』 현종 즉위년 8월 30일

4월 2일 영릉 수축 담당자들의 문책을 요구하는 한편, 4월 19일 영릉의 이전에 대해 논의하게 되고, 5월 1일 영릉 수축 담당관인 정치화(鄭致和, 1609~1677) 등은 처벌받게 된다.

현종 14년 5월 5일 임금이 산릉의 개봉(改封)과 천봉(遷封)에 따른 편부에 대해 물으니, 모두 천장(遷葬)할 것을 주장하였다. 천장지를 의논하다 5월 26일 송시열이 처음 주장했던 여주(驪州) 영릉(英陵, 세종능) 안의 홍제동(弘濟洞)이 결정된다. 6월 7일 영릉(寧陵)을 옮기는 날을 의논하여 10월 7일 천장하기로 정했다.

그래서 6월 12일 상이 영릉의 지문을 고치는 일을 송시열에게 묻도록 하였다. 6월 14일 전 참의 장응일(張應一, 1599~1676) 등이 처음 영릉을 수원(水原)에 잡지 않은 것으로써 이런 변이 생겼다며 이조판서로서 영릉 수축을 총지휘한 송시열을 간접적으로 공격하고 나섰다.

삼가 듣건대, 당초 능을 살펴 정하던 날 지술(地術)을 아는 사부들 모두가 말하기를 '수원(水原)에 있는 산이 가장 길지(吉地)이다'고 했었는데, 누가 영릉을 꼭 써야 한다는 의논을 주도하여 전하로 하여금 이렇듯 이 세상에 다시 없을 망극한 변을 맞게 했단 말입니까.
윤선도(尹善道)가 상소하여 산에 대한 이야기를 갖추어 진달하였는데도 불태워진 채 정원이 끝내 전하께서 보시

도록 봉입(捧入)하지 않았던 것은 애석한 일이었습니다.
지금 만약 하문해 보신다면 선도의 상소에 나오는 뜻을
모두 아실 수 있을 텐데, 대저 그런 뒤에야 전하께서 영
릉은 제왕의 장지(葬地)가 못된다는 것과 당초에 벌써 운
운(云云)하는 설이 있었다는 것을 환히 아시게 될 것입니
다. 그리고 보면 영릉을 꼭 써야 한다는 의논을 주도한
자야말로 전하의 집안 일을 망치고 선왕에게 크게 불충
한 짓을 했다는 것이 분명한데, 임금의 옷을 입고 임금의
밥을 먹으면서 어떻게 이런 짓을 차마 할 수 있단 말입
니까.『현종개수실록』현종 14년 6월 14일

이에 대해 6월 20일 김수흥(金壽興)이 장응일의 소는 송
시열을 공격하기 위한 것이라고 하는 동시에, 이 가운데
잘못된 점을 지적하면서, 송시열을 변호하였다.
6월 23일 현종이 예관(禮官)을 송시열에게 보내 천릉지문
(遷陵誌文)을 쓸 것을 부탁했다. 이에 송시열이 사양했으나
9월에 지어 올렸다. 또 7월 10일 예조에서 천릉할 때 절차
를 아뢰자, 송시열에게 의논하게 하였다. 8월 18일 송시열
이 영릉(寧陵)에 표석(表石)을 세울 것을 건의했다.

"신이 전대(前代) 제왕 능묘(帝王陵墓)를 보니 이미 표석
(表石)이 없어서 그 자취가 명백하지 않았습니다. 지금 국
운이 한창 성대하니 흥폐(興廢)의 일에 대해서는 신자(臣
子)가 감히 의논할 바가 아닙니다. 그러나 정자(程子)가 말
하기를 '인생은 끝이 없는 것이나 국가는 반드시 흥폐의
이치가 있는 것이다.' 하였는데, 흥폐의 일을 숨기고 그
도리를 다하지 않아서야 되겠습니까? 신릉(新陵)의 표석을
세우지 않으면 안 됩니다." 하니, 상이 이르기를, "그렇다

면 여러 능에도 모두 세워야 한다." 하였다. 송시열이 아
뢰기를, "성상의 하교가 지당하십니다. 그러나 일에는 완
급이 있는 것이오니 먼저 신릉에 세우는 것이 옳습니다."
하니, 상이 따랐다. 『현종실록』 현종 14년 8월 18일

한편 이를 기회로, 아버지인 김육 수도(隧道) 문제로 송
시열에게 원한을 가지고 있었던, 현종의 장인인 청풍부원
군 김우명(金佑明, 1619~1675)이 현종 14년 9월 9일 송시
열을 영릉(寧陵) 표석(表石) 문제로써 비난하고 나왔다.

영돈녕부사 김우명(金佑明)이 청대하니, 상이 사현합(思
賢閤)에서 인견하였다. … 김우명이 이어 품은 생각을 진
달하기를, "… 국릉(國陵)에 표석(表石)을 세우는 일이야말
로 3백 년 동안 있지 않았던 일입니다. 그리고 송시열 역
시 소 가운데에서 '신릉(新陵)의 석물(石物)은 한결같이 영
릉(英陵)에 의거해 법식을 삼는다.'고 하였는데, 지금 와서
는 영릉에 없는 표석을 새로 세우려고 합니다. 어쩌면 그
렇게도 말이 서로 어긋난단 말입니까. 신릉에 일단 표석
을 설치하게 되면 각 능에도 모두 설치하지 않을 수 없
습니다. 그 돌들을 마련하기 위해 공사를 벌이노라면 적
지않은 노력과 비용이 들 것입니다. 그런데 더구나 강도
(江都)는 바로 보장(保障)이 되는 지역이니만큼 민폐를 더
욱 염려하지 않을 수가 없습니다.
… (중략) … 옛날 명(明)나라 홍무(洪武: 명 태조의 연
호, 1368~1398) 초에 역대 제왕들의 35개 능을 거슬러 제
사를 올렸는데, 위로는 복희씨(伏羲氏)에게까지 미쳤습니
다. 복희씨 때로부터 홍무 때까지는 연대가 얼마나 떨어
져 있습니까. 그런데도 그 묘를 알아내었는데, 이것이 과
연 그 곳에 비표(碑表)가 세워져 전해 내려왔기 때문이겠

습니까. …" 『현종개수실록』권21. 14년 9월 9일

이에 9월 17일 송시열이 상소하여 영릉 표석 문제에 대한 실상을 진달하였다.

행판중추부사 송시열이 상소하기를, "… 지금 김우명이 복희(伏羲)의 묘를 가지고 말했는데, 복희의 묘에 표석이 있었는지의 여부에 대해서는 과연 모르겠습니다만, 공자(孔子)가 계찰(季札)의 묘에 전각(篆刻)했고 보면 묘표(墓表)를 설치하는 도리가 있었던 것입니다. 그리고 계찰이 나라를 사양했던 의리야말로 태백(泰伯)이나 백이(伯夷)와 서로 동등한 것이고 보면 그의 이름 역시 백세토록 없어지지 않을 것입니다. 그런데 공자가 오히려 그 묘에 전각을 했으니, 이것이 어찌 전해지고 전해지지 않을 것을 전적으로 염두에 두고 한 것이겠습니까. …" 『현종개수실록』 현종 14년 9월 17일

그러는 중 영릉 천장을 위해 9월 30일 재궁(梓宮: 임금의 관)을 꺼낼 때 현종이 망곡례(望哭禮)를 행하였다. 이날 낙선군 이숙(李潚) 등이 "재궁(梓宮)을 막차(幕次)에 봉안한 뒤에 봉심해 보니 조금도 손상된 곳이 없이 칠 색깔이 완연하였고, 또 광중(壙中)에 들어가 살펴보니 외재궁(外梓宮: 외곽) 안쪽이 마르고 깨끗했으며 흠이 없었습니다." 라고 치계하였다.

영릉은 애초에 송시열이 『주자가례朱子家禮』에 따라 석회를 단단히 입혀 물이 새어 들어갈 수 없도록 되어 있었던 것이다. 그러한 것을 송시열을 공격하기 위해 남인들이 이익수(李翼秀) 등을 앞장세워 석물(石物)이 갈라지고 물이

샌다고 하여 천장하기를 주장했던 것이다.

개봉 결과 재궁(梓宮)에는 전혀 물이 스며들지 않았으므로 10월 1일 재궁을 열지 않기로 하고 10월 4일 구릉(舊陵: 동구릉에 있던 효종릉)에서 출발하여 10월 7일 사시(巳時)에 하현궁(下玄宮)을 하였다.

송시열은 현궁이 묻힌 뒤에 곧 신륵사(神勒寺) 앞에 이르러 친지(親知)와 작별하고 화양(華陽)으로 내려갔다. 그러나 효종 산릉역을 주관하였다고 인혐(引嫌)하여 현종 15년(1674) 1월 15일 구릉(舊陵)의 변고에 대해 대죄를 청하였다.

영릉寧陵(효종대왕 능)

■ 인선왕후의 승하와 갑인예송

그러나 현종 후반기에는 효종대에 한당(漢黨)·산당(山黨)으로 김육과 김집이 분리되었던 것이, 다시 김육의 아들이자 현종의 장인인 김우명과 김좌명·김석주가 송시열·송준길·민유중과의 대립으로 이어졌다. 이에 김우명 등은 인조의 3남이며 효종의 동생인 인평대군의 세 아들과 결탁하여 척신세력을 이루고, 이들과 연결된 허적·허목·윤휴 등 남인들과 일시적으로 결합하여 반(反) 송시열 세력을 형성하게 되었다.

【청풍 김씨 김우명 족보】

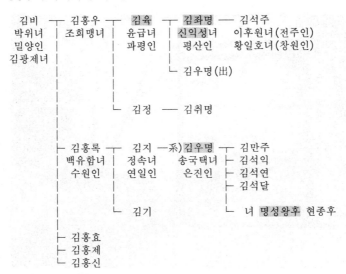

김우명은 잠곡(潛谷) 김육(金堉)의 아들로 종숙(從叔) 김지(金址)에게 양자로 들어갔다. 김우명의 딸이 바로 현종비 명성왕후(明成王后) 청풍 김씨(淸風金氏)이다. 김우명의 형

김좌명(金佐明)은 선조(宣祖) 부마 동양위(東陽尉) 신익성(申翊聖)의 사위가 되었고, 그 아들 김석주(金錫冑)는 완남부원군(完南府院君) 우재(迂齋) 이후원(李厚源)의 사위가 된 인물이다. 대표적인 척신(戚臣) 가문이라 할 수 있다.

이때에 마침 현종 15년(1674) 갑인년 2월 24일 축시에 효종비 인선왕후 장씨(張氏)가 승하하셨다. 효종비 인선왕대비 장씨가 인조 계비 조대비에 앞서 승하하게 되니, 조대비가 며느리 효종비 인선왕후에 대하여 기년복인가 대공복인가를 놓고 2차예송인 갑인예송이 일어나 7월 15일 기년상으로 정해졌다.

【효종과 장렬왕후를 중심으로】

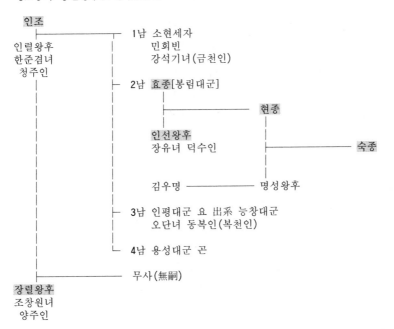

당시 인선왕대비(仁宣王大妃) 장씨(張氏)에게는 시어머니가 되는 인조 계비(仁祖繼妃)인 대왕대비 조씨가 아직 생존하고 있었으니, 인선왕후에 대한 조대비의 상복 기간이 재론(再論)되었다. 즉 효종을 장자로 보면 인선왕대비는 장자부(長子婦)이므로 기년복(朞年服, 1년)을 입어야 하지만, 차자로 보면 차자부(次子婦)이므로 대공복(大功服, 9개월)을 입어야 했다.

현종 15년(1674) 2월 27일 예조에서는 처음에 기년복으로 하였다가 다시 차자부(次子婦)로서 대공복으로 개정하였는데, 먼저 현종 15년 7월 6일 대구에 사는 유학(幼學) 도신징(都愼徵, 1604~1678)이 대공설(大功說)의 부당함을 상소하였다.

경상도 대구(大丘) 사는 유학 도신징(都愼徵)이 상소하였다. "… 대왕대비가 인선왕후를 위하여 입을 복제를 처음에는 기년(朞年)으로 정했다가 뒤에 대공(大功)으로 고쳤는데 그게 어느 전례(典禮)를 따른 것입니까. 맏아들과 맏며느리 복은 모두 기년으로 정한 것이 국조 경전(經傳)에 기록되어 있고 기해년 대상(大喪) 때도 대왕대비 복제를 기년으로 하면서, 국전(國典)을 거행하는 것이라고 했는데, 오늘 와서는 국제외에 대공의 복제가 또 나왔으니 어찌하여 앞뒤가 그리 다른 것입니까. …

전하가 대왕대비로 보아 만약 대왕대비의 중서부에게서 탄생했다고 한다면 그는 전하가 중서손(衆庶孫)이 되는 것입니다. 그러나 대왕대비도 언젠가는 나이가 한계가 있을 것인데 그때 가서 전하가 대왕대비에 대한 입장이 적장손(嫡長孫)으로서 전중(傳重)을 받은 분으로 자처하지 않을 수 있겠습니까? 옛날부터 지금까지 막중한 대통(大統)을 이어받아 종묘사직의 주인이 되고서도 적장자가 될 수 없는 경우가 과연 있을 수 있겠습니까. 전하가 적장손으로 자처하면서 두 대에 걸쳐 복(服)으로 보답하는 의의에 있어서는 앞뒤가 다르다면 그게 바로 천리(天理)의 절문(節文)에 어긋난 일이 아니고 무엇이겠습니까. …" 『현종개수실록』 현종 15년 7월 6일

현종 15년(1674) 7월 14일 현종은 김우명의 조카인 김석주(金錫胄)의 사주(使嗾)에 의해 『의례주소 儀禮注疏』의 '차장자가 승중(承重)한 즉 장자라 한다.'는 차장자설(次長子說)의 입장을 지지하고 있었다.

정원이 경자년에 허목이 올린 상소와 병오년에 유세철이 올린 소 및 『의례』 경전의 참최장(斬衰章)을 덧붙여 올리자, 상이 경전의 주소에 대해 조목마다 해석하여 올리라고 명하여, 좌부승지 김석주가 명을 받고 해석해 올렸다.

송시열이, 효종이 서자가 되어도 지장이 없다는 논을 창출해 내면서부터 집에서나 거리에서 이야기하고 의논하는 인사들 모두가 예법이 잘못된 데 대해 마음에 불쾌하게 여긴 지 오래되었다. 이때에 이르러 갑자기 상복 제도를 고쳐 정하라는 명이 있자, 벼슬아치들 중 송시열을 두둔하는 자들은 너나없이 놀라 안색이 변하였다.

그러나 김석주만은 그가 만든 주소 해석을 사람들에게 보이면서 말하기를, "나는 공평하게 논하는 사람이다. 이번 주소의 해석 역시 글에 의거해 바로 해석하였을 뿐이다." 하였다.『현종실록』 현종 15년 7월 14일

그리하여 현종 15년(1674) 7월 15일 사종지설(四種之說)에

따라 결정된 대공설(大功說)을 오례(誤禮)로 판정하니, 16일 현종은 영의정 김수흥을 대표로 파직하여 유배시키고, 17일에는 송시열의 주장을 물리치고 기년설을 따랐다.

이렇게 차장자설(次長子說)을 옳은 것으로 확정을 하고 예송이 진행되는 가운데 현종이 승하하니, 14세로 즉위한 숙종은 부왕(父王)의 뜻을 받들게 되어, 숙종 즉위년(1674) 8월 19일 차장자설(次長子說)을 지지하는 영의정 허적을 원상(院相)으로 삼아 모든 정무를 처리하게 하였던 것이다.

이에 따라 숙종 즉위년 12월 10일 송시열이 진천(鎭川) 땅으로 나아가 대죄(待罪)하고, 이때에 이르러 인혐(引嫌)하여 상소를 올렸다.

삼가 아룁니다. 신은 병이 점점 심해서 날로 위태로워져가므로 소명(召命)을 어긴 지 여러 날이 되었습니다. 그러므로 신은 항상 황공한 마음에 몸둘 바를 모르고 있습니다. … 삼가 바라건대 성명께서는 밝게 살피시어 조처하소서. 오늘의 일은 그 시초가 기해년(효종10, 1659) 대상(大喪) 때 생긴 것입니다. 그때 논의가 매우 여러 갈래였으나 적(嫡)과 서(庶) 이 두 글자를 분변하는 데 지나지 않았습니다. 신의 우견(愚見)은 다음과 같습니다.

옛사람이 '무왕(武王)은 서자(庶子)로서 적통(嫡統)을 빼앗았다.'고 한 것은 무왕이 성덕(聖德)이 있지만 문왕(文王)의 차자(次子)이기 때문에 한 말입니다. 무왕의 어머니가 태사(太姒)이니, 무왕은 실지로 적처의 소생인데도 오히려 그를 서자라고 한 것은 장자(長子)인 백읍고(伯邑考)와 구별하기 위한 것일 뿐, 서(庶)가 천한 호칭이 아니라 바로 중(衆) 자의 뜻이니 그렇다면 어째서 적통을 빼앗았다고 합니까. 적(嫡)은 바로 제1장자의 호칭인데, 무왕이 중자

(衆子)로서 왕위(王位)에 올랐으므로 적통을 빼앗았다고 하는 것입니다. 그러나 이미 그 자리에 올랐다면 적통은 끊어지는 것입니다.

이를 오늘날의 상황에다 견주어 본다면, 우리 인조대왕은 문왕이고 소현세자(昭顯世子)는 백읍고이며 효종대왕은 무왕인 것입니다. 무왕이 이미 서자였고, 예문(禮文)에도 서자로서 승중(承重)한 자에 대해서는 그 부모가 삼년복을 입을 수 없다는 말이 있고, 겸해서 국전(國典)에도 장자와 중자(衆子)에게는 다 같이 기년복(期年服)을 입는다는 글이 있습니다. 그러므로 그 당시 대신과 예관(禮官)들이 신의 논의에 따라 대왕대비(大王大妃, 장렬왕후莊烈王后)가 기년복을 입도록 결정하였던 것입니다. 그 기년복이란 것도 장자에 대한 기년복이 아니라 중자에 대한 기년복이었습니다. 당시의 기년복이 중자에 대한 기년복이었으므로, 지난봄 대왕대비께서 왕대비(王大妃: 인선대비仁宣大妃)의 상(喪)에 중부(衆婦)에 대해 입는 대공복(大功服)을 입게 했던 것이니, 전후 복제(服制)를 기년 또는 대공으로 한 것은 바로 일률적인 기준에 의해 시행한 것입니다.

효종대왕을 무왕에 견주어 서자라고 한 사람은 신입니다. 그렇다면 오늘날 이에 의거해서 왕대비를 중부로 여긴 것이 어찌 예관들의 죄이겠습니까. 또 이른바 체(體)이지만 정(正)은 아니라는 것은 바로 서자(庶子)에 대한 주석입니다. 그러므로 신이 경자년 의논 때 거침없이 말을 하고 기휘(忌諱)하지 않은 것입니다. 그런데 지금 대신들이 그 의논에 의해서 아뢰었다고 하여 견벌(譴罰)을 받는다면 이 역시 어찌 대신들의 죄가 되겠습니까.

신이 전일 올린 소(疏)에서 '대신들의 죄는 지엽적이고 신의 죄는 본근(本根)입니다.' 라고 한 것은 진실된 말이요 거짓이 아니었습니다. … 『송자대전』권16. 소차(疏箚) 「의소 擬疏」

이러한 2차 예송의 결과는 성리학의 근본이념인 종법이 왕에게는 변칙적으로 적용되거나(허목 경우) 부정되는 경우이므로(윤휴 경우), 지금까지 성리학 이념에 따라 시행되었던 노비종모법은 폐지되고 허적·허목으로 연결되는 남인세력에 의해 양반호포법은 반대되는 결과를 가져왔다. 이후 남인은 송시열의 처벌문제를 놓고 허목을 영수로 하는 청남과 허적을 영수로 하는 탁남으로 갈라졌다.

■ 민신대부 복상문제

이와 같은 예송은 '민신 대부 복상문제(閔愼代父服喪問題)'[6]를 논의하는 데에서도 반영되었다. 즉, 숙종 즉위년(1674) 10월 15일 송시열은 주자의 설을 들어 아버지가 폐질에 걸렸기에 아버지를 대신하여 할아버지를 승중(承重)하게 되면 당연히 아버지를 대신하여 상례(喪禮, 3년상)를 치루는 것은 천자(天子)·제후(諸侯)나 사서인(士庶人)까지 모두 당연하다고 하는 '천하동례(天下同禮)'를 주장하였다.

반면, 이날 허적 등은 승중하였다고 해서 살아 계신 아버지를 대신하여 3년상을 치르는 것은 살아 있는 아버지를 죽이고 할아버지 상(喪)을 대신하는 것과 같은 멸륜(滅倫)이므로 금지되어야 한다고 주장하며, 주자가 이를 인정한 것은 천자·제후에 한한 것이었지 사서인(士庶人)에게까지 이를 인정한 것은 아니었다고 반박하면서, '왕자례부동사서(王者禮不同士庶: 왕자례는 사서인과 같지 않다)'를

---

6) 민신(閔愼)의 아버지 민세익(閔世益)이 폐질에 걸린 까닭에 할아버지 민업(閔業, 1605~1671)의 상례를 치르지 못하게 되어, 민신이 아버지를 대신하여 삼년상을 치른 것

주장하였다.

이러한 '왕자례부동사서'의 입장은 좀더 급진적인 윤휴에 있어서는 더욱 뚜렷이 나타났다. 조대비는 효종과 현종에 대해 각각 어머니와 할머니가 됨에도 불구하고, 숙종 1년 (1675) 윤5월 일 윤휴는 현종이 왕이 되었으니 조대비는 신하로서 3년상을 해야 한다는 신모설(臣母說)을 주장하였던 것이다.

결국 송시열은 현종에 대한 조대비의 복상문제에서 기년설(朞年說, 1년상)을 채택하게 한 죄로 숙종 1년(1675) 1월 덕원(德源)으로 유배되는 등 서인들이 정국에서 물러나게 되었다.

그러나 조선후기에 합당하게 체계화된 조선성리학이, 농업중심 사회를 탈피하지 못한 조선후기 사회에서는 아직 혁신적인 이념이었기 때문에, 이를 부정하거나 변칙적으로 적용하려는 세력은 일반 대중의 지지를 받기 어려웠던 탓인지, 남인은 숙종 5년 송상민이 예송전말을 밝히는 상소문을 올리고 장살당한 지 1년도 채 못 되는 숙종 6년 (1680)에 경신대출척으로 대거 쫓겨나게 되었다.

제15장 숙종대 정치사

■ 숙종 부인과 자녀

숙종은 현종 2년(1661) 8월 15일에 아버지 현종과 어머니 명성왕후 청풍 김씨 사이에서 태어났다.

7세인 현종 8년(1667) 1월 22일 왕세자에 책봉되었다. 14세인 현종 15년(1674) 8월 18일에 현종이 34세로 승하하자, 8월 23일에 조선 제19대 왕으로 즉위하였다. 60세인 숙종 46년(1720) 6월 8일에 승하하였다.

숙종대왕은 세 분의 왕비와 네 분의 후궁, 자녀가 없어 『선원계보』에 기록되지 못한 후궁 두 분을 합쳐 아홉 분의 부인을 두었으며, 그들에게서 경종(景宗)과 영조(英祖)를 비롯하여 6남 2녀를 낳아 모두 여덟 명의 자녀를 두었다.

첫번째 비는 김만기(金萬基, 1633~1687)의 딸인 인경왕후(仁敬王后) 광산 김씨(光山金氏, 1661~1680)이다. 숙종과 나이가 같다. 슬하에 2녀를 두었으나 요절하였다.

두번째 비는 민유중(閔維重, 1630~1687)의 딸인 인현왕후(仁顯王后) 여흥 민씨(驪興閔氏, 1667~1701)이다. 숙종보다 여섯 살이 적으며 슬하에 자녀가 없다.

세번째 비는 김주신(金柱臣, 1661~1721)의 딸인 인원왕후(仁元王后) 경주 김씨(慶州金氏, 1687~1757)이다. 숙종보다 스물여섯 살이 적으며 슬하에 자녀가 없다.

후궁인 희빈 장씨(禧嬪張氏, 1659~1701)는 인동인(仁同人)

장경(張炯, 1623~1669)의 딸로 숙종보다 두 살이 많으며, 2남을 두었다. 첫째 아들은 조선 제20대 왕 경종(景宗)이다. 둘째 아들 성수(盛壽)는 일찍 졸하였다.

후궁 숙빈 최씨(淑嬪崔氏, 1670~1718)는 해주인(海州人) 최효원(崔孝元)의 딸로 숙종보다 아홉 살이 적으며, 슬하에 3남을 두었다. 1남 영수(永壽)는 일찍 졸하였다. 2남은 조선 제21대 왕 영조(英祖)이다. 3남은 일찍 졸하였다.

후궁 명빈 박씨(禩嬪朴氏)는 박효건(朴孝建)의 딸이다. 슬하에 1남 연령군(延齡君) 이훤(李昍)을 두었다. 연령군은 김동필(金東弼, 1678~1737)의 딸인 상산 김씨(商山金氏)와 혼인하였다.

후궁 영빈 김씨(寧嬪金氏, 1669~1735)는 안동인(安東人) 김창국(金昌國, 1644~1717)의 딸이다. 숙종보다 여덟 살이 적으며 슬하에 자녀가 없다.

숙종대왕 태실비胎室碑 (문화재자료 제321호, 충남 공주시 태봉동 64-1 소재)

이곳은 숙종의 태가 있었던 장소였으나 고종 때 경기도 양주로 이장하고 현재는 이 사실을 알려주는 태실비 2기(基)가 남아 있다.

현종 2년(1661)에 세운 아지비(阿只碑)는 비석의 머리와 좌대에 연꽃 무늬가 장식되어 있다. 숙종 9년(1683)에 세운 비는 거북이형 좌대와 용이 조각된 머리 장식으로 되어 있다.

■ 숙종 즉위와 남인집권

1차 기해예송이 성리학 이념을 정통으로 이해한 서인측의 승리로 일단락되었는데, 현종 15년 2월에 효종비 인선왕대비 장씨가 승하하자 1차예송 때 국제에 의거하여 기년설로 결정되어 재론이 금지되었던 예송이 다시 일어나게 되었다. 이를 2차 '갑인예송(甲寅禮訟)' 이라고 한다. 당시 인조 계비 대왕대비 조씨가 아직 생존해 있기 때문에 효종을 장자로 보면 인선왕대비는 장자부(長子婦)이므로 기년복을 입어야 하지만, 차자로 보면 차자부(次子婦)이므로 대공복(大功服: 9개월)을 입어야 했다. 당연히 서인측에서는 1차예송에 이어 대공복을 주장하였으나, 이를 빌미로 세력 만회를 노리던 남인들은 기년복을 주장하며 서인에 대한 공격을 하였다.

이때 김우명의 조카인 김석주의 사주에 의해 현종은 남인들의 주장을 받아들여 송시열을 물리치고 기년설로 결정한 후 승하하게 되니, 14세의 나이로 왕위에 오른 숙종은 부왕(父王)의 뜻을 받들게 되었다. 이에 기년설을 주장한 허적이 원상(院相)으로 모든 정무를 처리하게 되니, 남인들은 일제히 송시열 등 서인측을 공격하게 되었다. 또 현종이 승하한 가운데 대왕대비 조씨가 현종에 대한 상복을 입는 문제에서도 급진적인 윤휴는 임금에게는 어머니도 신하라는 논리를 내세워 3년상을 해야 한다고 주장하였다.

이렇게 숙종 즉위 초에 갑인예송을 기회로 송시열만을 몰아내고 정권을 장악하려던 김우명의 계획과 달리, 서인들이 대거 제거되고, 복창군 형제와 연합한 허적 등 남인들이 정권을 장악하게 되었고, 오히려 송시열을 비롯한 서인들을 처벌하는 문제로 강경파인 청남(淸南)과 온건파인 탁남(濁南)으로 갈리게 될 정도로 남인이 정국을 주도하게 되었다.

이러한 가운데 현종이 현종 15년(1674) 8월 18일 승하하였다. 이에 14세의 나이로 즉위한 숙종은 부왕(父王) 현종의 뜻을 이어받아 동년 8월 19일 차장자설을 지지하는 허적을 원상(院相)으로 삼아 정무를 처리하게 한다.

이에 9월 25일 진주 유학 곽세건(郭世楗)이 송시열에게 지문을 지어 올리도록 내린 명을 거두어달라는 상소를 하였다. 즉 송시열에 대한 공격이 시작된 것이라 할 수 있다.

이에 9월 26일 송시열을 옹호하며 곽세건을 처벌하라는 상소를 대사헌 민시중(閔蓍重, 1625~1677)·지평 신완(申琓, 1646~1707)·사간 이무(李堥, 1621~1703)·좌의정 김수항(金壽恒, 1629~1689) 등이 올렸고, 9월 28일에는 정언 이우정(李宇鼎, 1635~1692), 10월 5일에는 지평 이수언(李秀彦, 1636~1697)·수찬 강석창(姜碩昌, 1634~1681)이 상소하였다. 10월 6일에는 예조정랑 김광진(金光瑨, 1625~1698)이, 10월 3일, 11월 11일, 11월 20일에는 삼사(三司)와 관학유생(館學儒生) 들이 상소하여 송시열을 옹호하고 곽세건의 처벌을 청하였다. 그러나 10월 28일 오히려 이들은 오례(誤禮)를 옹호했다 하여 처벌되었고 예론도 금지되었다.

이보다 조금 앞서 9월 29일 조사기(趙嗣基)의 아들 조감(趙瑊)이 상소하여 송시열을 비롯 빈청의례대신(賓廳議禮大臣)들을 비난하였다. 그리고 11월 1일 송시열의 제자로 대제학으로 있던 이단하(李端夏, 1625~1689)가 현종의 행장

을 쓰는데 송시열의 오례(誤禮)를 직서(直書)하도록 강압받
기까지 하였다.

이와 같은 예송은, 당시 민신(閔愼)의 아버지 민세익(閔世
益)이 폐질에 걸린 까닭에 할아버지 민업(閔業, 1605~1671)
의 상례를 치르지 못하게 되니, 민신이 아버지를 대신하여
삼년상을 치른 것을 논의하는 데에서도 반영되고 있다. 송
시열·김수항·정지화 등은 주자의 설을 들어 아버지가
폐질에 걸려 아버지를 대신하여 할아버지를 승중(承重)하
게 되면 당연히 아버지를 대신하여 상례(喪禮: 3년상)를 치
루는 것은 천자·제후나 사서인(士庶人)까지 모두 당연하
다고 하는 '천하동례(天下同禮)'를 주장하였다. 그래서 이
예설을 따라 민신이 아버지를 대신하여 삼년상을 치르고
있었다.

그런데 숙종 즉위년 10월 15일 허적 등은 승중하였다고
해서 살아 계신 아버지를 대신하여 3년상을 치르는 것은
살아 있는 아버지를 죽이고 할아버지 상(喪)을 대신하는
것과 같은 멸륜(滅倫)이므로 금지되어야 한다고 주장하며,
주자가 이를 인정한 것은 천자·제후에 한한 것이었지 사
서인(士庶人)에게까지 이를 인정한 것은 아니었다고 반박
하면서, '왕자례부동사서(王者禮不同士庶: 왕자례는 사서인
과 같지 않다)'를 주장하였다.

이에 숙종은 허적의 의견을 따르게 되니, 11월 20일 장
령 남천한(南天漢, 1607~1686) 등이 민신이 아버지를 대신
하여 할아버지 상을 주관한 것을 지도한 송시열·박세채
의 처벌을 요구하니, 박세채(朴世采, 1631~1695)는 사판(士
版)에서 삭적되고, 11월 29일 민신은 삼천리 유배에 처해

지기에 이른다. 그리고, 송시열은 숙종 1년 1월에 덕원(德源)으로 유배가게 되었다.

■ 현종에 대한 조대비 복상

이러한 '왕자례부동사서'의 입장은 좀더 급진적인 윤휴에 있어서는 더욱 뚜렷이 나타난다. 윤휴는 효종에 대한 어머니 조대비의 복상뿐 아니라 현종에 대한 할머니 조대비의 복상도 3년을 해야 한다고 주장하였다.

숙종 1년 윤5월 1일 윤휴는 현종은 조대비에게는 손자이므로 마땅히 조대비는 현종에 대해 1년상을 지내야 하는데도 현종이 왕이 되었으므로 신하로서 3년상을 해야 한다고 주장한 것이다. 이러한 윤휴의 급진적인 주장에 대해서는 허목조차도 중간 입장을 취하고, 허적·정치화는 적극 반대하면서 논의가 계속되어, 숙종 1년 8월 10일에는 윤휴의 주장에 따라 현종에 대한 조대비의 상복이 참최 3년으로 개정되었다가, 어머니는 신하가 될 수 없으므로 3년상은 부당하다는 허적의 반대로 다시 1년상으로 환원되는 과정을 겪는다.

숙종 즉위 후 예송으로 서인들이 대거 제거되거나 퇴거하면서, 복창군(福昌君) 형제와 연합한 허적 등 남인(南人)들이 정권을 장악하게 되었고, 오히려 송시열을 비롯한 서인들을 처벌하는 문제로 강경파인 청남(淸南)과 온건파인 탁남(濁南)으로 갈라질 정도로 남인이 정국을 주도하게 된다.

■ 홍수의 변

이렇게 김우명은 남인과 결탁하여 송시열을 몰아내려 하였다. 그러나 김우명의 계획과는 달리, 복창군 형제와 연합한 허적 등 남인의 세력이 커지고 정권을 장악하게 되었다.

이처럼 김우명은 자신의 세력마저 풍전등화격이 되는 운명에 놓이게 되니, 이를 만회하기 위해 숙종 1년 3월 12 일 자신이 직접 인조의 손자로 인평대군의 아들들인 복창 군 이정(李楨)·복평군 이연(李㮒)이 궁녀와 몰래 간통한 사건을 적출(摘出)해내어 차자(箚子)를 올리는 한편, 3월 14 일 자기의 딸인 대비(大妃: 현종비 명성왕후)를 내세워 복 창군 형제의 비행을 들어 이들의 기세를 꺾으려 한다. 이 로써, 3월 15일 복창군 형제는 귀양을 가게 되었다. 이를 '홍수(紅袖: 궁녀宮女)의 변(變)' 이라고 한다.

숙종 1년(1675) 3월 12일 청풍부원군 김우명이 복창군 이정·복평군 이연 형제가 궁중에 드나들면서 궁녀들과 교통한 사실을 들어 이들의 처벌을 상소하였다.

허적과 함께 이 자리에 청대한 오정위(吳挺緯, 1616~ 1692)는 복창군 형제의 외숙이 되는 인물이다. 그는 오백 령(吳百齡, 1560~1633)의 손자로 아버지는 오단(吳端, 1592 ~1640)이나, 당숙인 오전(吳竱, 1588~1634)에게 양자로 들 어갔다. 오전의 부인은 유근(柳根)의 딸 진주 유씨이다. 유 근은 선조 부마 진안위(晉安尉) 유적(柳頔, 1595~1619)의 할아버지 유격(柳格, 1545~1584)의 동생이 되는 인물이다.

오전의 누이는 한백겸(韓百謙, 1552~1615)의 아들인 한흥 일(韓興一)과 혼인하였는데, 한백겸은 인조 비 인열왕후의 아버지가 되는 한준겸(韓浚謙, 1557~1627)의 맏형이다. 즉 인열왕후는 오전의 누이에게 사촌시누이가 되는 것이다.

오정위의 본생(本生) 백부인 오준(吳竣)은 병자호란 당시 삼전도(三田渡) 비문(碑文)의 글씨를 쓴 인물이다.

【동복 오씨 오백령을 중심으로】

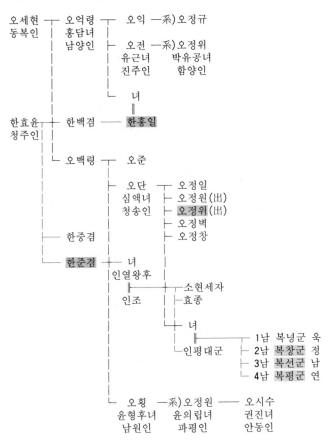

그래서 같은날인 3월 12일 숙종은 복창군과 복평군, 그리고 궁녀들을 나문하도록 명하였는데, 그 궁녀들은 군기시(軍器寺)의 서원(書員) 김이선(金以善)의 딸 상업(常業)과

내수사의 종 귀례이다. 자전(慈殿: 명성왕후)께서 이미 궁
녀 중 한 명인 귀례(貴禮)를 장신(杖訊)하였다.

그러나 다음날인 3월 13일 숙종은 복창군 형제를 풀어주
었다. 남의 말을 믿고 골육지친을 억울한 지경에 빠뜨렸다
고 하면서 풀어준 것이다. 이 때문에 김우명은 의금부에서
대죄(待罪)하였다. 그런데 3월 14일 김우명의 따님인 명성
왕후는 야대청(夜對廳)에서 대신(大臣)과 비국(備局)의 재신
(宰臣)들을 인견하고 복창군 형제의 비행을 말하면서 이들
을 처벌하라고 하였다.

이에 허적(許積)·권대운(權大運, 1612~1699)·장선징(張
善瀓, 1614~1678) 등은 복창군 형제와 나인들을 법대로 처
치할 것을 청하였다. 그러나 숙종과 명성왕후는 차마 죽이
지는 말고 정배(定配)하도록 명하였고, 대죄하고 있는 김우
명에게 대죄하지 말라고 하였다. 그리하여 3월 15일 복창
군 이정(李楨), 복평군 이연(李㮓), 나인들인 김상업과 귀례
등이 정배의 명을 받았다. 복창군은 영암(靈巖), 복평군은
무안(務安), 김상업은 삼수(三水)에, 귀례는 갑산(甲山)에 정
배되었다. 3월 18일 복선군 이남(李柟)이 이보다 앞서 사은
상사(謝恩上使)로 차임(差任)되었는데, 이때에 이르러 허적
의 청으로 개차되었고, 권대운은 궁금(宮禁)의 출입을 금할
것을 청하였다.

그러나 4월 1일 부제학 홍우원(洪宇遠)은 대비가 내정을
간섭하는 것을 비판하며 왕이 단속을 잘 할 것을 요구하
였다. 이는 어머니도 왕에게는 신하가 된다는 윤휴의 신모
설(臣母說)을 잘 나타내는 것이기도 하다. 4월 25일에는 허
목과 윤휴 일파가 대비(大妃)를 조관(照管)할 것을 상소하

였다. 즉 어머니인 대비를 단속하라는 것이었다. 이는 애초에 허목과 윤휴는 복창군 형제를 후원으로 삼았기 때문에 이들 형제가 유배를 가게 되자 이렇게 된 것이다.

그런데 4월 21일 이에 대해 서인측인 김수항(金壽恒)은 '숙종이 복창군 형제의 비행을 미리 잘 처리하지 못했기 때문에 대비가 부득이 간섭할 수밖에 없었다.'고 대비를 옹호하고 나왔다. 더 나아가 7월 12일 김수항이 어머니는 아들인 왕에 대해서는 지도하는 입장이므로 아내가 집안 일만 하고 바깥일에 간섭할 수 없는 것과는 다르다고 주장하여 윤휴의 신모설(臣母說)을 근본적으로 부정하였다. 그러나 이렇게 윤휴의 신모설을 비판한 김수항은 7월 16일 모자이간(母子離間)과 예론의 잘못된 주장을 옹호했다는 책임을 지고 원주(原州)에 부처될 정도로, 당시는 윤휴의 신모설 입장이 주도하고 송시열 등 서인측의 입장은 배제되고 있었다.

이러한 와중에 남인들은 허목과 윤휴를 중심으로 하는 청남(淸南)과 허적과 권대운을 중심으로 하는 탁남(濁南)으로 갈라지고 있었다. 복창군 이정(李楨)과 복선군 이남(李柟)은 숙종 6년 허적의 아들인 허견(許堅)의 역모사건 때 복주되었고, 복평군은 유배되었다.

■ 현종 배향신

이는 숙종 2년(1676) 7월 17일 현종 부묘 때 배향신으로 김좌명(金佐明, 1616~1671)·조경(趙絅,1586~1669)·정태화(鄭太和, 1602~1673) 삼인(三人)이 논의되는 것에서도 잘 나타난다. 숙종 2년 8월 이옥(李沃, 1641~1698)·권진한(權震翰)·홍우원·허목 등이 정태화는 비록 국제를 따랐지만 기년설을 채택했다는 이유를 들어 배향을 반대하여, 숙종 3년 4월 11일 배향신 중 유일한 대신(大臣)인 정태화의 배향은 결국 취소된다. 반면, 이날 조경은 현종이 한 번도 접견하지도 않았던 신하라고 반대를 받았는데도, 그가 삼년설을 주장했다는 이유로 숙종 2년 10월 4일 시호를 받고 김좌명과 함께 10월 14일 현종묘정에 배향되었다.

이와 같은 반(反) 송시열 분위기는 효종묘(孝宗廟) 추향(追享) 문제에서 더 잘 드러난다. 숙종 2년 8월 2일 허적·권대운·유명천(柳命天, 1633~1705) 등은 김집·송시열과 대립했던 김우명의 아버지인 김육을 대동법 실시를 주도한 공으로, 척화파인 송시열과 대립했던 주화파 최명길(崔鳴吉, 1586~1647)을 주화(主和)를 주도한 공으로 효종묘정에 추향하자고 주장하였다. 그러나 청남(清南)인 이옥·권진한·김해일(金海一) 등의 반대에 부딪혀 최명길은 취소되고, 김육 추향도 논의에 그치고 만다. 결국 이러한 모습은 복수설치(復讐雪恥)를 내세워 북벌대의가 국론인 당시 분위기를, 허적 등 탁남(濁南)이 역행하는 보수적인 일면을 잘 보여준 것이다.

그리고 윤휴 일파가 비록 북벌론을 내세워 최명길의 추향을 반대했지만, 신모설을 주장하여 '왕자례부동사서(王者

禮不同士庶)'를 주장했던 윤휴에게는 오랑캐라도 중원을 점령한 이상 중화(中華)의 주인으로 받들어야 한다는 논리가 쉽게 성립될 수 있는 것이고, 이는 서인들의 대의명분에 입각한 북벌론과 복수설치를 반대하는 입장에서는 허적과 표리일체(表裏一體)를 이룰 수밖에 없었다.

■ 송시열 고묘 논의

따라서 이렇게 성리학적 이념과 실천이 괴리되는 모순 속에서 이를 일치시키려는 송시열이 살아 있다는 것은 남인들에게는 매우 위험한 일이었다. 이에 숙종 1년 4월 9일부터 숙종 3년 6월까지 송시열의 오례(誤禮)를 종묘(宗廟)에 고(告)하자는 '고묘(告廟)' 주장이 계속되면서, 마침내 송시열을 죽이고 빈청의례 제신을 대거 숙청하려는 모략이 획책되었다.

그러나 이때는 숙종 3년(1677)에 접어들어 숙종의 나이도 17살이 되어 정치경륜도 생겼고, 한편으로는 오가작통(五家作統)·지패법(紙牌法)·만과설행(萬科設行)·체부설치(體府設置)·상평창(常平倉) 등 윤휴의 급진적 정책이 물의를 빚고 모두 실패로 돌아갔고, 또 윤휴가 허적이나 김석주와 대립하고 있었으므로, 숙종은 대간이 반대하는데도 김수항(金壽恒)·민유중(閔維重) 등을 석방·서용하려 하였다.

이런 상황에서 숙종 3년 3월 구언 교지에 응해 장선징(張善澂, 1614~1678)을 필두로 이영부(李永敷), 조가석(趙嘉錫, 1634~1681) 등이 송시열을 구호하며 윤휴 허목을 배척하는 상소를 올리니, 이는 송규렴(宋奎濂, 1630~1709), 최석정(崔錫鼎, 1646~1715), 조근(趙根, 1631~1690), 민유중으로 이어지면서, 청주인(淸州人) 이사안(李師顔), 윤헌(尹櫶) 등 542인과 이동형(李東亨), 채하징(蔡河徵) 등 지방 유생의 연명상소로 확대된다.

윤휴, 허목파에서도 이원정(李元禎, 1622~1680)을 중심으로 이잠(李潛), 심벌(沈橃), 권환(權瑍), 김총(金璁), 조사기(趙嗣基), 이담명(李聃命, 1646~1701), 유명천(柳命天, 1633~1705), 정지호(鄭之虎, 1605~1677)가 송시열의 처벌을 주장하고 나오고, 홍경하(洪景河), 노현(盧灦), 한용명(韓用明), 나성도(羅星度), 이재헌(李在憲) 등 관학(館學=성균관) 사학(四學) 유생 및 지방 유생이 동원되어 예송논의는 다시 지방으로까지 확산된다.

결국 삼사(三司)의 탄핵으로 송시열파는 처벌되지만, 고종묘(告宗廟)는 허적, 김수홍 등 탁남(濁南)과 김석주, 정지화의 옹호를 받는 왕에 의해 완강히 거부된다. 이런 가운데 민정중에 의해 윤휴의 비행이 폭로되어 이들은 점차 수세에 몰린다.

■ 양반호포론 노비종모종량법 후퇴

이와 함께 효종대에 원두표(元斗杓, 1593~1664), 유계(兪棨, 1607~1664) 그리고 현종대에 송시열 등의 주장에 따라 북벌계획과 내정개혁을 위해 양반호포제(兩班戶布制) 실시가 논의되었는데, 여러 사정으로 보류되다가, 현종 15년 7월에 김수홍이 신포제(身布制), 정지화가 호포제를 주장하여 다시 논의되었지만, 남인 강백년(姜栢年, 1603~1681)의 반대로 실시가 보류되었다. 숙종대로 넘어와 북벌론이 다시 일어나면서 호포제 실시가 논의되는데 허적 등이 즉위 초이므로 일단 보류하자고 하여 연기되고 호패법과 양정 사핵(良丁査覈)을 우선 실시하기로 한다.

숙종 3년 4월 구언 교지 이후 다시 예송이 논의되면서 복수설치와 함께 당시 국론이었던 호포법 실시가 논의되어, 김석주가 호포법을 찬성하고 나오지만, 허적이 민원이 야기된다 하여 반대하고 나오고, 허목, 이무(李袤), 권대운이 반대하고 나오면서, 사헌부가 오히려 한정 사출(閑丁査出)을 주장하고, 이와 함께 이전에 송시열이 건의하여 실시해 오던 노비종모종량법까지도 폐지하고 호패법만 실시하게 되니, 민원은 점차 높아질 수밖에 없었다.

숙종 4년(1678) 4월 2일 형조판서 이원정이 노비종모종량법을 폐지하기를 청하여, 현종 10년에 송시열의 건의로 시행되었던 아버지가 노비라도 어머니가 양인이면 자식은 양인으로 한다는 노비종모종량법은 폐지된다.

이러한 일들이 바로 이들의 '왕자례부동사서(王者禮不同士庶)'에서 나타나는 신분차별적인 보수적 경향을 단적으로 드러내고 있었다.

이에 흉년이 겹치니 왕은 예론으로 죄를 입은 사람들을 다시 서용하며 구언 교지를 내리자, 숙종 4년 6월 12일 민정중이 송시열을 옹호하며 윤휴를 탄핵하는 상소를 올린다. 이에 다시 대간에서 민정중을 탄핵하는 상소가 나오자, 이어서 이지익(李之翼)·이동형(李東亨)·채하징(蔡河徵) 등의 상소가 올라와 송시열 구명운동이 시작된다. 이에 조사기(趙嗣基) 설규징(薛奎徵) 등의 고종묘논의가 나와 대립되고 있었다. 이에 왕은 '예송금지령'을 내린다.

이러한 대립은 다시 남구만이 윤휴, 허견(許堅, ?~1680)을 탄핵하는 사건으로 발전하고, 3월 12일 소현세자의 후손 추대 사건인 흉서사건으로 심화된다.

숙종 5년 3월 12일 생원 송상민(宋尙敏, 1626~1679)이, 스승 송시열이 간신들의 모함을 받고 있다는 책자를 만들어 올렸다. 이에 숙종은 송상민을 병조에 구류(拘留)하고 상소를 봉입(捧入)하라고 하였다. 다음 날인 3월 13일 숙종은 송상민의 상소에서 위로는 선왕(先王)을 언급하고 아래로는 조정의 신하들을 모함하였다 하여 역률(逆律)로 다스리도록 명하였다. 그리하여 송상민은 국문을 당하였고, 3월 17일 옥중에서 죽었다. 3월 25일에 숙종은 송시열을 거제에 위리 안치하였다.

우암 송시열 유허비(제주시 이도1동 1421-3 오현단五賢壇 내)
우암송선생 적려유허비(尤庵宋先生 謫廬遺墟碑)

■ 경신환국

숙종 6년(1680) 경신년에 남인(南人) 일파가 정치적으로 조정에서 대거 축출된 사건인 '경신대출척(庚申大黜陟)'이 일어난다. 허적의 할아버지 허잠에게 증시연(贈諡宴)을 하는 날, 허적이 왕실에서만 사용하는 유악(油幄)을 임금에게 아뢰지도 않고 가져가 사용하였다. 이에 숙종은 서인에게 군권을 넘기는 전격적인 인사조처를 단행하였다.

이때 정원로 등이 급변을 올려 허적의 서자 허견이 복선군 이남(李柟)을 옹립하려 했다고 아뢰었다. 그래서 숙종은 삼복형제와 허견을 처단한 후 허적을 사사(賜死)하였다. 그리고 비망기를 내려 송시열의 위리안치를 풀어주었다.

이보다 앞서 남인은 현종 15년(1674)의 갑인예송(甲寅禮訟)에서 승리하여 정권을 잡았으나, 그해 즉위한 숙종은 모후인 명성왕후(明聖王后) 김씨(金氏)의 영향으로 모후의 족질 김석주(金錫胄, 1634~1684)를 요직에 기용, 남인을 견제하는 태도를 보였다.

숙종 2년(1676) 윤휴와 허적의 건의로 도체찰사부(都體察使府)가 설치되었는데, 이를 허적이 맡게 되었다. 훈련도감·어영청 등 서울의 군영도 도체찰사부에 소속시켜 군권을 귀일시키자고 건의하였으나, 김석주측의 반대로 다음해 6월에 일시 혁파되었다. 도체찰사부는 영의정을 도체찰사로 하는 전시(戰時)의 사령부로서, 외방 8도의 모든 군사력이 이의 통제를 받게 되어 있었다. 그러나 인조반정 뒤 국왕 및 궁성 호위부대로 발족한 중앙의 군영들은 예외적인 존재로 그것에 통속되지 않았다. 이때 총융사와 수어사는 중앙군영의 하나였으나, 경기도 군사력으로 간주되어 도체찰사부의 통제 아래에 들어가 있었다. 그런데 남인측이 나머지 두 중앙군영의 군권마저 이에 귀일시키려 하자, 김석주 등의 반발을 받은 것이다.

숙종 4년(1678) 12월 23일 숙종은 영의정 허적을 도체찰사(都體察使)에 임명하고, 이듬해 11월 3일에는 김석주를 부체찰사(副體察使)에 임명하여 허적 등 남인세력을 견제하였다.

그러던 중 숙종 6년(1680) 3월 18일 숙종은 남인의 영수인 영의정 허적의 할아버지 허잠(許潛)에게 '충정(忠貞)' 이라는 시호를 내려주고, 19일에 시호를 맞이하는 잔치날에 궤장(几杖)과 1등의 악(樂)을 내려주라고 하였다. 3월 23일에 이조판서로 있던 이원정(李元禎, 1622~1680)이 허잠의 증시연(贈諡宴)에 소용되는 미곡과 포목을 넉넉하게 지급해 주기를 청하였다. 그러던 중 증시연을 하는 날 허적이 왕실에서만 사용하는 유악(油幄)을 임금에게 아뢰지도 않고 가져가 사용하였다.

그런데 3월 28일 숙종은 공조판서 유혁연(柳赫然, 1616~1680), 김만기(金萬基)·포도대장 신여철(申汝哲, 1634~1701)을 부르고, 비망기를 내려서 이들에게 관직을 제수하였다. 김만기는 훈련대장, 신여철은 총융사(摠戎使)에 임명하였고, 남인계 인사인 유혁연은 해임하였다. 다음날인 3월 29일에는 철원에 귀양가 있는 김수항(金壽恒, 1629~1689)을 방면하고, 인사(人事)를 담당했던 이조판서 이원정의 관작을 삭탈하여 문외 출송(門外黜送)하였다. 이원정은 이조판서로 있으면서 위로는 군주(君主)를 고립시키고 아래로는 자신의 편당(偏黨)한 무리들로 채웠다는 것이었다.

【광주 이씨 이원정 족보】

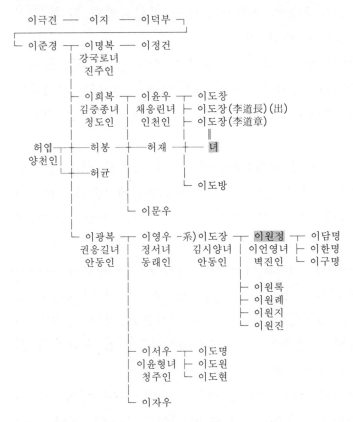

이원정의 아버지 이도장(李道長, 1603~1644)은 한강 정구 (鄭逑, 1543~1620), 장현광(張顯光, 1554~1637)을 사사(師事) 하였다. 어머니는 김시양(金時讓)의 따님 안동 김씨이다. 이원정의 본생(本生) 숙부 이도장(李道章)은 허엽(許曄)의 증 손녀이며, 허균의 형 허봉의 손녀가 되는 허재(許宰)의 딸 양천 허씨와 혼인하였다. 허엽은 선조때 동인의 영수(領袖) 이었다. 허재는 허적과 14촌이 되는 사이이다.

【양천 허씨 허적과 허재를 중심으로】

```
허기 ┬ 허비 ── 허형 ── 허감 ── 허초 ── 허잠 ── 허한 ── 허적
     │
     │
     └ 허추 ── 허창 ── 허담 ── 허한 ── 허엽 ┬ 허성
                                              ├ 허봉 ── 허재
                                              └ 허균
```

이렇게 숙종이 갑작스레 서인을 등용한 것을 연려실기
술에서는 허적이 왕실에서만 사용하는 유악(油幄)을 임금
에게 아뢰지도 않고 가져가 사용하였기 때문에 숙종이 매
우 노(怒)하였기 때문이라고 한다. 즉 증시연(贈諡宴)을 하
는 날이 3월 28일이었는데, 마침 이날 비가 내려 숙종은
유악을 허적의 집에 보내고자 하였으나, 이미 가져간 것을
알고 크게 노하여 패초(牌招: 나라에 급한 일이 있을 때
국왕이 신하를 불러들이는 데 사용하던 패)로 군권(軍權)의
책임자들을 불러 서인에게 군권을 넘기는 전격적인 인사
조처를 단행한 것이었다.

3월 30일 숙종은 자신이 즉위한 해에 일어난 예송(禮訟)
때 김수항의 차자는 윤휴의 '자성(慈聖)을 조관(照管)한다.'
는 말을 타파한 것이었는데, 숙종은 자신이 어린 나이였기
에 당시 대간 등이 김수항의 죄안(罪案)을 구성한 것을 지
금에 생각해 보니 매우 잘못된 일이라고 말하고서 당시
대간들을 국문하라고까지 하였다. 이날 대사간 정박(鄭樸)
과 정언 김주(金澍), 좌의정 민희(閔熙, 1614~1687)와 우의
정 오시수(吳始壽, 1632~1681)가 체직되었다. 그리고 숙종
은 정태화의 아들 정재숭(鄭載嵩, 1632~1692)을 이조판서
로, 심유(沈濡)를 장령으로, 조지겸(趙持謙)을 지평으로, 이

상진(李尙眞)을 판의금으로, 유상운(柳尙運)을 대사간으로, 이언강(李彦綱)을 정언에 임명하였다. 아울러 남구만(南九萬, 1629~1711)·구일(具鎰, 1620~1695)·전 통제사(統制使) 이인하(李仁夏)를 서용하라고 명하였다.

4월 1일 영의정 허적은 자신의 잘못을 아뢰었고, 대사헌 민암(閔黯, 1636~1693), 집의 목임유(睦林儒)·장령 유하겸(兪夏謙)·사간 박진규(朴鎭圭)가 체직되었다.

민암은 세종 서7남으로 신빈 김씨(愼嬪金氏) 소생 밀성군 이침(李琛, 1430~1479)의 처부가 되는 민승서(閔承序)의 7대손이다. 아버지는 민응협(閔應協, 1597~1663)으로 민암은 셋째아들로 태어났다. 민암의 딸이 동복인(同福人) 오시수(吳始壽, 1632~1681)의 아들 오상유(吳尙游)와 혼인하였다. 오시수는 실질적으로 복평군 등 삼복(三福) 형제와 외사촌 간이 되는 인물이다.

형 민점(閔點)이 백부 민응회(閔應恢)에게 양자로 들어갔다. 민점의 처부는 안동인 김시양(金時讓)이다. 김시양은 이원정(李元禎)의 외조가 되는 인물이니, 민점은 이원정에게 이모부가 된다. 민점의 아들 민홍도는 오정원(吳挺垣)의 사위가 되어 동복 오씨 오정원 집안과 겹사돈을 맺게 되었다. 민점의 딸은 원주인 김덕원(金德遠, 1634~1704)의 아들 김몽양(金夢陽)을 사위로 맞았는데, 민점의 형 민희(閔熙, 1614~1687)의 딸이 김몽양과 형제인 김몽욱(金夢旭)과 혼인하여 두 집안은 겹사돈을 맺었다.

김덕원은 현종 때 문과에 급제하여 지평, 정언을 지내면서 언관(言官)으로 활약하였다. 경신환국 전까지 남인 정국 아래에서 허목을 지지하는 청남(淸南) 계열로 허적의 비리

를 공격하였다. 기사환국 이후 우의정을 지냈고, 갑술환국
으로 제주도에 유배되었고, 그 후 해남에 이배(移配) 된다.

　민희의 아들 민창도(閔昌道)는 이관징(李觀徵, 1618~1695)
의 딸 연안 이씨와 혼인하였다. 이관징은 효종때 문과에
급제하였고, 효종 국상(國喪)에 조대비(趙大妃)의 복상문제
로 일어난 기해예송에서 송시열에 반대한 허목을 구제하
려다 전라도도사로 좌천되었던 인물이다. 이렇게 민암 집
안은 남인의 핵심인물이라 할 수 있는 동복 오씨 오정원,
원주 김씨 김덕원 집안과 긴밀한 혼인관계를 맺고 있었다.

【여흥 민씨 민암을 중심으로】

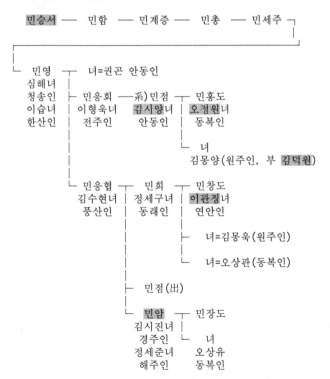

민점과 민유중은 같은 여흥 민씨이다. 시조 민칭도(閔稱
道)로부터 5세인 민공규(閔公珪)의 둘째아들 민적균(閔迪鈞)
의 후손에서 민점이 나오고, 셋째아들 민인균(閔仁鈞)의 후
손에서 민유중(閔維重)이 나온다.

【여흥 민씨 민유중과 민암의 관계】

```
시조        2세       3세       4세
민칭도 ── 민세형 ── 민의 ── 민영모 ┐
  │
  └ 민공규 ┬ 민강균
           ├ 민적균 ── 민방 ── 민성언 ── 민현 ── 민수지 → ①
           │
           └ 민인균 ── 민황 ── 민종유 ── 민적 ┬ 민유 → ②
                                              └ 민변 ── 민계
```

민점 세계

```
① 민계 ── 민세영 ── 민경 ── 민승서 ── 민함 ── 민계증 ┐
  └ 민총 ── 민세주 ── 민영 ┬ 민응회 ─系)민점
                          │
                          └ 민응협 ┬ 민희
                                   ├ 민점(出)
                                   └ 민암
```

민유중 세계

```
② 민지생 ── 민심언 ── 민충원 ── 민수 ── 민구손 ── 민제인 ┐
  └ 민사용 ── 민여건 ── 민기 ── 민광훈 ┬ 민시중
                                      ├ 민정중
                                      └ 민유중 ┬ 민진후
                                               ├ 민진원
                                               └ 녀 인현왕후
```

4월 2일 장령 심유의 청으로 윤휴를 극변(極邊)에 귀양보
내고, 민암은 삭탈관작하여 문외출송하고, 민종도(閔宗道,
1633~?)는 귀양보내라고 하였다. 그리고 사간원에서는 행

부호군(行副護軍) 오정위(吳挺緯, 1616~1692), 전(前) 교서 정자(校書正字) 허견(許堅)을 귀양보낼 것을 청하니 숙종은 허락하였다. 그리고 허적은 도체찰사(都體察使)와 내의원 제조에서 사직하였다. 4월 3일 병조판서 김석주(金錫胄)를 도체찰사부를 맡게 하고, 김수항을 영의정, 정지화(鄭知和) 를 좌의정, 남구만을 도승지 등에 임명하여 정권은 서인 (西人)이 장악하게 되었다.

4월 4일 대사간 유상운(柳尙運, 1636~1707), 정언 이언강 (李彦綱, 1648~1716)·박태손(朴泰遜, 1641~1692)이 복창군 이정(李楨), 복선군 이남(李柟), 복평군 이연(李㮒)의 절도 안 치를 청하니, 숙종은 아뢴 대로 하라고 하였다. 그리고 병 조판서 김석주는 삼복의 부장(副將)이었던 이상립(李尙立)의 나문(拿問)을 청하였다.

4월 5일 숙종은 남구만을 부제학, 유상운을 도승지로, 김 만기의 동생 김만중(金萬重, 1637~1692)을 대사간, 백강(白 江) 이경여(李敬輿)의 아들 이민서(李敏敍, 1633~1688)를 승 지에 임명하였다.

이날 정원로(鄭元老)·강만철(姜萬鐵)이 급변(急變)을 올려 허적의 서자 허견(許堅)이 복선군 이남을 옹립하려 했다고 아뢰었다.

정원로·강만철이 상변(上變)한 글에 이르기를, "신(臣) 정원로는 허견(許堅)과 더불어 병진년부터 비로소 서로 사 귀어 정의가 자못 두터웠는데, 작년 정월에 허견이 이태 서(李台瑞)와 더불어 신(臣) 강만철의 집에 모여서 복선군 (福善君)을 접견할 일을 더불어 의논하였고, 뒤에 이태서 가 갑자기 신(臣) 정원로를 초청하기에 신이 나아가니 자리에 한 사람이 있었는데 의젓한 귀인(貴人)이었습니다. 더불어 서로 이야기해 보니 바로 그가 복선군이었습니다. …. 복선군의 답서를 허견에게 전해 보내고 신의 집에 모였는데, 허견이 말하기를, '주상의 춘추(春秋)가 젊으신데 몸이 자주 편찮으시고 또 세자[儲位]가 없으니, 만약 불행한 일이 있으면 대감(大監)이 임금 자리를 면하려도 될 수가 없을 것입니다.'고 하니, 복선군이 대답이 없었습니다. 허견이 말하기를, '이제 나라가 장차 망하려는데 반드시 잘 하여야 할 것이며, 당론(黨論)을 마땅히 타파하여야 할 것입니다.' 라고 하였는데, 신이 듣고는 송연(悚然)하여 곧 와서 고하려고 하였으나, 주상께서 영상(領相)을 신임하고 존중하시므로 무고(誣告)했다는 죄를 입을 것을 두려워하여, 이제까지 주저하다가 이제 감히 숨길 수 없어서 감히 이를 자세히 아룁니다. 그때 왕래한 서찰(書札)로 허견의 편지 두 통, 이태서의 편지 한 통, 복선군의 간갑(簡匣) 하나를 아울러 봉하여 올립니다.

신 강만철은 허견과 처형제 자매부(妻兄弟姉妹夫) 사이가 되는데, 신의 누이동생이 죽은 것은 임인년에 있었습니다. 허견이 신을 대접하기를 자못 후하게 하고 신이 조금 의술(醫術)을 아는 까닭으로써 영상(領相)의 풍병(風病)을 신에게 전임하여 치료하게 하였는데, 허견의 하는 짓을 처음에는 알지 못했으나, 작년 정월에 신이 강원도에 내려갔다가 아들의 병이 있음을 듣고 급급히 달려돌아오니, 그때 허견이 복선군과 더불어 처음 서로 보았고, 여름에 두 번째 보았다는 말은 정원로의 말을 인하여 들었기 때문에, 침묵할 수 없어서 감히 정원로와 더불어 동시에 와서 아룁니다." 하였다.

글이 알려지니, 대신(大臣)·금부 당상(禁府堂上) 양사 장관(兩司長官)을 모두 곧 명초(命招)하기를 명하고 또 양국 대장(兩局大將)을 패초(牌招)하기를 명하였다. 『숙종실

록』숙종 6년 4월 5일

숙종은 이날 이정영(李正英, 1616~1686)을 판의금부사에 임명하고, 국청(鞫廳) 설치를 명하였다. 그리고 훈련대장 김만기(金萬基)·어영대장 김석주(金錫冑)를 인견하고 궁성(宮城)을 호위하기를 명하였다. 밤에 국청을 병조에 설치하여 정원로와 강만철의 공초(供招)를 받았다.

김익훈(金益勳, 1619~1689)을 광주부윤(廣州府尹)에 임명하고, 사관(史官)을 보내어 영의정 김수항을 빨리 올라오도록 명하였다. 그리고 추국청에서는 이태서(李台瑞)를 추문하고 정원로, 강만철과 대질(對質)하였고, 복선군 이남(李柟)을 형신(刑訊)하였다.

이남(李柟)이 원정(原情)[7]하여 승복하지 아니하니, 국청에서 허견(許堅)을 잡아와서 구문(鉤問)하기를 기다린 뒤에 품처(稟處)하기를 청하였다. 임금이 정원로와 면질(面質)하기를 명하였는데, 이남(李柟)이 저뢰(抵賴)[8]하자, 정원로가 작은 종이의 글을 내어 말하기를, " '세 사람의 입에서 나오고 세 사람의 귀에 들어갔으니, 만약 누설하면 하늘이 반드시 죽일 것이다.' 라고 하였는데, 그 반(半)을 가로 질러서 허견과 나누어 간직하였습니다." 하였고, 정원로가 또 말하기를, "또 한 장의 글이 있어 다른 곳에 놓아두었는데, 허견이 나와 모이기를 약속한 글입니다." 하였다. 국청에서 아뢰기를, "죄인 남(柟)을 정원로와 면질하니 비록 곧 굴복하지는 아니하였으나 말씨와 기색이 꺾어졌으니, 허견이 들어오기를 기다릴 수 없으므로, 죄인 남을

---

7) 원정(原情): 사정을 하소연함
8) 저뢰(抵賴): 변명을 하여 신문에 복종하지 아니함

형추(刑推)하기를 청합니다." 하니, 임금이 그대로 따랐다.

남(枏)이 형문(刑問)하여 위엄을 베풀 즈음에 승복하며 말하기를, "작년 추동(秋冬) 사이에 허견과 정원로의 집에 모였는데, 허견이 말하기를, '주상의 춘추(春秋)가 바야흐로 젊으신데 옥체(玉體)가 편찮으시고 또 세자가 없으니, 만약 불행한 일이 있으면 나라일이 어느 지경에 이르겠는가? 나라 일의 폐해가 고질이 되었으나 바로잡을 만한 자가 없으니, 다른 날에 모름지기 잘 해야 할 것이며, 또 당론을 타파하는 것이 마땅하다.' 라고 하였는데, 내가 듣고 나서 놀라서 대답하지 않고 인하여 일어나 나왔습니다." 하였다. ...『숙종실록』숙종 6년 4월 6일

숙종 6년 4월 7일 병조판서 김석주가 이천(伊川)의 둔군(屯軍)을 동원하여 훈련하고 있는 허견의 죄상을 아뢰니, 숙종은 본현(本縣)의 현감을 잡아와 묻게 하였다. 이천의 둔군은 도체찰사부 소속이었다.

4월 8일 정언 이언강과 박태손의 청으로 허견과 친한 사이인 전라감사 유명현(柳命賢)과 경기수사(京畿水使) 강석빈(姜碩賓)을 사판에서 삭제하였다. 4월 9일 삼복의 부장(副將)인 이상립을 절도에 유배하도록 명하였고, 허견의 아버지인 전 영의정 허적(許積)이 국청에 잡혀왔다. 4월 11일 숙종은 허견과 복선군이 이미 승복하였다고 말하고서 허견과 처남매부 사이인 강만철을 심문하라고 명하였다. 이에 강만철이 형장을 받고 공초를 바쳤다.

4월 12일 강만철과 함께 고변하였던 정원로를 추국하여 공초를 받았는데, 정원로는 강만철이 '이는 모두 김석주가 얽어만든 일인데, 김석주는 비록 동요하기 어렵더라도 그

의 표종(表從: 외종外從)을 나도 깊이 원망하니, 허견을 위해 원수를 갚겠다.' 라고 하고 또 '허견과 남(枏)이 강만철의 집에 모여서 형제의 의(義)를 맺고 닭을 잡아 피를 내어 술에 타서 함께 마신 것입니다.' 라고 하였다. 즉 복선군은 허견과 강만철, 정원로와 매우 친한 사이었다.

그래서 이 역모사건이 어느 정도 마무리되자 숙종은 4월 12일 허적을 일반 백성의 신분으로 전리(田里)로 돌아가게 하였다. 같은날 숙종은 허견을 군기시(軍器寺) 앞길에서 능지처사하고 이남(李枏)을 교수형에 처하였다.

4월 16일 추국청에서 허견의 역모에 산성(山城)의 습조(習操)를 지휘하였던 유혁연(柳赫然)을 잡아올 것을 청하여 유혁연을 국문하였다. 그래서 둔군(屯軍)을 호궤(犒饋: 음식을 공급)하였던 강만송(姜萬松)과 유혁연을 국문하였는데, 강만송이 허견이 '복창군 형제가 모두 어진데 복선군이 가장 어질다.'라고 말하였다고 하였다. 그래서 숙종은 복창군 이정을 잡아들이라고 하였다. 4월 26일 삼복형제중 막내인 복평군 이연은 위리안치의 명을 받았고, 복창군은 사사(賜死)되었으며 국청이 폐하여졌다. 4월 27일 숙종은 대신들에게 역모를 평정한 공신을 추서하도록 하고, 4월 28일 도체찰사부 폐지를 명하였다.

5월 5일 허적을 사사(賜死)하라는 명을 내렸고, 5월 12일 송시열의 위리안치를 풀고 중도부처를 명하였다.

5월 18일 역모를 다스린 보사 공신(保社功臣)을 녹훈하였다.

분충 효의 병기 협모 보사 공신(奮忠效義炳幾協謨保社功臣) 1등은 김만기·김석주, 2등은 이입신(李立身), 3등은

남두북(南斗北)·정원로(鄭元老)·박빈(朴斌)이다. 김석주에
게는 보국 숭록대부(輔國崇祿大夫)를 가자(加資)하여 청성
부원군(淸城府院君)으로, 이입신에게는 자헌대부(資憲大夫)
를 가자하여 양흥군(陽興君)으로, 남두북은 의풍군(宜豊君)
으로 삼고, 정원로는 가선대부(嘉善大夫)로 초자(超資)하여
동원군(東原君)으로 삼고, 박빈(朴斌)은 밀성군(密城君)으로
삼았다. 『숙종실록』 숙종 6년 5월 18일

허견이 남의 아내인 차옥(次玉)을 납치한 사실은 다음과
같다. 차옥은 역관(曆官) 서효남(徐孝男)의 며느리였다.

포도청에서 차옥(次玉)의 옥사(獄事)를 추핵(推覈)하여 옥
안(獄案)이 이미 갖추어졌다. 전교하기를, "허견이 양가(良
家)의 부인을 약탈하여 음욕(淫慾)을 자행하여 풍교(風敎)
를 더럽혔으니, 이는 실로 전에 없던 큰 변고다. 그 당시
판의금부사 오시수(吳始壽)는 허적에게 아부하여 감히 주
밀하게 엄호할 계책을 가지고 등대(登對)하던 낮에는 '비
록 허적이라고 하더라도 죄가 있으면 엄호해서는 안 되
었는데, 하물며 어찌 일개 허견을 위하겠습니까?' 라는 등
의 말로 방자하게 속이어 의금부로 옮기기를 청한 뒤에
는 백방으로 계략을 꾸미고 위협으로 봉초(捧招: 죄인에게
구두로 진술을 받음)하여, 끝내는 죄가 있는 자로 하여금
왕법(王法)에서 빠져 나가게 하고는 도리어 포도청에 허물
을 돌려 죄안을 구성하였으니, 그 임금을 속이고 나라를
저버린 죄는 엄하게 징계하지 않을 수 없다. 오시수는 아
주 먼 변방으로 귀양보내고, 목내선(睦來善)·이하진(李夏
鎭)은 비록 오시수와는 차이가 있으나, 시종 따라 참여하
면서 묵묵히 이의가 없었으니, 모두 우선 파직시키라" 하
였다.

차옥(次玉)은 역관(曆官) 서효남(徐孝男)의 며느리였다. 허견이 그녀가 자색(姿色)이 있다는 것을 듣고 차옥의 외삼촌인 박찬영(朴續榮)에게 계책을 물으니, 박찬영이 '아무 날 차옥은 그의 외사촌 혼례에 갈 것이니, 말을 보내 거짓말로 시집에 급한 병환이 있으니 속히 돌아오라고 한다면 될 것이다.' 하였다. 허견이 크게 기뻐하며 그 말과 같이 하였다. 차옥은 시집의 인마(人馬)가 아님을 괴이하게 생각하고 물으니, 위급한 김에 다른 집 것을 빌려 보냈다고 대답하였다. 말 위에 오르자 말을 급히 몰아 나는 듯이 달려갔으므로 수행하던 여종[女奴]도 따라갈 수가 없었다. 허견의 집에 이르러서야 비로소 속은 줄을 알았지만, 어찌할 수 없이 강제로 잠자리를 같이하며 3일 밤을 지나고서야 놓여나 집으로 돌아왔다. ... 『숙종실록』 숙종 6년 5월 5일

■ 인경왕후 승하와 인현왕후 책봉

이렇게 허견의 역모사건이 마무리될 무렵 숙종의 첫째 왕비인 김만기의 딸 인경왕후 광산 김씨가 숙종 6년 10월 26일에 춘추 20세의 젊은 나이로 승하하고, 이듬해 숙종 7년에 민유중의 딸[인현왕후]로 송준길의 외손녀가 되는 여흥 민씨를 왕비로 맞이하였다.

숙종 7년 3월 26일 삼간택(三揀擇)을 하여 병조판서 민유중(閔維重)의 딸 여흥 민씨(驪興閔氏: 후일 인현왕후)를 왕비로 간택하였다. 인현왕후의 어머니는 민유중의 둘째부인으로 동춘당 송준길의 따님 은진 송씨(恩津宋氏)이다.

그리하여 이날 민유중을 영돈녕부사(領敦寧府事) 여양부원군(驪陽府院君)으로 봉하였고, 인현왕후의 생모가 되는 은진 송씨는 은성부부인(恩城府夫人)에 추증되었다. 이보다

앞서 송씨는 인현왕후가 6세때인 현종 13년(1672)에 36세로 졸하였다.

5월 2일 숙종은 창덕궁 인정전에서 민유중의 딸을 왕비로 책봉하였다.

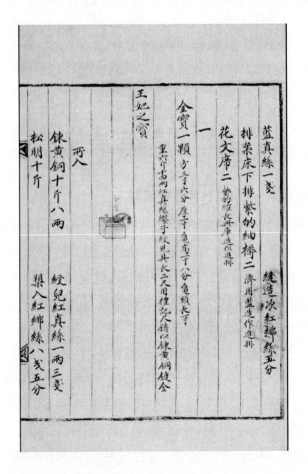

『숙종인현왕후가례도감의궤』
「왕비지보」(규장각 한국학연구원)

인경왕후 익릉 (경기도 고양시 덕양구 용두동 서오릉내)

■ 절의의 추숭

숙종 7년(1681) 1월 14일 송시열이 병자호란때 강화도에서 김상용(金尙容)과 함께 사절(死節)한 홍명형(洪命亨)·김수남(金秀南)을 정려(旌閭)하도록 건의하였다.

홍명형(洪命亨, 1581~1636)은 홍영필(洪永弼)의 아들로 본관은 남양(南陽)이다. 광해군 4년(1612) 문과에 장원급제하였고, 인조반정 후 이괄의 난때 인조를 호종하여 공주로 피난하였다. 병자호란 당시 김상용과 함께 자결하였던 인물이다.

김수남(金秀南, 1576~1636)은 사계 김장생의 문인으로 본관이 광산이다. 아버지는 김섭(金燮)이다. 병자호란 당시 홍명형과 함께 김상용을 따라 성(城) 남루(南樓)에 올라 함께 자결했던 인물이다.

1월 30일 숙종은 병자호란때 척화를 주장하다 청나라에 끌려가 죽은 삼학사의 자손을 수록(收錄)하고 남한산성에 현절사(顯節祠)라는 사당을 세우라고 하였다.

그리고 성주(星州)의 군사 이사룡(李士龍, 1612~1640)은 편오(編伍)로서 병자호란 후에 청국에 끌려가 명나라를 공격하느라 포(砲)를 쏘게 하면, 이사룡은 끝내 탄환을 넣지 않은 채 헛방만 쏘다가 마침내 발각되어 살해당하였는데 이를 추증하고 자손들을 돌보게 하였다.

이사룡의 본관은 성주(星州)이다. 수문장 이유문(李有文)의 손자로, 남한산성에서 인조를 호위한 공으로 무과에 오른 이정건(李廷建)의 아들이다. 이사룡은 인조 18년(1640) 청나라가 명나라를 공격하기 위해 조선에 원병(援兵)을 요청하자 포사(砲士)로 징발되었는데, 금주(錦州)에서 명나라 장수 조대수(祖大壽)와 접전하였다. 이때 이사룡은 실탄을 넣지 않고 빈 총질을 하였던 것이다.

이에 명나라 장수가 이 사실을 알고 장대에다 특별히 '조선 의사 이사룡' 이라고 써서 걸었다고 한다. 이 사실로 이사룡은 청나라에 의해 죽임을 당하였던 것이다.

숙종 7년 3월 7일 송상민을 공조좌랑으로 추증하였다.

> 주강(晝講)에 나아갔다. 지경연(知經筵) 김석주(金錫冑)가 말하기를, "송상민(宋尙敏)은 스승을 위해 발분(發憤)하여 분연(奮然)히 자신을 잊고 한 상소를 써가지고 걸어서 서울에 올라와 바쳤는데, 마침 이유정(李有湞)의 요서(妖書)와 서로 공교롭게 맞는 데가 있어 뜻밖의 재난[奇禍]을 만나 마침내 사형[大僇]당하기에 이르렀습니다. 신이 일찍이 그 소장(疏章)을 취하여 보니, 스승을 위해 억울함을 허소한 말의 취지가 비완(悲惋)하여 족히 사람들을 격동시키는 바가 있었습니다. 또 그 아래에서는 권간(權奸)의 죄악을 두루 들어 곡진(曲盡)하게 모사(模寫)하였는데, 지금 이를 살펴보건대, 조리가 닿고 모두 적중하여 선조조(宣祖朝)에 조헌(趙憲)이 간신(奸臣)을 참형(斬刑)할 것을 청한 상소와 서로 비슷한 바가 있으니, 증직(贈職)하고 포장(褒獎)하여도 불가함이 없을 듯합니다." 『숙종실록』숙종 7년 3월 7일

숙종 7년 5월 21일 강화 유수 이선(李選)이 상소하면서 병자호란때 순절한 도정(都正) 심현(沈誢), 장령(掌令) 이시직(李時稷), 주부(主簿) 송시영(宋時營)의 추증을 청하였다.

> … 병자년의 변란(變亂)때 자신을 희생하여 의리를 쫓은 사람으로서 가장 드러난 사람은 문충공 김상용(金尙容)·

도정(都正) 심현(沈誢)·장령(掌令) 이시직(李時稷)·주부(主
簿) 송시영(宋時營)입니다. 임진년에 순절(殉節)한 송상현
(宋象賢)·고경명(高敬命)은 관위(官位)가 3품에 이르렀고,
조헌(趙憲)은 직질(職秩)이 가장 낮았으나, 효묘(孝廟)께서
모두 명하여 증시(贈諡)하도록 하셨습니다. 그런데 심현(沈
誢)·이시직(李時稷) 양신(兩臣)만 오로지 역명(易命)의 은
전을 베풀 수 없다는 것입니까? 이 양신(兩臣)은 김천일·
송상현과 아울러 4충신이라 일컬어지는데 오로지 증시(贈
諡)의 은전이 미치지 않으니, 그 또한 건청(建請)하는 사람
이 없기 때문입니다. 만약 절혜(節惠)를 아울러 거행하는
은전을 입는다면, 절의(節義)를 표장(表獎)하는 데 유감이
없겠습니다. 송시영(宋時營)은 직질(職秩)이 제일 낮아서
비록 심현(沈誢)·이시직(李時稷)과 함께 견줄 수는 없다
하더라도 또한 마땅히 특별히 초증(超贈)해야 합니다." 하
였다.『숙종실록』숙종 7년 5월 21일

대신들이 순절(殉節)한 여러 신하들을 포증(褒贈)하는 일
은 해조(該曹)에 분부하여 처리하라 하였다.

■ 회니시비

'회니시비(懷尼是非)'란 우암 송시열과 그의 제자이었던 명재 윤증(1629~1714)간에 일어난 논쟁이다. 송시열의 거주지가 회덕(懷德)이고, 윤증의 거주지가 이성(尼城)이기 때문에 붙여진 것이다.

이는 윤증의 아버지 윤선거(尹宣擧, 1610~1669)가 병자호란 당시 강화도가 함락되자 자결하지 못하고 미복(微服)⁹⁾ 차림으로 도망쳐 나온 사실을 두고 송시열이, 윤증이 부탁한 그의 묘갈(墓碣)에, 박세채가 쓴 행장만을 근거로 쓴 것이 이 시비(是非)의 발단이었다. 즉 윤증은 아버지의 묘갈을 스승인 송시열에게 부탁하였지만 송시열은 윤선거의 의롭지 못한 행실을 찬양할 수는 없었기에 박세채의 말을 따라 쓴다고 하였다. 이것으로 윤증이 스승 송시열을 배사(背師)하게 되는데, 이를 회덕(懷德)에 사는 송시열과 이성(尼城)에 사는 윤증간의 시비라고 하여 '회니시비(懷尼是非)'라고 한다.

현종 10년(1669) 4월에 윤증의 아버지 윤선거가 죽고 그의 아들 윤증이 스승인 송시열에게 묘갈문(墓碣文)을 부탁하였다. 이에 송시열은, 병자호란이 일어났을 무렵 강화도에 오랑캐가 쳐들어오자 권순장(權順長)·김익겸(金益兼)·김상용(金尙容)·이돈오(李惇五) 등 30여 인이 순절하였고, 윤선거의 부인 이씨(李氏) 또한 자결하였던 데 반해, 홀로 노비의 복장을 하고서 죽음을 면하였던 윤선거의 묘갈을

---

9) 미복(微服): 지위(地位)가 높은 사람이 무엇을 살피러 다닐 적에 남의 눈을 피(避)하려고 입는 수수한 차림

지어주었다. 그런데 이 묘갈문(墓碣文) 쓰기를 박세채의 말을 따라 이 묘문을 쓴다고 하는 내용으로 현종 14년 10월 14일 윤선거의 묘문을 지었다.

그러자 윤증은 송시열에게 다시 고쳐 주기를 여러 번 청하면서, 윤선거가 죽기전 작성한 「기유의서 己酉擬書」를 보여주었다. 그것은 윤선거가 송시열에게 윤휴·허목에 대해 시기와 혐의을 씻을 것을 요구하는 내용이었다.

이를 받은 송시열은 더욱 윤증의 청을 들어줄 수 없었다. 현종 즉위년(1659) 기해예송(己亥禮訟)에서 송시열은 천하동례(天下同禮)에 따라 차자(次子)의 1년상을 주장하였던 것에 반해, 허목과 윤휴는 왕자례부동사서(王者禮不同士庶)에 따라 각각 차장자설(次長子說)·신모설(臣母說)의 3년상을 주장하여 송시열과 논쟁을 벌여 이미 그 윤휴와는 사이가 갈라졌기 때문이었다.

송시열의 문집 『송자대전』에 나온 윤선거의 「기유의서 己酉擬書」의 내용은 다음과 같다.

그 의서(擬書)에는 이렇게 말하고 있다. .... "선비된 자는 누구나 당을 제거하려 하지 않겠습니까. 그러나 『대학 大學』의 정심(正心) 공부가 극진하지 못한 바가 있으면 과불급(過不及)의 사이에서 자신도 모르게 당론(黨論)으로 돌아가고 맙니다. 이제 이 예송(禮訟)의 논의는, 당초에는 시비(是非)의 논쟁을 하다가 점차 사정(邪正)의 변론으로 바뀌었습니다. 저쪽에서는 스스로 딴마음이 없다고 하는데, 이쪽에서는 반드시 사의(邪意)가 있다 하며, 공격을 당하는 사람은 스스로 억울하다고 하는데, 공격하는 사람은 오히려 시원하지 못하게 할까 염려합니다. 곁에서 보는 사람이 혹 공격이 너무 심하다고 하면 일체 수사율(收司律)10)로 논죄하여, 더욱더 만연해져서 그것을 사론으로 정한 지 지금 10년이 되었습니다. 그사이 어찌 참으로 딴마음이 없는 자가 없겠으며, 참으로 억울한 자가 없겠으며, 참으로 너무 심한 자가 없겠습니까.

저 해윤(海尹: 윤선도)은 본디 탐음(貪淫)한 물건이라 비록 미워하지 않더라도 실로 쓸 수 없거니와, 그 나머지 조경(趙絅)·홍여하(洪汝河) 등 제인(諸人)은 비록 논한 바가 근거가 없고 마음씀이 치우치기는 하였으나, 벌을 받음이 너무 지나치고 폐고(廢痼)됨이 너무 오래되었으니, 참으로 탕척하여 쓰지 않을 수 없습니다. 이는 율곡이 다시 환조(還朝)하여 계미년 삼사(三司)를 다시 임용한 뜻입니다.11) 더구나 윤휴·허목 2인으로 말하면 비록 잘못한 실수는 있으나 어찌 끝내 참적독석(讒賊毒螫)의 물건으로 단정하여 용서하지 않을 수 있겠습니까. 오늘날 과연 예송(禮訟)의 시기와 혐의의 자취를 먼저 이 두 사람[윤휴·허목]으로부터 씻어서 자신의 사정이 없고 인색하지 않음을 보이면 안으로는 자신의 도량을 넓힐 수 있고 밖으로는 사람의 마음을 복종시킬 수 있을 것이니, 저 두 사람도 어찌 감열(感悅)하지 않을 수 있겠습니까." 하였다.

이렇게 윤휴·허목을 어찌 끝내 참적독석(讒賊毒螫)의 물건으로 단정하여 용서하지 않을 수 있겠냐 하니 송시열은 윤선거가 윤휴와 단절하지 않았다고 하면서 더욱 이 논쟁

---

10) 수사율(收司律): 연좌법(連坐法)을 적용한다는 말이다. 수사(收司)는 진(秦) 상앙(商鞅)이 만든 법으로 백성을 5집과 9집 단위로 조직하여, 1집이 죄를 지으면 9집이 연대(連帶)로 고발하고, 만약 고발하지 않으면 10집을 연좌시켰다. 수사연좌법(收司連坐法)이라고도 한다.

11) 계미년 삼사(三司): 선조 16년 6월에 병조판서였던 이이를 모함하여 탄핵하다가 귀양 간 박근원, 송응개, 허봉을 말한다. 이이가 9월에 다시 이조판서가 되어 위의 세 사람을 다시 임용하자고 임금에게 주청하였다.

은 격렬해졌다.

이해 10월 14일 송시열은 윤선거의 묘갈을 지었는데, 그명(銘)에 '박세채가 윤선거의 행장(行狀)을 잘 썼으니 자신은 그것을 서술하되 창작하지 않는다.' 라고 썼다.

위 묘갈명은 처음 현종 14년에 쓴 것을 윤증이 불만스럽게 여기고 계속 수정 요구를 하여 약간 수정한 것이다. 이렇게 윤증은 스승 송시열에게 점점 제자의 도리에서 벗어나고 있었다.

숙종 6년(1680) 남인의 처벌문제로 서인 내부에 분열이 일어나자, 윤증은 자신의 스승이던 송시열의 학문과 덕행상의 결함을 지적한 서간 「신유의서 辛酉擬書」를 지었다.

윤증의 동생 윤추(尹推)와 교우인 박세채(朴世采)가 만류하여 공개되지 않았으나, 송시열의 손자인 송순석(宋淳錫, 1655~1708)이 박세채의 사위로 그 편지를 할아버지 송시열에게 가져다 주었다. 그리하여 그 편지가 세상에 공개되고 윤증은 스승 송시열을 배사(背師)하였다.

구체적으로, 윤증이 자신의 처조카이자 송시열의 외손자인 권이정(權以鋌)에게 송시열에 대하여 '의(義)'와 '이(利)'를 병행하고 '왕도(王道)'와 '패도(覇道)'를 병용한다는 것[義利雙行王覇並用]과 『대학大學』의 성의(誠意)·정심(正心)의 학문과 같지 않다.'는 등의 말을 하였는데, 권이정이 이를 송시열에게 전하자, 사림(士林)이 서로 전하여 말하기를 윤증이 그 스승을 끊었다고 하였다.

박세채가 이를 듣고 윤증에게 여러 번 글을 보내 송시열에게 사과하도록 하였는데, 오히려 윤증이 스승 송시열의 정의(情義)가 막히게 된 까닭을 편지[신유의서 辛酉擬

書]로써 박세채에게 보내었고, 박세채는 그것을 받았으나 비밀로 하였다. 그러나 송시열의 손자이자 박세채의 사위인 송순석이 그 편지를 박세채의 집에서 얻어 송시열에게 전하게 되면서 중외에 시비가 일어났고, 숙종 10년(1684) 4월 29일 송시열의 문인(門人)인 사옹원 직장(司饔院直長) 최신(崔愼, 1642~1708)이 상소하여 윤증이 송시열을 헐뜯었음을 고한 후 이에 대한 조정의 공론이 형성되었다.

【은진 송씨 송시열을 중심으로】

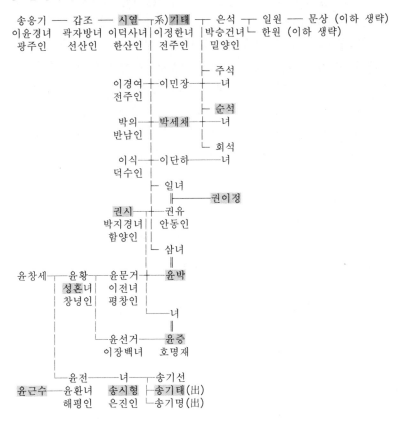

이때 윤증을 따르는 세력을 소론(少論), 송시열을 따르는 세력을 노론(老論)이라 하였다.

그리하여 숙종 13년(1687) 2월 4일 송시열은 이것을 분명히 밝히는 상소를 올리게 되었던 것이다.

　… 또한 요사이 윤증(尹拯)의 일로 조정의 공론이 분열되고 있는 때, 실지는 허물이 신(臣)에게 있는 것이므로 간단하게 대략을 진달하겠습니다. 신이 젊었을 적에 문원공(文元公) 김장생을 스승으로 섬겼었는데, 일찍이 말하기를, '맹자(孟子)의 공이 진실로 우(禹)의 아래에 있지 않고, 주자(朱子)의 공은 또한 더러 더하기도 한다' 했었습니다. 대개 주자가 아니었다면 요순(堯舜)・주공(周公)・공자(孔子)의 도(道)가 천하 후세에 밝아지지 못했을 것이기 때문입니다. 우리나라는 문충공(文忠公) 정몽주(鄭夢周)로부터 주자의 학문을 존신(尊信)했었고, 조선조(朝鮮朝)에 와서는 유현(儒賢)이 배출되어 존경하며 행하고 익히지 않을 수가 없었는데, 문순공 이황과 문성공 이이에 이르러서는 또한 더 뛰어나게 되었습니다.

　불행히도 윤휴란 사람이 당초부터 이황・이이의 말을 배척하고 문간공 성혼은 들어서 말하지 않았으며, …『중용 中庸』에 대해서는 장구(章句)를 없애버리고 자신이 새로 주(註)를 만들어 그의 무리들에게 주었습니다. … 한때의 소위 고명하다는 사람들이 그에게 중독되었고, 윤증의 아비 윤선거가 더욱 심한 사람입니다. 윤선거는 곧 문간공(文簡公, 성혼成渾)의 외손이어서 그 학문이 반드시 올바를 것인데도 지금 이러합니다. …

　신(臣)이 … '윤휴는 곧 사문난적(斯文亂賊)이고, 공(公: 윤선거)은 곧 당여(黨與)로서 주자를 배반한 사람이다. 춘추(春秋)의 법에 난신적자(亂臣賊子)를 다스리려면 반드시 먼저 당여부터 다스렸으니, 왕자(王者)가 나오게 된다면 마땅히 공(公)이 윤휴보다 먼저 법에 걸리게 될 것이다.' 했었습니다. 그의 아들인 사람[윤증]이 어찌 통분하고 박절하게 여기지 않았겠습니까? 윤증이 신(臣)에게 보낸 편지에 말한 바 '통각(通刻)하다.'고 한 것이 곧 그의 진심일 것입니다. 또 윤증이 사람들에게 신을 흉본 것은 모두가 사실을 고찰하여 한 것이고 모함한 것이 아니니, 바로 성인(聖人)이 말한 바인 '원망은 정직으로 갚는 것이다.' 한 것과 같은 것입니다.

그가 신을 흉본 글에는 또한 '왕도(王道)의 왕(王)자와 의리(義理)의 의(義)자를 말하기 좋아한다.' 했습니다. 이는 신 자신에게 있어서 어찌 조금이라도 비슷한 것이 있겠습니까? 이는 윤증이 신을 지나치게 칭찬한 것이라고 해야 할 일이고 신이 감히 감당할 수도 없는 일입니다. 그 뒤에 신에게 보낸 편지에는 오히려 '선생'이라고 했고 자신은 '문인'이라고 했으니, 그렇다면 어찌 신을 배반했다고 할 수 있겠습니까? …

지금 신(臣)을 허물하는 사람이 말하기를, '일찍이 윤선거와 동문(同門)의 친구이었으므로 의리와 교분이 얕지 않을 터인데, 너무도 심하게 배척함은 무슨 일이냐?'고 했습니다. 신이 답변하기를, '단지 동문의 의리만이 아니라, … 그의 아버지 대사간 윤황(尹煌)은 지난 정묘년(인조5, 1627)부터 존주(尊周)하는 의리를 극력 주장했기 때문에 사람들이 '온나라 정기(正氣)가 그 가문에 모였다.'고 여겼었는데, 뜻밖에도 강화(江華)의 변(變) 때에는 그 처신이 권순장·김익겸·이돈오와 서로 반대되자, 그가 또한 부끄럽고 분하게 여기면서 스스로 포기하여 다시는 과거도 보지 않고 세로(世路)에는 뜻을 끊고서 유현(儒賢)들을 따라 섬기며 글을 읽고 뜻을 지켜 갔습니다. 그러므로 김집(金集)이 그의 새로워짐을 허여(許與)하고 그의 과거는 생각하지 않았고, 신(臣) 또한 '두려운 벗으로 여겨 서로 신임하게 되었다.'고 했습니다. …

만일 '그가 누구이기에 감히 윤선거를 공격하는 것이냐?' 라고 한다면, 신은 또한 할 말이 있습니다. 주자(朱子)의 말에 '올바른 것을 해치는 사설(邪說)은 누구라도 공격해야 된다.'고 했으니 신(臣)의 소위는 또한 근거한 바가 없는 것이 아닙니다.

… 신이 진실로 스승의 도리를 못했으니, 윤증이 신을 배척함은 또한 그의 도리가 그러해야 할 것입니다. 전하께서 윤증을 처음처럼 대우하신다면 이러니 저러니 하는 사람들이 없어지고 조정에 화평한 복(福)이 있게 될 것입니다."고 하였다. 『숙종실록』 숙종 13년 2월 4일

송시열 사후(死後)인 숙종 42년에 숙종은 이른바 '병신처분(丙申處分)'을 내려 스승을 배신한 윤증을 그르다고 하였다. 그래서 윤증과 윤선거 부자의 관작이 삭탈되었으며 '선정(先正)'과 '유현(儒賢)' 이라고도 불리지 못하게 되었다.

■ 율곡 우계 문묘종사

이러한 와중인 숙종 8년(1682)에 율곡 이이와 우계 성혼의 문묘종사가 이루어지니, 율곡이 지은 『성학집요』를 경연에서 강할 것을 청하는 상소도 올라오게 되었다.

율곡(栗谷) 이이(李珥, 1536~1584)와 우계(牛溪) 성혼(成渾, 1535~1598)의 문묘 종사에 대한 논의는 숙종 6년(1680)에 황해도 생원 윤하주(尹夏柱) 등의 상소로 시작되었다. 동년 7월 24일과 8월 3일에 홍문관 부교리 오도일(吳道一)은 율곡 이이가 쓴 『성학집요 聖學輯要』를 숙종에게 정치지침서로 추천하여 경연에서 볼 것을 청하였다.

성학집요(국립고궁박물관)

그러나 이이와 성혼의 문묘종사에 반대 및 무함하는 상소도 이어졌는데, 이에 대해 우암 송시열이 숙종 7년(1681) 12월 14일 상소를 올려 이이와 성혼이 무고(誣告)를 당하는 상황을 분변하고, 아울러 이이의 적통 제자이자 자신의 스승인 사계 김장생(金長生, 1548~1631)을 문묘에 종사할 것을 청하였다. 그리하여 그 이듬해 드디어 이이와 성혼이 문묘에 종사되었다.

간혹 또 말하기를, '양귀산(楊龜山)이 불씨(佛氏)에게 빠진 것이 어찌 문성공(文成公)이 입산(入山)한 것과 같은가?'고 하기에, 신이 또 대답하기를, '하필이면 귀산이겠는가? 주자가 일찍이 스스로 말하기를, 「희(熹: 주자)가 일찍 그 사람을 스승으로 삼았었다.」고 하였는데, 그 사람이란 바로 고승(高僧)인 도겸(道謙)이다. 연평(延平: 이동李侗)이 일찍이 말하기를, 「원회(元晦: 주자의 자字)가 처음에 겸(謙)을 따라 개선(開善)에서 거처하였다.」고 하였는데, 겸은 바로 도겸이며 개선은 바로 도겸이 거처하던 절 이름이다. 이미 도겸을 따라 개선에서 거처하였다고 말했으니, 그가 개선사에 드나들면서 왕래한 것을 알 수 있다. 그렇다면 문성공이 잠시 동안 산사(山寺)에 있었던 것 역시 주자의 초년과 무엇이 다르겠는가?'고 하였습니다.

신은 언제나 주자가 광명정대(光明正大)하기 때문에 스스로 그의 초년을 말한 것이 이와 같다고 말했으며, 연평(延平)은 질박하고 정성스러운 것으로 마음을 보존하기 때문에 주자를 칭찬하여 말하면서도 비호하거나 과실을 덮어 주지 않았었는데, 오직 주자 문하(門下)의 여러 사람들이 그가 드나들면서 왕래한 연월(年月)을 기록하지 않아 그 사실을 숨기려는 듯한 인상이 있기는 하나, 이 어찌 주자의 마음을 아는 자이겠습니까? 옛날에 문순공(文純公) 이황(李滉) 역시 이이(李珥)가 지난날의 일을 숨기지 않은 것을 칭찬하였는데, 이것도 연평의 뜻과 같은 것입니다.

숙종 8년(1682) 1월 29일 경상도에 사는 진사 고세장(高世章) 등 수백 인이 상소하여 이이와 성혼의 문묘 종사에 관하여 반대하였다. 이에 숙종은 이들이 국법을 두려워하지 않고 상소하여 거리낌없이 유현(儒賢)을 헐뜯었다 하여 상소의 우두머리인 고세장을 벽동군(碧潼郡)에 정배하였다. 그리하여 드디어 5월 20일 송나라 3현과 함께 율곡 이이·우계 성혼을 문묘에 종사하고, 중국 인물인 공백료(公伯寮) 등의 종사를 폐지하였다.

송나라의 유현(儒賢)인 양시(楊時)·나종언(羅從彦)·이동(李侗)·황간(黃榦)과 조선조의 유신(儒臣)인 문성공(文成公) 이이(李珥)·문간공(文簡公) 성혼(成渾)을 공자의 묘정(廟庭)에 종사하고, 선유(先儒)인 공백료(公伯寮)·순황(荀況)·마융(馬融)·왕필(王弼)·왕숙(王肅)·두예(杜預)·하휴(何休)·가규(賈逵)·오징(吳澄) 등의 종사를 폐지하였으며, 한 사람으로써 그릇되게 겹쳐서 종사하게 된다 하여 신당(申黨)을 빼었다. 몇해 전에 이미 대신들에게 의논하도록 명하여 정탈(定奪)한 것인데, 이제 비로소 예(禮)가 이루어졌다.『숙종실록』숙종 8년 5월 20일

○ 출향인물

공백료(公伯寮)는 춘추시대 공자와 같은 노(魯)나라 사람으로 그 제자라 한다. 공자는 그를 참소지인(讒愬之人)이라 의심하여 책망하지도 않았다 하니 제자가 될 수 없다는 설이 유력하다. 공문제자(孔門弟子) 72현에 편입된 것은『사기 史記』의 중니제자열전(仲尼弟子列傳)에 들어있기 때문이므로 태사공의 오류라고도 한다.

순황(荀況)은 전국시대 조(趙)나라 사람이다. 당대인들이 존칭으로 순경(荀卿)이라 칭하였다. 저서에 순자(荀子)가 있다. 공자의 제자인 자하(子夏)와 중궁(仲弓) 등의 학통을 이어 유가경전으로 공부한 순자는 제자백가의 학설을 섭렵한 치열한 학문적 노력으로 스스로를 유가의 위대한 계승자로 자처하였으나, 그의 직계 제자 한비자와 이사는 법가로 흘러 스승과 다른 길을 걸었다. 성악설(性惡說)을 주장했는데 인성(人性)은 모두 악하니 예의(禮義)로써 교정해야 한다는 내용이다.

마융(馬融)은 후한(後漢)사람이다. 경적(經籍)에 박통(博通)하고 학문이 발전하여 일대(一代)의 대유(大儒)가 되었으나 권세가이며 외척으로 전횡하던 양기(梁冀)에 아부하였을 뿐만아니라 성격이 방종하고 사치·방탕하여 인간됨에 문제가 있었다.

왕필(王弼)은 삼국시대 위(魏)나라 산양(山陽) 사람이다. 노자주(老子注)에 독보적 위치를 점하며 노장(老莊)의 교리를 심득(心得)하였다. 그의 주역주(周易注)는 노장의 관점에서 역(易)을 해석했다고 비판받고 있으나 그 해석에 신기원을 수립하였다 할 정도로 한유(漢儒)의 역설(易說)과 근본적으로 다른 설을 제창하였다. 사람됨이 얕고 세상 물정을 알지 못했다는 평도 받고 있다.

왕숙(王肅)은 삼국 중 위(魏)나라 사람으로 가규(賈逵)와 마융(馬融)의 학(學)을 좋아하고 정현(鄭玄)의 학설을 논박 격하시키는 것을 임무로 삼았다. 그 시대까지 영향력을 행사하고 있던 정현설(鄭玄說)을 부정하고 자신의 학설을 세움으로서 외손(外孫)인 사마염(司馬炎)이 위(魏)를 찬탈하고 진(晋)을 세워 제위(帝位)에 올라 진무제(晋武帝)가 되자 진(晋)의 제도에 이론적 근거를 마련해 주었다.

두예(杜預, 222~284)는 위(魏)를 섬기다가 진(晋)이 위(魏)를 찬탈하자 진의 장군이 되었으므로 삼국시대 위나라 사람이었다가 진나라 사람이 된 것이다. 좌전(左傳)을 지나치게 믿어 춘추(春秋)와 좌전이 일치하지 않을 경우에도 좌전위주로 부연설명하고 있어 당시의 인정(人情)에 아부하여 본문(本文)을 곡해하고 단상설(短喪說)을 주장하였으니 곡학아세(曲學阿世)의 평을 들었다.

하휴(何休)는 후한(後漢)사람으로 사람됨이 질박(質朴)·눌구(訥口)하고 육경(六經)을 정밀하게 연구하여 세상에 따르자가 없었다 한다. 춘추공양해고(春秋公羊解詁)를 짓고 효경(孝經), 논어(論語), 풍각(風角: 일종의 점술), 칠분(七分)을 독특한 안목으로 주훈(注訓)하였다.

가규(賈逵)는 후한(後漢) 사람으로 학자로서 일가(一家)를 이루어 좌씨조례(左氏條例) 21편을 지었다. 도참(圖讖)에 있는 한(漢)의 유씨(劉氏)가 요(堯)의 후계자라는 설을 밝힐 증거가 오경(五經)에 없었는데 그가 좌씨전(左氏傳)에서 명문(明文)을 증빙하여 시주(時主)가 경전(經典)보다도 도참(圖讖)을 중시하는 풍조를 일으켰다.

오징(吳澄, 1249~1333)은 원나라 사람으로 벼슬은 한림학사 자선대부(資善大夫)에 올랐다. 북(北)의 허형, 남(南)에 오징이라 할 정도로 원나라를 대표하는 한족지식인(漢族知識人)이나 그의 학문경향은 주희(朱熹)와 육구연(陸九淵)의 학을 조화시키려는 것으로 주자(朱子)에게서 도문학(道問學)의 특징을, 육자(陸子)에게서는 존덕성(尊德性)의 장점을 위주로 하였다. 육학(陸學)의 영향으로 유심론적(唯心論的) 경향이 있어서 노장(老莊)을 연구하여 도덕진경주(道德眞經注) 4권을 쓰기도 하였다.

○ 종향 인물

양시(楊時, 1053~1135)는 송나라 남검(南劍) 장락(將樂) 사람이다. 정명도(程明道)의 학문을 계승하고 뒤에 정이천(程伊川)을 따랐다. 소흥(紹興) 초[남송 고종(高宗) 초 1131년경]에 원우(元祐: 북송 철종哲宗)의 학술을 숭상하여 주희(朱熹)나 장식(張栻) 등의 학문에 정씨(程氏)의 학(學)을 연결시켜 정통을 잇게 하는 등 그 원위맥락(源委脈絡)이 모두 양시에게서 나왔다. 즉 주자의 스승 이동(李侗)이 종유한 나종언(羅從彦)은 그에게 종학(從學)한 사람이다. 불학(佛學)과 노장(老莊)의 영향도 받았으나 성리학의 도통(道統)에 있어 북송에서 남송을 이어주는 중요한 인물이다.

나종언(羅從彦, 1072~1135)은 송나라 남검(南劍) 사람이다. 양시(楊時)를 찾아 배워 1,000여인 중 으뜸이 되어 낙(洛)으로 이천(伊川)을 찾아뵙고 다시 돌아와 양시 문하에서 졸업하였다. 주희에게 성리학을 전수하는 데 한 몫을 다하여 후세에 칭하게 되었다.

이동(李侗, 1088~1158)은 송나라 남검(南劍) 검보(劍甫) 사람이니 나종언과 동향이다. 나종언에게 사사하여 춘추·중용·논어·맹자의 여러 학설을 배웠다. 주희의 부친 주송(朱松)과는 나종언 문하에서 동문수학한 친구사이로 함께 영향을 끼쳐 주자라는 불세출의 제자를 배출하였다.

황간(黃榦, 1152~1221)은 송나라 복주(福州) 민현(閩縣) 사람이니 주희의 출생지 사람이다. 주희의 수많은 제자 가운데 가장 사랑받아 사위가 되어 그 적전(嫡傳)을 받았다. 일생동안 학통을 지키고 그 학통을 신봉·전파시키는 데 열성을 다하였다. 벼슬에서 물러나 향리로 돌아가서 많은 제자를 길렀다. 저서로는 경해(經解)·문집(文集)이 있다.

숙종 8년(1682) 5월 21일 문묘 종사의 승묘(陞廟)·출묘(黜廟) 하는 예가 이루어짐에, 숙종은 중외에 교서를 반포하였다.

그러나 이렇게 종사된 이이와 성혼은 기사환국이 일어나 남인이 집권하자 숙종 15년 3월 18일 문묘에서 출향되었다. 그러나 다시 갑술환국으로 서인이 집권하자 숙종 20년(1694) 6월 23일에 다시 종사되었다.

문묘 대성전 (서울시 종로구 명륜동 3가 53번지 소재)

■ 임술삼고변

숙종 8년(1682)에 우의정으로 있던 김석주(金錫胄, 1634~1684)가 김환(金煥)·김중하(金重夏)·김익훈(金益勳, 1619~1689) 등으로 하여금 각각 10월 21일, 23일, 27일에 남인 허새(許璽) 등의 역모를 조작하여 고변하도록 하였다. 이로써 남인들을 일망타진하고자 하였던 이른바 '임술삼고변(壬戌三告變)'이 일어났다.

숙종 8년 10월 21일 전(前) 병사(兵使) 김환(金煥), 출신(出身) 이회(李薈), 기패관(旗牌官) 한수만(韓壽萬)이 급변(急變)을 상고하여 허새(許璽)가 남인들과 함께 복평군 이연(李㮒)을 추대하여 역모를 도모한다고 하였다. 이에 숙종은 삼공(三公) 및 원임 대신(原任大臣), 의금부 당상(堂上), 양사(兩司)의 장관, 포도대장을 불러오게 하고, 또 양국(兩局) 및 금위영으로 하여금 궁성을 호위하게 하였다.

김환 등이 상변한 글에서는 허새 등이 화약(火藥)과 화전(火箭) 등을 준비하고서 모주(謀主) 이덕주(李德周)와 민암(閔黯)·권대운(權大運)·오시복(吳始復)·오정위(吳挺緯)·이우정(李宇鼎)·정창도(丁昌燾)·권대재(權大載)·유하익(兪夏益)·이관징(李觀徵)·이운징(李雲徵) 등과 거사를 꾀하였다고 하였다. 이운징의 손자가 후일 영조 4년(1728)에 무신난을 일으키는 이인좌(李麟佐)이다.

그리하여 숙종은 허새와 이덕주 등 관련자를 잡아들이고 국청을 설치하였다. 그리하여 김환, 이덕주 등을 국문하고, 허새와 고변자들을 대질시켰다. 그리하여 허새는 형신을 받고 자복하였다. 그 내용 중에 자신이 이덕주에게 역모할 것을 말하고, 이덕주를 설득하기 위해서 민암·오

정위·유하익 등이 동참하였다고 거짓으로 말한 것이라고
하였다. 그리고 허새는 종제(從弟)인 허영(許瑛)에게 찾아가
역모의 계획을 말하였다고 하였다.

이에 김수항(金壽恒)은 허새를 제외한 자들은 자복을 밝
혀내지 못하였으니 두루 의논하여 처리하는 것이 옳다고
말하였다. 이에 정지화(鄭知和), 김석주(金錫胄) 등이 주장하
여 모주(謀主)라고 지칭된 이덕주를 형신할 것을 청하니,
숙종은 그 의견을 따라 이덕주를 형신하고 압슬형을 가하
니 이덕주가 자복하지 않고 죽어버렸다.

그리고 3일 후인 10월 23일 출신 김중하(金重夏)란 자가
상변하였다. 심삼원(沈三元), 민암(閔黯), 이형징(李衡徵), 이
비연(李斐然), 이정발(李廷發) 등이 남두북(南斗北), 김석주
(金錫胄), 박빈(朴斌) 등만 제거하면 거사를 이룰 수 있다는
내용이었다. 그래서 숙종은 관련자들을 국문하였는데, 김
중하의 말이 앞뒤가 맞지 않는 것이 많았다. 처음에는 민
암과 도봉(道峰)에서 만났다고 하다가, 다시 남대문 안에서
만났다고 했으며 심삼원·이비연·이정발 등에 대해서는
명백히 증거가 될 만한 것이 없었다. 즉 민암 등은 혐의점
을 발견할 수 없었던 것이었다. 그러나 죄상이 명백한 허
새와 허영은 사형에 처하여졌다.

10월 27일에는 어영대장으로 있는 김익훈이 승정원 아방
(兒房)에 나와서 밀계(密啓)하였다.

어영대장 김익훈이 승정원 아방(兒房)에 나아와서 밀계
하기를, "김환이 상변(上變)하기 전에 신에게 찾아와 역적
허새의 역모의 일을 낱낱이 이야기하고, 잇달아 초관(哨

官) 전익대(全翊戴)가 유명견(柳命堅)과 더불어 왕래하는 의심스러운 상태와, 낙서령(洛西令) 이수윤(李秀胤)이 나라를 원망하는 부도(不道)한 말을 이야기하였는데, 유명견의 일이 더욱 의심스러웠으므로 전익대를 잡아가두어 두었습니다. 지금 닷새가 지났는데도 아직 전익대를 추궁하여 잡아들이는 일이 없으니, 이는 필시 김환이, '비록 의심스러운 단서는 있지만 역모와는 다른 데가 있다.'고 여겨 감히 함께 전달하지 않아서 그렇게 된 것이지마는, 이미 의심스러운 행적이 드러났으니, 덮어두고 신문하지 않을 수는 없습니다." 하니, 임금이 국청에 내려보내어 함께 국문하게 하였다. …『숙종실록』숙종 8년 10월 27일

이에 숙종은 전익대(全翊戴)와 유명견(柳命堅)을 잡아들이고 김환을 추문(推問)하였다. 그러나 전익대와 유명견의 말이 서로 맞지 않아 무고임이 밝혀졌다.

11월 2일 숙종은 대신들과 의논하여 이 옥사를 마무리지어버렸다. 민암·유명견·심삼원 등은 석방하고 무고(誣告)한 자인 김중하는 3천리 유배에 처하였다. 그런데 김환은 품계를 올려 자헌대부(資憲大夫)에 제수하였다.

11월 10일 승지 조지겸(趙持謙)이 어영대장 김익훈이 전익대가 한 말을 듣고서 스스로 고발하게 했어야 하는데, 직접 승정원에 가서 밀계한 것은 일이 전도(顚倒)된 것이므로 그를 추고할 것을 청하였다. 그러나 11월 20일 영의정 김수항은 김석주가 김익훈에게 승정원의 아방에 들어와 밀계하는 것이 옳다고 말한 것을 따라 자신도 옳게 여겼다고 하면서 김익훈을 두둔하였다. 그리하여 숙종은 김익훈에게 출사(出仕)하여 소임을 다할 것을 명하였다.

그러나 11월 25일 승지 조지겸이, 김익훈이 군문(軍門)의 은(銀) 1천 냥을 내어서 군관청사 근방의 터를 사들여 넓게 점유하였다고 하는데, 이는 앞으로 그의 소유를 만들려 한다는 것이라고 말하였다. 이에 11월 29일 어영대장 김익훈이 사직상소를 올렸으나 숙종은 허락하지 않았다.

11월 30일 지평 유득일(兪得一)이 김익훈을 파직하여 서용하지 말 것을 청하였다. 12월 1일에도 유득일과 장령 안식(安烒)이 김익훈의 일로 인피(引避)하였다. 12월 22일 집의 한태동(韓泰東) 등이 김익훈에게 삭탈관작과 문외출송을 청하였다. 12월 25일 영의정 김수항이 김익훈의 일로 차자를 올려 사직을 청하였다.

숙종 9년(1683) 1월 3일 숙종은 대간들의 집요한 청과 좌의정 민정중의 의견을 따라 김익훈을 파직할 것이라고 하였다. 그리고 1월 26일 전익대와 김환의 진술을 보니, 김환의 위협에 의해 전익대가 어영대장 김익훈에게 고변한 것으로 드러났다. 이에 판의금(判義禁) 여성제(呂聖齊), 지의금(知義禁) 박신규(朴信圭), 동의금(同義禁) 김우석(金禹錫)·정재희(鄭載禧) 등은 김환이 영기(令旗: 군령을 전하는 기旗)를 가지고 전익대의 집에 온 것은 바로 어영대장 김익훈의 명을 수행한 것을 증명한 것이라고 하였다. 이에 김익훈에 대한 탄핵은 더욱 심해져갔다.

2월 2일 지평 박태유(朴泰維)와 유득일(兪得一)이 김익훈을 먼곳에 귀양보내기를 계청(啓請)하였고, 홍문관 박사 이이명(李頤命)은 김익훈의 조그마한 과실을 논핵한 이유를 들어 집의 한태동의 체차를 청하였다. 이에 숙종은 박태유를 거제현령(巨濟縣令), 유득일을 진도군수(珍島郡守)로 좌천시켜버렸다. 그러나 승지 서문중(徐文重)의 반대로 그 명은 중지되었다. 2월 9일 지평 윤덕준(尹德駿)이 소(疏)를 올려 김익훈의 죄상을 논하였고, 2월 13일 숙종은 대신과 비변사의 신하들을 인견하는 자리에서 김익훈의 파직을 명하였다. 그리고 이제 더 이상 과격하게 그를 탄핵하지 말라고 하였다.

숙종 9년 2월 27일 영부사(領府事) 송시열이 상소하여 근래 와언(訛言)이 일어난 폐단을 논한 후에 자신의 책임으로 돌리었다.

영부사 송시열이 소(疏)를 올려 근래에 와언(訛言)이 일어난 폐단을 논하고, 또 인책(引責)하였는데, 대략 이르기를, "....김익훈에 이르러서는 사정이 더욱 다릅니다. 김익훈은 신의 스승되는 집안의 자손이니, 신에게는 실지로 형제의 의리가 있습니다. 이는 주자(朱子)가 유평(劉坪)과 이신보(李信甫)에게 대하는 것을 본다면 그 의리를 알 수 있습니다. 그러나 신이 김익훈에 대하여서는 마침내 감히 한 마디 말이라도 서로 구하지 못하였고, 다만 전일에 조목(趙穆)의 일을 대략 들어서 자신의 허물을 말하였을 뿐입니다. 그것은 진실로 대간들의 논계(論啓)가 한창 거세게 일어났기 때문에 감히 서로 어긋나서 시끄러운 단서를 야기할 수가 없었기 때문입니다. 일을 담당한 대신이 그 곡절을 알면서도 오히려 감히 그 실상(實狀)을 밝히지 못하고 있는데 하물며 신이 어찌 감히 기력(氣力)을 내어서 사람을 구하겠습니까?

박세채의 김익훈에 대한 의논은 또한 일찍이 그 과중함을 근심하여서 간절히 진정(鎭定)하려고 하였을 뿐입니다. 그가 어찌 일찍이 엄격한 뜻이 있어서 이에 대간들의 의

논하는 말에 협조함이 있었겠습니까? 오늘날의 와언이 어
찌 그리 심합니까?" 『숙종실록』숙종 9년 2월 27일

『연려실기술燃藜室記述』에서는 송시열이 퇴계 이황의 제
자이었던 월천(月川) 조목(趙穆, 1524~1606)이 이황의 자손
을 훈계했던 예를 들면서 자신은 그러지 못하였다고 그
허물을 인책(引責)하였다고 되어 있다. 김익훈은 송시열의
스승 사계 김장생의 손자이다.

3월 2일 숙종은 대신과 비변사의 신하들을 인견하였는
데, 영의정 김수항과 좌의정 민정중은 송시열이 차자를 올
린 이유는 대간들의 논의가 너무나 과격해져서 이를 진정
시키려는 것이라고 말하였다. 그래서 우선 숙종은 김익훈
을 삭출(削黜)하라고 명하였다. 사신(史臣)의 논평을 보면
이 당시 노론과 소론의 분기(分岐)를 잘 말하고 있으며, 송
시열이 김익훈에 관한 차자를 올린 이유를 설명하고 있다.

　삼가 상고하여 보건대, 김익훈은 본래 비방의 말이 있
었으며, 또 그 국옥(鞫獄)한 일도 잘못된 것이 많았으니,
비난하는 의논이 있는 것은 마땅한 일이다. 그런데 제일
선에 있는 나이 젊은 무리들이 이를 가지고 좋은 기회로
여겨 떼지어 일어나 날뛰면서 절차(節次)마다 더욱 더 죄
를 성토하기를 심하게 하여서 마지막에는 먼곳으로 귀양
보내야 한다는 아룀을 낭자하게 늘어놓았고, 심지어는 전
익대(全翊戴)와 — 죄의 — 거리가 서로 멀지 아니하다고
까지 했으니, 이것이 또한 어찌 공의(公議)에서 나온 것이
어서 온 세상을 복종시킬 수 있겠는가? 송시열은 결코 일
개 김익훈에게 사정(私情)을 둘 사람이 아니었다. 또 어찌
김익훈을 가지고 전적으로 잘못한 것이 없다고 했겠는가?

다만 대각(臺閣)에서 — 김익훈의 — 죄를 논핵한 것이 매우 심한 것은 옳지 못하다고 한 것이다. — 송시열이 — 조목(趙穆)의 일을 인용하여 자신을 허물한 것을 살펴본다면 또한 그의 미묘한 뜻을 알 수가 있겠다. 그런데 저 무리들이 스스로 청론(淸論)이라 생각하면서 송시열이 자기편에 가담하지 않은 것에 성내어 송시열까지 아울러 배척하는 데 힘을 남기지 않았으나, 한번 송시열을 배척하고서 자신들이 스스로 사당(邪黨)에 빠지는 줄을 전혀 알지 못하고 있다. 노론(老論)과 소론(少論)의 분당(分黨)이 실지로 이에 기초한 것인데, 윤증(尹拯)의 일이 또 뒤따라 일어나서 세력을 뭉쳐 당파를 이루어 마침내 말류(末流)가 하늘에까지 창일하는 형세에 이르렀으니, 아! 슬픈 일이다. .... 『숙종실록』 숙종 9년 3월 2일

이로 인하여 송시열은 서인의 젊은 층으로부터 비난을 받았고, 제자 윤증(尹拯)과의 불화로 말미암아, 서인은 윤증 등 소장파를 중심으로 한 소론(少論)과 송시열을 영수로 한 노장파의 노론(老論)으로 나누어지게 되는 노소분당(老少分黨)이 일어나게 되었다. 그 뒤 송시열은 정계에서 은퇴하고 청주 화양동에서 은거하였다.

■ 기사환국

숙종 15년(1689)에 숙종은 희빈 장씨가 낳은 왕자의 명호(名號) 문제로 원자(元子)의 정호(定號)를 반대하던 서인의 영수 송시열과 김수항을 사사하고 남인을 등용하였는데, 이를 '기사환국(己巳換局)' 이라고 한다.

이보다 앞서 인경왕후 승하 후 총애를 받던 희빈 장씨가 명성왕후에 의하여 궁궐에서 쫓겨났는데, 숙종 9년에

명성왕후가 승하하자, 인현왕후의 청으로 다시 입궐하여 총애를 받게 되었다. 그 후 숙종 14년 8월에 희빈 장씨를 돌봐주던 인조 계비 장렬왕후 조씨가 승하하였다.

숙종 14년 10월 27일에 희빈 장씨가 왕자[후일 경종]를 낳았다. 11월 12일 장희빈의 어머니 윤씨(尹氏)가 산모(産母)를 구호하려고 참람하게 옥교(屋轎)를 타고 대궐을 출입하니, 대관(臺官)이 그 교자(轎子)를 불사르고 그 하인들을 심문하여 죄를 주었다. 이에 숙종이 사헌부 금리(禁吏)와 조례(皂隷)를 장살하라고 명하였다.

숙종 15년(1689) 1월 11일 장희빈 소생의 왕자가 '원자(元子)'로 정해졌다. 1월 15일 원자의 정호(定號)를 종묘·사직에 고하였다. 이날 장희빈은 소의(昭儀)에서 정1품 희빈(禧嬪)이 되었다.

> 소의 장씨를 희빈으로 삼았다. 당시에 장씨(張氏)에 대한 총애가 날로 성하였는데, 이항(李杭)과 장희재(張希載)가 민암(閔黯)·민종도(閔宗道)·이의징(李義徵) 등과 체결해 관통(關通)하여 모의함에 못하는 바가 없었으니, 국가의 화(禍)가 장차 조석(朝夕)에 있어, 사람들이 모두 무서워서 떨었다.『숙종실록』숙종 15년 1월 15일

2월 1일 이때 봉조하로 있던 송시열이 세자를 봉함이 아직 빠르다고 상소하였다. 숙종은 이미 명호(名號)가 결정된 다음에 이런 의견을 말하는 것은 무슨 일이냐고 진노하였다. 이에 남인인 이현기(李玄紀, 1647~1714)·남치훈(南致薰, 1645~1716) 등이 송시열의 상소를 논박하며 파직시켰다. 2월 2일 영의정 김수흥을 파직시키고, 남인인 권

유(權愈, 1633~1704)·목창명(睦昌明, 1645~1695)을 승지로 특별히 임명하였다. 같은날 남인의 목내선(睦來善, 1617 ~1704)·김덕원(金德遠, 1634~1704) 등이 등용되었다. 이 정권의 교체를 기사년의 환국이란 뜻에서 '기사환국(己巳換局)' 또는 '기사사화(己巳士禍)' 라고 한다.

그날 임금이 명하여 원자(元子)의 외가 삼대에 의정의 증직을 명하여 장경(張烱)에게 영의정을, 장수(張壽)에게 좌의정을, 장응인(張應仁)에게 우의정을 증직하였다.

2월 4일 장희빈이 낳은 아들의 원자 책봉을 반대하였다 하여, 송시열을 제주도로 유배하게 하여 3월 6일 제주도에 위리안치(圍籬安置)시켰다. 그리고, 윤3월 28일 전(前) 영의정 김수항이 영암의 귀양지에서 사사(賜死)되었다. 4월 21일 송시열을 제주도에서 잡아오라고 하여, 서울로 압송 중 6월 7일 정읍에 도착하였다. 그 다음날인 6월 8일 정읍에서 사약을 받았다. 이밖에 서인의 영수들도 파직 또는 유배를 면하지 못하였다.

우암 송선생 수명 유허비尤庵宋先生受命遺墟碑（전북 정읍시 수성동 671-2）

우암 송시열이 사약을 받은 정읍에 세워져있다.

■ 인현왕후의 폐위

숙종 15년(1689) 4월 24일 숙종은 후궁 영빈 김씨(寧嬪金氏)를 22일에 폐출시킨 비망기를 내렸다. 영빈 김씨는 김창국(金昌國)의 딸로 김수항에게는 종손녀(從孫女)가 된다.

4월 23일 숙종은 이제 인현왕후를 폐출시키기 위해 인현왕후의 탄신일에 양전(兩殿)의 문안을 받지 말라는 명을 품하지 않은 중궁 내관(中宮內官)을 추문하게 하였다. 같은 날 영의정 권대운 등이 빈청에 모여 탄일에 대한 상례(常禮)를 상소하였는데 숙종은 인현왕후의 잘못을 지적하였다. 그러면서 국모(國母)로 군림하게 할 수 없으니 구전(舊典)을 조사하게 하였다.

4월 25일 숙종이 창경궁으로 이어하였고, 같은날 현종 3녀 명안공주(明安公主, 1665~1687) 남편인 오태주(吳泰周, 1668~1716)의 아버지 오두인(吳斗寅, 1624~1689)과 박태보(朴泰輔, 1654~1689) 등 80여 명이 인현왕후를 폐하는 것을 반대하는 상소를 올렸다. 그래서 오두인·박태보 등이 참혹한 형문을 받게 되니 이후 정국은 남인이 주도하게 되었다.

5월 2일 드디어 숙종은 인현왕후를 폐하여 서인(庶人)으로 삼았다. 그리하여 인현왕후가 흰 가마를 타고 친정으로 돌아갔다. 5월 4일 왕비 민씨를 폐하여 서인으로 삼는다는 교서를 반포하였다. 교서는 대제학 민암(閔, 1636~1694)이 지어 올렸다.

5월 6일 희빈 장씨로 왕비를 삼겠다는 전지를 내렸다. 그리고 희빈 장씨의 아버지 장경(張炯)과 어머니를 추증하였다.

숙종 15년(1689) 5월 9일 예조에 명하여 왕비 책봉을 청나라에 주청(奏請)하게 하였다. 5월 13일 희빈 장씨의 명호를 정하여 비(妃)로 삼고, 종묘·사직에 고하였다. 장차 왕비에 책봉하려고 했던 것이다.

숙종 15년 8월 11일 인현왕후를 폐하고 장희빈을 왕비로 책봉해 줄 것을 청나라에 주청하는 주청사로 동평군 이항을 파견하였다.

숙종 16년 6월 16일 숙종이 원자(元子)를 왕세자로 책봉하였다. 10월 22일 장희빈이 왕비로 책봉되었다.

경종왕세자책례도감의궤
(규장각 한국학연구원)

■ 이이·성혼 문묘 출향

숙종 15년(1689) 2월 22일 원성(原城)의 유학(幼學) 안전 (安瑔)이 이이(李珥)와 성혼(成渾)을 문묘의 배향(配享)에서 내치기를 청하였다.

숙종 15년 3월 3일 진사 홍만적 등이 상소하여 안전(安 瑔)이 이이와 성혼을 무함한 일을 변명하였으나 숙종이 배 척하였다. 3월 12일 진사 이현령(李玄齡) 등이 홍만적을 배 척하는 상소를 올리면서 이이와 성혼을 문묘에서 내치기 를 청하였다.

3월 14일 대사간 권해(權瑎)와 헌납 이현조(李玄祚)가 이 이와 성혼을 문묘에서 내치기를 청하였으나 숙종이 따르 지 않았다. 3월 15일 이현령 등이 세 번이나 상소하여 다 시 청하니 숙종이 비답하였다.

> 임금이 대답하기를, "우리 조정에서 유현(儒賢)을 문묘 에 종사할 적에는 여망(輿望)이 흡연(洽然)하여 끝내 이의 (異議)가 없더니, 유독 이 양신(兩臣)에게만 많은 선비가 반드시 출향(黜享)하기를 바라니, 대개 열성(列聖)의 명교 (明教)를 따랐기 때문이다. 송시열은 양신(兩臣)의 여론(餘 論)을 주워 모아서 사람을 죽이고 나라를 병들게 하였으 며, 윤증을 배척하는 데 힘을 쏟아 다시 남은 여유가 없 어, 거의 이륜(彝倫)을 끊어버리고 나라가 제대로 되지 못 함을 면치 못하였다. 특별히 그 소청을 윤허하여 시비(是 非)를 바르게 하고 사설(邪說)을 억제하겠다" 하였다. 『숙 종실록』 숙종 15년 3월 15일

3월 17일 이이와 성혼을 옹호하는 상소를 올린 진사 심

제현(沈齊賢)을 정배(定配)시켰다.

    진사 심제현(沈齊賢)이 상소하기를, "이이(李珥)가 하산(下山)하여 도성(都城)에 들어왔을 적에 빈객(賓客)이 만좌(滿座)하여, 그가 머리빗는 것을 보았는데, 두발(頭髮)이 길어 땅바닥에 닿았습니다. 그런데 지금 어찌하여 머리를 깎고 중의 옷을 입었다고 하는 것입니까? 사론(士論)을 보합(保合)한 것을 붕비(朋比)로 의심하게 하고, 이기(理氣)를 잘 논(論)한 것을 양보하지 않았다고 배척하니, 그 스스로 헤아리지 못한 것을 볼 수 있습니다.

    성혼이 어가(御駕)가 임진강을 건넜을 때 달려갈 수 없었던 것은 진실로 사세(事勢)가 그렇게 만들었던 것입니다. 그가 소명(召命)이 없어서 감히 나아가지 못했던 것은 대개 의리(義理)로서 재량(裁量)하여야 하는데, 이제 불충(不忠)이라고 헐뜯는 것은 그 또한 기탄(忌憚)함이 없는 것입니다.

    화의(和議)로써 공박(攻駁)한 경우에 이르러서는, 이는 본시 이이첨(李爾瞻)의 무리가 유성룡을 축출한 바이거늘, 이현령(李玄齡)이 또 그 말을 이었습니다. 최영경(崔永慶)의 죽음에 성혼이 실로 구원하게 하였는데, 군소배(群小輩)가 정철을 원망하자 정철과 성혼이 서로 정의(情誼)가 두터웠기 때문에 마침내 모두 성혼을 헐뜯었습니다. 열성(列聖)께서 존상(尊尙)함이 매우 지극하였는데, 이현령 등은 모두 이를 은휘(隱諱)하고, 오직 한때의 미안(未安)한 하교(下敎)만을 좇아서 중(重)하다고 빙자하였습니다. 더구나 근일(近日)의 일로 양신(兩臣)의 죄(罪)를 증성(證成)하였습니다마는, 대개 성상의 뜻이 바야흐로 사류(士流)를 미워하고 박대한다고 생각하여 영합하기에 급급해 현인(賢人)을 무함하는 계책을 세웠던 것이니, 유독 후세의 공의(公議)를 근심하지 않으십니까? 전하께서 이현령에게 답하시기를, '종사(從祀)한 제현(諸賢)은 끝내 이의(異議)가 없었다.'고 하였습니다. 그러나 정인홍(鄭仁弘)이 일찍이 이황(李滉)을 공박하였으니, 소인(小人)이 현인을 무함함이 예로부터 이와 같았습니다. 전하께서는 도리어 그 청함을 좇으시니, 신(臣) 등은 한숨이 나오는 것을 깨닫지 못하겠습니다." 하였다.

상소가 정원(政院)에 이르니, 정원에서 아뢰기를, "이이의 아비가 일찍이 첩(妾)에게 미혹되어, 이이를 잘 대(待)하지 못하였으므로, 이이가 곧장 사찰[叢林]로 도망해 들어가 석호(釋號)를 의암(義庵)이라 하였습니다. 대저 이이가 처음에는 비록 실각(失脚)하였다 하더라도 뒤에 바로 길을 다시 찾았으니, 헐뜯을 만한 의논은 없고 전의 잘못을 말끔히 씻은 공(功)이 있다고 한다면, 심제현 등의 이른바, 유년(幼年)에 방향을 잃었음은 추구(追咎)하기에 부족하다고 하는 것이 또한 지나친 것이 아닐 것입니다. 그러나 이이는 그렇지 않습니다.

일찍이 성현(聖賢)의 돌이킨 공효가 없고, 당여(黨與)를 세워 사설(師說)을 배반하고 현상(賢相)을 배척하여 간신(奸臣)을 보호하였으니, 어찌 종사(從祀)하는 전(典)에 의의(擬議)할 수 있겠습니까? 성혼은 또 이이에게 크게 미치지 못합니다. 승여(乘輿)가 도성(都城)을 떠나 피난가는데 끝내 달려 나오지 않았고, 분조(分朝)의 명소(命召)가 있었을 적에는 또 말이 없다고 사양하였으며, 중국의 군병이 압록강을 건너와 성세(聲勢)가 조금 진작되자, 비로소 행재소(行在所)에 나아갔으니, 의리(義理)에 있어 어찌 한결같이 패만함이 아니겠습니까?

기축년(선조22, 1589)의 옥사(獄事)를 주장하여 최영경을 얽어서 죽이자, 선조께서 일찍이 하교하시기를, '흉측한 성혼과 악독한 정철이 나의 양사(良士)를 죽였다.'고 하셨는데, 양사(良士)란 곧 최영경입니다. 애석합니다. 처분함이 너그러워서 성혼의 무리로 하여금 반좌(反坐)의 율(律)에 불복하게 하였으므로, 흉악한 무리가 그 술수를 전해 주어 살륙(殺戮)을 단련(鍛鍊)하여 징치(懲治)될 바가 없어 그 화(禍)가 지금에 이르렀습니다.

대저 송시열이 모용(慕用)한 바는 곧 이이·성혼이었는데, 윤증과 서로 알력이 있어 마침내 성혼이 주화(主和)하였다고 공박하였으니, 이것은 진실로 족히 증거할 것이 못되나, 또한 그 허무한 말이 아니었음을 볼 수 있습니다. 공의(公議)가 일제히 분개(憤慨)하여 장차 병출(迸黜)하는 법(法)을 거행하려 하였는데, 심제현 등이 공공연히 난잡한 말로 함부로 하여 조신(朝紳)을 무욕(誣辱)하고, 또 이르기를, '천하 후세에 전하를 어떻게 이르겠습니까?' 라고 하기에 이르렀습니다. 진실로 지극히 통완(痛惋)하니, 도로 물리침이 마땅할 것이지만, 이미 많은 선비들의 상소라 일컬었기 때문에 감히 봉납(捧納)하지 않을 수 없었습니다." 하니, 임금이 이르기를, "심제현 등의 지극히 무엄(無嚴)함을 그대들이 명쾌히 이를 변별하니, 나도 심히 미워하고 통렬(痛烈)히 배척한다." 하고, ... 심제현을 정배(定配)하라." 하였다. 『숙종실록』 숙종 15년 3월 17일

이날 영부사(領府事) 이상진(李尙眞)이 차자를 올려, 이이·성혼의 출향을 반대하니, 임금이 엄한 비답을 내렸다.

결국 다음날 3월 18일 이이와 성혼을 문묘 종향에서 출향하였다.

3월 18일 판돈녕(判敦寧) 조사석(趙師錫)이 차자를 올려, 두 신하를 출향함은 불가하다고 논하였다.

다음날 3월 19일 좨주(祭酒) 박세채(朴世采)가 이이와 성혼이 출향된 일로 사직을 청하니 윤허하였다. 이후 출향에 반대하는 상소가 올려졌으나 윤허하지 않았다.

4월 12일에는 목천현감 이연보(李延普) 등을 하옥시켰다. 당시 이이와 성혼을 존모(尊慕)해오던 군현의 수재(守宰)들은 모두 벼슬을 버리고 물러갔는데 이연보와 청안현감 이덕로(李德老)·연풍현감 이후방(李厚芳)이 모두 병들었다고 핑계하고 다시 관부(官府)에 나아가지 않았다. 이를 관찰사 강세귀(姜世龜)가 치계(馳啓)하고 파직시킬 것을 청하니, 임금이 드디어 잡아다가 추문할 것을 명한 것이다.

결국 숙종 20년(1694) 갑술환국으로 서인이 다시 정국을 주도하게 되자 다시 문묘에 종향하게 된다.

■ 사육신 추숭

숙종 17년(1691)에 숙종은 세조 2년(1456)에 단종(端宗)의 복위를 도모하려다 세조에 의하여 죽임을 당한 사육신(死六臣)의 관작을 복구하였다.

숙종 17년 9월 2일 숙종은 김포(金浦)의 원종(元宗) 능인 장릉(章陵)에 전알(展謁)하고서 돌아오는 길에 한강의 노량진 백사장에 이르러 열무(閱武)하였다. 그러던 중 노량진을 건너 성삼문(1418~1456), 박팽년(1417~1456) 등 사육신의 무덤이 길 옆에 있는 것을 보고서 관원을 보내 사제(賜祭)하게 하였다. 아울러 즉시 복관(復官)하고 사당에 편액(扁額)을 내리라고 하였다.

그러나 남인계 인사 승지 목창명(1645~1695)과 김원섭(1640~1710)이 반대하여 그 명을 거두고 단지 노산군(魯山君, 단종)의 묘에만 치제(致祭)할 것을 청하였다.

임금이 노량진을 건너 성삼문(成三問) 등 육신(六臣)의 무덤이 길옆에 있는 것을 보고 그 절의(節義)에 감동하여 특별히 명하여 관원을 보내어 사제(賜祭)하게 하고, 이어서 명하여 근시(近侍)를 노산대군(魯山大君)의 묘(墓)에 보내어 제사하게 하였다.

판부사 김덕원(金德遠)이 말하기를, "육신의 무덤은 예전부터 전하여 오는 말이 있기는 하나, 그래도 명백히 의거할 만한 증험이 없습니다. 박팽년의 후손인 고(故) 군수(郡守) 박숭고(朴崇古)가 일찍이 이를 위하여 비석을 세워 표지하였으나 감히 조상의 무덤이라고 틀림없이 말하지 못하였다 합니다." 하니, 임금이 드디어 그 사당에 제사하게 하였다. 사당은 강가에 있어 무덤과는 언덕하나 사이로 가까운데, 선비들이 일찍이 세운 것이었다. 또 예관(禮官)이 복관(復官)하지 못하였다는 말을 들었다고 말함에 따라, 전교하기를, "육신은 명(明)나라의 방효유(方孝孺)[12]와 무엇이 다르겠는가?" 하고, 곧 복관하고, 사당의 편액(扁額)을 내리라고 명하였다. 이조판서 유명현(柳命賢)이 다른 대신에게 묻기를 청하였으나, 임금이 물을 필요가 없다 하고 결단하여 행하였으니, 매우 성대한 거조(擧措)이다.

이윽고 승지 목창명·김원섭이 청대(請對)하여 번갈아 아뢰기를, "여러 조정에서 서두르지 않은 데에는 은미한 뜻이 있는 듯하니, 이제 쉽사리 거행하는 것은 마땅하지 못합니다." 하고, 힘껏 청하여 마지않으니, 임금이 비로소 전에 명한 것을 우선 멈추고 노산묘(魯山墓)의 제사만을 거행하게 하였다. 목창명이 전례를 본떠 예조참의를 보내기를 청하니, 윤허하였다. 『숙종실록』숙종 17년 9월 2일

---

12) 방효유(方孝孺): 명초(明初)의 학자로서, 혜제(惠帝)에게 중용되었는데, 성제(成帝)가 제위(帝位)를 찬탈(簒奪)하고, 방효유를 불러 조서(詔書)를 초(草)하게 하니, 붓을 땅에 던지며 말하기를, "죽이면 죽을 뿐이고, 조서는 초할 수 없다" 하였음. 마침내 성제가 저자에서 거열형(車裂刑)에 처하게 하였는데, 족친과 벗으로서 연좌되어 죽은 자가 수백 명에 이르렀음

숙종 17년 12월 6일 숙종은 특별히 성삼문 등 육신(六臣)의 관작을 복구하고 관원을 보내 치제하게 하였다. 또 사당의 편액을 '민절(愍節)' 이라고 하고 내려 주었다.

> 해조(該曹)에 특별히 명하여 성삼문 등 여섯 사람을 복작(復爵)하고, 관원을 보내어 치제하게 하였다. 사당의 편액(扁額)을 민절(愍節)이라 내리고, 비망기를 내리기를, "나라에서 먼저 힘쓸 것은 본디 절의(節義)를 숭장(崇獎)하는 것보다 큰 것이 없고, 신하가 가장 하기 어려운 것도 절의에 죽는 것보다 큰 것이 없다. 저 육신(六臣)이 어찌 천명(天命)과 인심(人心)이 거스를 수 없는 것인 줄 몰랐겠는가마는, 그 마음이 섬기는 바에는 죽어도 뉘우침이 없었으니, 이것은 참으로 사람이 능히 하기 어려운 것이어서 그 충절(忠節)이 수백 년 뒤에도 늠름(凜凜)하여 방효유(方孝孺)·경청(景淸)과 견주어 논할 수 있을 것이다. 마침 선왕의 능(陵)에 일이 있어서 연(輦)이 그 무덤 옆을 지남에 따라 내 마음에 더욱 느낀 것이 있었다. 아! 어버이를 위하는 것은 숨기는 법인데, 어찌 이 의리를 모르랴마는, 당세에는 난신(亂臣)이나 후세에는 충신이라는 분부에 성의(聖意)가 있었으니, 오늘의 이 일은 실로 세조의 유의(遺意)를 잇고 세조의 성덕(盛德)을 빛내는 것이다." 하였다.
>
> 『숙종실록』 숙종 17년 12월 6일

12월 21일 숙종은 직접 도목정(都目政)을 행하고서 이조와 병조에 명하여 삼남(三南)·서북(西北)의 인재와 성삼문 등 사육신의 후예도 수용하게 하였다.

숙종 18년(1692) 1월 25일 숙종은 육신들의 관직을 복구하는 고신(告身)을 특별히 이조로 하여금 만들어서 그 자손에게 주도록 하고, 자손이 없는 사람의 것은 서원에 주어 후세에 전하도록 하되, 서원의 액호(額號)를 처음에는 민절사(愍節祠)라고 정했다가, 해조(該曹)로 하여금 서원이라고 고치도록 하였다. 3월 25일 성삼문의 아버지 성승(成勝)의 관작을 복구하였다.

사육신 묘 의절사義節祀 (시도유형문화재 제8호, 서울 동작구 노량진동 185-2 소재)

■ 장길산의 출몰

숙종 15년(1689) 인현왕후가 쫓겨나고 장희빈이 왕비에
오르고 이이와 성혼이 문묘(文廟)에서 내쳐지는 등 사회가
혼란해졌다. 게다가 숙종 18년(1692)에는 가뭄과 홍수로 인
해 흉년이 심하게 들었다. 이에 장길산 같은 큰 도적이 나
타났다.

이런 와중에 숙종 18년 12월 13일 양덕(陽德)에 숨어 있
는 도적 장길산(張吉山)을 놓친 현감을 죄주도록 하였다.

> 대신들과 비국(備局)의 여러 재상들을 인견했다. 이때
> 도둑의 괴수 장길산(張吉山)이 양덕(陽德) 땅에 숨어 있으
> 므로, 포도청에서 장교(將校)를 보내어 덮쳐서 잡도록 했
> 었는데 관군(官軍)이 놓쳐 버렸었다. 대신이 그 고을 현감
> (縣監)을 죄주어 다른 고을들을 경계하도록 청하니, 임금
> 이 옳게 여겼다. 『숙종실록』 숙종 18년 12월 13일

숙종 23년(1697) 1월 10일 역적모의의 고변(告變)이 있었
는데, 이영창(李榮昌)이 금강산에 있는 승려 운부(雲浮) 및
장길산과 손을 잡고 거사를 도모하려 했다는 것이다.

> 날이 저문 뒤에 이절(李梲)・유선기(兪選基) 등이 상변
> (上變)하기를, "어느 날 이영창(李榮昌)이 이절의 집에 와서
> 자면서 갑자기 묻기를, '그대가 장지(葬地)를 얻으려고 한
> 다면 우리 스승을 가서 보는 것이 좋을 것이다.'고 하였습
> 니다. 스승이란 중은 바로 운부(雲浮)로서, 당시 나이 70세
> 로 송조(宋朝)의 명신(名臣)이었던 왕조(汪藻)의 후손인데,
> 명나라가 망한 뒤 중국에서 표류하여 우리나라에 도착하
> 였으며, 머리를 깎고 금강산에 들어갔는데, 그 사람은 위

로는 천문(天文)을 통달하고 아래로는 지리(地理)를 통찰하고 중간으로는 인사(人事)를 관찰하여 재주가 옛날의 공명 (孔明: 제갈양諸葛亮)과 유기(劉基)에 밑돌지 않는다는 자였습니다.

그가 불경(佛經)을 승도(僧徒)들에게 가르쳤는데, 그 중에서 뛰어난 자로는 옥여(玉如)·일여(一如)·묘정(卯定)·대성(大聖)·법주(法主) 등 1백여 인을 얻어 그 술업(術業)을 전수시키면서 팔도(八道)의 중들과 체결하였습니다.

그리고 또 장길산(張吉山)의 무리들과 결탁하고, 또 이른바 진인(眞人) 정(鄭)·최(崔) 두 사람을 얻어 먼저 우리 나라를 평정하여 정성(鄭姓)을 왕으로 세운 뒤에 중국을 공격하여 최성(崔姓)을 왕으로 세우겠다고 하였습니다. 그래서 이절이 유선기에게 말하기를, '이영창이 갑자기 흉악 (凶惡)한 말을 지껄이니 형적(形迹)을 상세하게 탐지하여 처치하는 방도를 삼는 것이 마땅하다.'고 하였습니다. 『숙종실록』숙종 23년 1월 10일

이날 숙종은 10년이 지나도록 못 잡은 장길산의 체포를 위해 별도의 군사를 징발하는 한편 후한 상을 걸었다.

… 임금이 또 국청(鞫廳)에 하교하기를, "극적(劇賊) 장길산은 날래고 사납기가 견줄 데가 없다. 여러 도(道)로 왕래하여 그 무리들이 번성한데, 벌써 10년이 지났으나, 아직 잡지 못하고 있다. 지난번 양덕(陽德)에서 군사를 징발하여 체포하려고 포위하였지만 끝내 잡지 못하였으니, 역시 그 음흉함을 알 만하다. 지금 이영창(李榮昌)의 초사 (招辭)를 관찰하니, 더욱 통탄스럽다. 여러 도(道)에 은밀히 신칙(申飭)하여 있는 곳을 상세하게 정탐하게 하고, 별도로 군사를 징발해서 체포하여 뒷날의 근심을 없애는 것도 의논하여 아뢰도록 하라." 하니, 국청에서 청하기를,

"여러 도에다 은밀히 유시를 내려 도신(道臣)과 수신(帥臣)
으로 하여금 별도로 방략(方略)을 베풀게 하고 널리 기찰
(譏察)을 더하며, 또 비국(備局)으로 하여금 은밀히 군문(軍
門)과 포청(捕廳)에다 분부하여 후한 상(賞)과 높은 벼슬을
아끼지 않겠다는 뜻으로 일깨워서 안팎이 한마음이 되어
틀림없이 체포하는 데 기약하도록 하소서." 하니, 그대로
따랐다. … 『숙종실록』숙종 23년 1월 10일

이익(李瀷)의 저서인 『성호사설 星湖僿說』에 기록된 장길
산에 대한 기록을 옮기면 다음과 같다.

숙종 때에 교활한 도둑 장길산(張吉山)이 해서(海西)를
횡행했는데 길산은 원래 광대 출신으로 곤두박질을 잘하
고 용맹이 뛰어났으므로 드디어 괴수가 되었던 것이다.
조정에서 이를 걱정하여 신엽(申曄)을 감사(監司)로 삼아
체포하게 하였으나 잡지 못했다. 그 후에 한 도당을 잡은
바, 그가 숨어 있는 곳을 고(告)하였다. 무사 최형기(崔衡
基)가 나포할 것을 자원하고 파주(坡州)에 당도하니, 장사
꾼 수십 명이 말을 몰고 지나갔다. 한 사람이 고하기를,
"저들은 모두 도둑의 무리다." 라고 하므로 모두 잡아가
두었는데, 그 말들은 모두 건장한 암컷이었다. 그 사람이
다시 고하기를, "적의 말은 모두 암컷이므로 유순하여 날
뛰지 않는다."고 하였다.
다시 여러 고을의 군사를 징발하여 각기 요소를 지키다
가 밤을 타 쳐들어갔는데, 적들이 이미 염탐해 알고 나와
서 욕설을 퍼붓다가 모두 도망쳐 아무 자취도 없어졌다.
그 후 병자년(숙종22, 1696)에 이르러 한 적도의 초사(招
辭)에 그의 이름이 또 나왔으나 끝내 잡지 못했다. 『성호
사설 星湖僿說』권14. 인사문(人事門)

■ 갑술환국과 인현왕후 복위

갑술환국(甲戌換局)은 숙종 20년(1694) 기사환국으로 집권한 남인이 물러나고, 서인이 다시 정국을 주도하게 된 것을 말한다. '갑술옥사(甲戌獄事)' 또는 '갑술경화(甲戌更化)'라고도 한다.

유명현·권대운·목내선 등을 귀양보낸 후 남구만·신여철·윤지완 등 소론계 인사들을 등용하여 정국을 일변시켰다. 그리하여 인현왕후가 다시 복위되었고, 인현왕후 복위를 바라던 숙빈 최씨가 이해에 연잉군[후일 영조]을 낳았다.

숙종 20년에 노론계의 김춘택(金春澤, 1670~1717)과 소론계의 한중혁(韓重赫, ?~1697) 등이 폐비 민씨(閔氏)의 복위 운동을 전개하였다. 그러자, 실권을 쥐고 있던 남인계의 민암(閔黯)·이의징(李義徵) 등이 민씨 복위 운동의 주동자들을 심문, 그 사실을 숙종에게 보고 하였다.

그러나 폐비 사건을 차츰 후회하게 된 숙종은 오히려 기사환국 당시 국문(鞫問)을 주관한 우의정 민암과 판의금부사 유명현, 권대운, 목내선 등을 귀양보냈다.

그리고 훈련청과 어영청의 대장에 신여철(申汝哲, 1634~1701)·윤지완(尹趾完, 1635~1718) 등 소론계를 등용, 정국을 일변시켰다.

이경직(李景稷, 1577~1640)의 증손자 이문정(李聞政, 1656~1726)이 영조 초년에 지은 『수문록 隨聞錄』에는 '숙빈 최씨가 인현왕후 탄신일에 인현왕후를 위해 음식을 차려놓고 내쫓긴 왕후를 사모하고 있었는데, 숙종이 지나다가 보고 가상하게 여겨 총애하여 왕자를 임신하였다. 장희빈이 이를 투기하여 숙빈 최씨를 잡아다 혹독하게 고문하여 독속에 가두어 유산하게 하려 하였는데, 숙종의 꿈에 현몽하여 숙종이 직접 장희빈 방으로 가서 조사하여 담장 밑 독속에 가두어진 숙빈 최씨를 구하면서, 장희빈이 악랄한 것을 알고 장희빈을 희빈으로 강등하고 인현왕후를 복위시킬 것을 생각하였다.'고 하였다.

　숙종 20년(1694) 3월 23일 서인(西人)인 광성부원군 김만기(金萬基, 1633~1687)의 손자 김춘택(金春澤)과 한중혁(韓重爀) 등이 폐비의 복위운동을 꾀하다가 고발되었다. 이때에 남인의 영수요 당시 우의정으로 있던 민암 등이 이 기회에 반대당 서인을 완전히 제거하려고 김춘택 등 수십 명을 하옥하고 범위를 넓혀 일대옥사를 일으켰다. 이때 숙종은 폐비에 대한 반성으로 4월 1일 옥사를 다스리던 민암을 파직하고 사사하였으며, 권대운·목내선·김덕원 등을 유배하고, 소론 남구만(南九萬)·박세채(朴世采)·윤지완(尹趾完) 등을 등용하였다.

　　… 밤 2고(鼓)에 임금이 비망기를 내려, "지난번 빈청(賓廳)의 일차(日次)는 국기(國忌)이었는데도 서둘러 와서 모이기에, 변방의 정상이 아니면 시끄러운 꼬투리를 일으키는 일이 있을 것으로 생각하였더니, 입시하였을 때에 우의정 민암이 과연 함이완(咸以完)의 일을 아뢰고, 이어서 금부(禁府)를 시켜 가두고서 추핵(推覈)하기를 청하므로 내가 본디 윤허하였으나, 민암이 홀로 함이완을 만나 수작한 것이 있다는 것을 의심스러워하였다. 겨우 하루가 지나니 금부의 당상(堂上)이 방자하게 청대(請對)하여 옥사를

확대하여, 예전에 갇혀서 추고(推考)받던 자가 이제는 도리어 옥사를 국문하게 되고, 예전에 죄를 정하던 자가 이제는 도리어 극형을 받게 되었다. 하루 이틀에 차꼬·칼·용수를 쓴 수인(囚人)이 금오(金吾: 의금부)에 차게 하고, 서로 고하고 끌어대면 문득 면질을 청하고, 면질이 겨우 끝나면 거의 죄다 처형을 청하니, 이렇게 하여 마지않으면 그 전후에 끌어댄 자도 장차 차례로 죄로 얽어맬 것이다. 그렇게 되면 공주(公主)의 집과 한편 사람은 고문과 귀양가는 죄를 면할 자가 드물 것이다. 임금을 우롱하고 진신(搢紳)을 함부로 죽이는 정상이 매우 통탄스러우니, 참국(參鞫)한 대신 이하는 모두 관작을 삭탈하여 문외(門外)로 출송(黜送)하고, 민암과 금부 당상은 모두 절도(絶島)에 안치하라." 하였다.

— 그래서, 영의정 권대운, 좌의정 목내선, 영중추 김덕원, 대사헌 이봉징(李鳳徵), 승지 배정휘(裵正徽), 사간 김태일(金兌一), 장령 이전(李塤), 정언 채성윤(蔡成胤)·심득원(沈得元), 문사랑(問事郞) 민흥도(閔興道)·홍중하(洪重夏)·정시윤(丁時潤)·오상문(吳尙文) 등은 모두 관작을 삭탈하여 문외로 출송하고, 우의정 민암, 판의금(判義禁) 유명현, 지의금(知義禁) 이의징(李義徵)·정유악(鄭維岳), 동의금(同義禁) 목임일(睦林一) 등은 모두 절도에 안치하였다. 수인(囚人)의 공초(供招) 가운데에 익평(益平)·청평(靑平)·인평(寅平) 세 공주를 죽인 뒤에야 남인이 무사할 것이라는 말이 있었으므로, 공주의 집 운운하는 분부가 있었다 — 정원(政院)에서 장차 복역(覆逆)하는 계(啓)를 하려고 초안은 이미 갖추었으나, 아직 올리지 않았을 때에,

또 비망기를 내려, "비망기가 본원(本院)에 내려진 지 이미 오래되어 경고(更鼓)가 반이나 지났는데, 전지(傳旨)가 아직도 들어오지 않으니, 그 머리를 모으고 상의하여 반드시 구제하려는 정상이 참으로 매우 통분하고 놀랍다.

입직(入直)한 승지와 옥당을 모두 파직하라. 이번 복역(覆
逆)의 논의는 집에 있는 승지·삼사(三司)도 반드시 모를
리가 없으니, 마찬가지로 파직하라." 하였다. 『숙종실록』
숙종 20년 4월 1일

4월 5일 숙종이 특별히 명하여 전 판중추(判中樞) 민정중
(閔鼎重)의 관작을 회복하고 제사를 내려주었다. 다음날인
4월 6일에는 송시열의 관작을 회복하고 제사를 내려주도
록 하였다. 4월 9일 먼저 인현왕후를 별궁에 옮겨 두고 수
직하고 늠료(廩料)를 주게 하라고 비망기를 내렸다. 4월 10
일에는 숙종이 전 판서 김만중(金萬重)의 관작을 회복하라
고 명하였다. 4월 11일 신하들이 인현왕후에게 문안하였고
이날 인현왕후의 아버지와 어머니의 작호(爵號)가 회복되
었다.

4월 11일 숙종이 지난날을 반성하면서 민암 등의 옥사에
대해 비망기를 내렸다.

비망기를 내려, "내가 생각하건대, 임금이 신하에 대한
것은 아버지가 아들에 대한 것과 같은데, 무슨 말인들 숨
길 수 있겠는가? 내가 품은 것을 다 말하고 이어서 서로
닦는 도리에 미치는 것이 옳겠다. 아아, 증자(曾子)의 어머
니처럼 어진이도 투저(投杼: 북杼을 던짐)13)를 면치 못하
였다. 그러므로 예전부터 말하기 어려운 것으로는 아버지
와 아들 사이보다 어려운 것이 없고, 움직이기 쉬운 것으

---

13) 투저(投杼): 증삼(曾參)의 어머니가 증삼이 사람을 죽였다는 말을 세 번
듣고 비로소 의아(疑訝)하여 짜던 베틀의 북을 내던지고 달아났다는 고사
(故事). 전(轉)하여 참언(讒言)을 믿는 일

로는 아버지와 아들 사이보다 쉬운 것이 없다. 당초 세자
(世子)를 세울 때에 유위한(柳緯漢)의 소(疏)가 갑자기 나오
고, 또 병이 있어야 비로소 책봉한다는 따위의 말이 있었
다. 아! 내가 전대(前代)의 사책(史冊)에서 대략 보았거니
와, 사이를 엿보아 공동(恐動)하는 수단이 번번이 이런 곳
에 있고 아버지와 아들 사이만이 남이 움직이기 쉬운 것
이 아니라는 것을 모르는 것이 아니나, 내 병통은 늘 거
친 데에 있는데, 이 병통은 뿌리가 깊어서 나타나면 반드
시 착오를 일으키니, 지난날의 처분이 지나쳤던 것도 오
로지 이 때문이다. ‥‥‥

또 기사년 이후로 저들이 하는 짓을 가만히 보니, 사정
(私情)을 따르고 공도(公道)를 업신여겨 모두 다 도리를 어
기고 윤리에 어그러지는 것이 아님이 없으므로, 내가 그
래서 국사(國事)를 함께 할 만하지 못하다는 것을 확실히
알았으나, 국가의 처사가 또한 어찌 용이하겠는가? 우선
참으면서 한밤에 슬퍼한 지 오래되었다. 이제 다행히 하
늘이 마음을 유도하여, 민암이 함이완(咸以完)과 함께 음
모하여 임금을 속이고 진신(搢紳)을 함부로 죽이려는 생각
이 남김없이 투철하게 드러났는데, 이때에 전도되는 것을
염려하여 시원하게 강단(剛斷)할 방법을 생각하지 않는다
면, 곧 잘못을 알고도 고치지 않는 것이니, 그 얻는 것과
잃는 것이 어느 것이 가볍고 어느 것이 무겁겠는가? ‥
『숙종실록』 숙종 20년 4월 11일

그날 김덕원을 중도 부처, 이현일(李玄逸, 1627~1704)을
멀리 귀양보내라고 명하였다.

4월 12일 인현왕후가 서궁(西宮)의 경복당(景福堂)에 입어
(入御)하였다가 다음날 정전에 나아갔다. 6월 23일 다시 이
이와 성혼을 문묘에 종사하고 반교문을 내렸다.

그리고 이해 9월 13일에 후궁 숙의 최씨(淑儀崔氏)가 창덕궁 보경당(寶慶堂)에서 왕자를 낳았는데, 이가 바로 후일 영조대왕이 되는 연잉군(延礽君)이었다.

영조 어필 탄생당(국립고궁박물관)

숙종 21년 6월 8일 이돈·김진규·조태채 등에게 관직을 제수하고 숙의 최씨(淑儀崔氏)를 귀인(貴人)으로 삼았다. 숙의 최씨는 영조(英祖)의 생모로 후일 숙빈(淑嬪)으로 올랐다.

숙종 22년(1696) 4월 8일 심호(沈浩, 1668~1704)의 딸 청송 심씨를 왕세자빈으로 간택하였다. 이분이 후일 단의왕후(端懿王后)로 추책된 분이다. 심호는 세종비 소헌왕후의 아버지 심온(沈溫)의 11세손이고, 그의 6대조가 바로 명종비 인순왕후의 아버지 심강(沈鋼)이다.

10월 16일 인현왕후와 빈궁이 태묘를 알현하였는데, 후비(后妃)가 종묘를 알현하는 것이 이로부터 시작되었다.

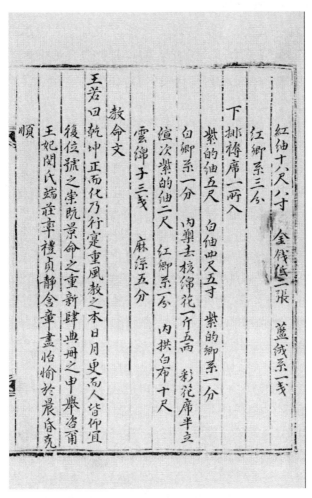

숙종 20년 인현왕후책례도감의궤(규장각 한국학연구원)

■ 충신 열사의 추숭

숙종 21년(1695) 3월 30일 남송(南宋)의 충신(忠臣) 악비(岳飛)를 영유(永柔)의 제갈무후(諸葛武候: 제갈량諸葛亮)의 사당에 합향(合享)하라는 비망기를 내렸다.

비망기를 내리기를, "내가 『송사 宋史』를 읽다가 악무목(岳武穆)[14]의 일에 이르러 나도 모르게 광세(曠世: 시대가 떨어짐)에 서로 감격하고 천재(千載)에 존경심을 일으켰노라. 아! 오랑캐가 창궐(猖獗)하고 황제의 수레가 북쪽으로 파천(播遷)한 시기를 당해, 개연(慨然)히 한 번 국가의 수치를 씻고 제왕의 공업을 회복하는 것으로써 자기의 임무를 삼아, 화의(和議)를 극력 배격하고 충의를 떨쳐서 적군을 격파하여 양궁(兩宮:송(宋)나라 휘종(徽宗)·흠종(欽宗))의 환국을 얼마 안가서 기약할 수 있었는데, 흉악한 역적이 국사(國事)를 그르쳐 충신은 독수(毒手)에 떨어지고, 오국성(五國城)[15]엔 차가운 달빛만 비치게 되었던 것이다. 이는 천추(千秋)에 열사(烈士)들이 팔뚝을 걷어붙이고 강개(慷慨)해하는 곳이다. 더구나 정충 악비(精忠岳飛)란 네 글자가 분명히 등에 문신으로 새겨지고, 부인(婦人)이 병(瓶)을 안고 우물로 뛰어든 것은 모두가 천성(天性)의 자연스러움이며 충효(忠孝)가 감응한 것이니, 이른바 늠름하기가 마치 백일(白日) 추상(秋霜)과 같다고 할 것이다. 내 생각에는 이분을 특별히 영유(永柔)의 제갈무후(諸葛武

---

14) 악무목(岳武穆): 남송(南宋)의 충신(忠臣) 악비(岳飛)를 말함. 무목은 그 시호임. 상주(相州) 탕음(湯陰) 사람임. 금(金)과의 전쟁에서 많은 전과(戰果)를 올렸는데, 주선진(朱仙鎭)이란 곳에서 금군(金軍)을 대파(大破)하고 도하(渡河)하려고 하자, 그때 진회(秦檜)가 극력 화의(和議)를 주장하여 악비를 소환(召還)하는 어명(御命)이 갑자기 하달되었음. 악비는 "10년의 공력(功力)이 하루아침에 무너진다"고 분개했지만 발길을 돌리지 않을 수 없었고, 결국 진회의 중상모략과 그 사주를 받은 만사설(萬俟卨) 등의 모함으로 하옥(下獄)되어 죽었음
15) 오국성(五國城): 만주 길림성에 있는 송(宋) 휘종(徽宗)이 사망한 곳

候)의 사당에 합향(合享)하여 백대(百代)의 풍성(風聲)을 세 웠으면 한다." 하고, 이내 예조로 하여금 품지(稟旨)하여 거행하도록 하였다. 『숙종실록』 숙종 21년 3월 30일

숙종 22년 12월 27일 강화유수(江華留守) 이이명(李頤命, 1658~1722)이 병자호란에 강화도에서 순절(殉節)한 제신(諸臣)과 장사를 제사하도록 상소하여, 숙종 23년(1697) 1월 19일 강화에서 순절한 신하들에게 사제하였다.

12월 9일 인조때의 명장(名將) 임경업(1594~1646)의 손자인 임중번(林重蕃)이 그 조부의 원통함을 호소하였다. 이에 숙종은 임경업의 관작을 회복시켜 줄 것을 명하고, 아울러 제사를 내려주었다.

　임경업의 손자 임중번(林重蕃)이 상언(上言)하여 그 조부(祖父)의 원통함을 호소하자, 임금이 비망기를 내리기를, "내가 일찍이 병술년(인조24, 1646)의 임경업을 친국(親鞫)하였을 때의 일기를 보니, 임경업의 죄상은 심기원(沈器遠)의 흉측한 역모사건을 함께 모의하였다.'고 한 데 불과하며, 도망하여 중국으로 들어간 것은 망명(亡命)한 것이다. 흉측한 역모에 가담했다는 한 건은 이미 원통함을 풀었고, 이른바 도망하여 들어갔다는 것은 대체로 그가 평일에 고상하게 큰 소리친 입장에서 비록 이러한 망령된 행동이 있었다고는 하더라도 의도는 존주(尊周)하는 데 있었으니, 이것으로 논한다면 혹 미루어서 용서할 도리가 있기 때문에 대신들에게 한 번 하문하여 보려고 한 지 오래이다. .....

　전교하기를, "임경업이 흉측한 역적모의를 미리 알지 못하였다는 상황은 이미 성조께서 환하게 아신 바였고,

도망하여 중국으로 들어간 한 건은 비록 일을 이루지 못했다 하더라도 뜻은 존주하는 데 있었으며, 당시 성조께서 여러 번 탄식하고 애석하게 여긴 것은 저절로 은미한 뜻이 있었으니, 성조의 뜻을 추모하여 단서(丹書)를 씻어 주고 그가 의리를 부지한 것을 장려하는 것이 아마도 불가함이 없을 듯하다. 특별히 관직을 회복시키고 사제(賜祭)하도록 하라." 하였다. 『숙종실록』 숙종 23년 12월 9일

임경업 장군 묘 전경

12월 19일 임경업의 처(妻)에게 정표(旌表)를 더하도록 하였다.

옥당의 관원을 소대하였다. 참찬관(參贊官) 최상익(崔商翼)이 아뢰기를, "임경업의 관작을 회복시키고 제사를 내려 주게 하셨는데, 듣고서 감탄하였습니다. 그의 처(妻) 이씨(李氏)도 피중(彼中)에 구금되었는데, 오랑캐들이 끌어내다 임경업의 간 곳을 신문하였지만, 처음부터 끝까지 말하지 않고 탄식하기를, '지아비가 대명(大明)의 충신(忠臣)이 되었으니, 나도 양인(良人: 남편)을 따라 죽어서 대명의 귀신이 되는 것이 마땅하다.' 하고, 마침내 자기의 목을 찔러 죽었으니, 그 짝을 이룬 절의는 더욱 고금(古今)에 드문 바입니다. 당연히 표창하고 장려하는 은전(恩典)이 있어야 할 듯합니다." 『숙종실록』 숙종 23년 12월 19일

임충민공(林忠愍公) 충렬사(忠烈祠) (사적 제189호)

정렬비(貞烈碑) 충렬사 내

대명충신 조선 임장군경업 처정부인 완산이씨 정열비

(大明忠臣朝鮮林將軍慶業妻貞夫人完山李氏貞烈碑)

영조 23년(1747) 임경업장군 부인인 완산이씨의 충렬을 기리기 위해 세웠다.

■ 단종복위

세종대왕의 손자이며 문종의 맏아들인 노산군(魯山君)이 수양대군에 의해 왕위에서 폐위된 지 240여 년만인 숙종 24년(1698)에 단종(端宗)으로 복위되었다.

숙종 24년 9월 30일 전 현감 신규(申奎, 1659~1708)가 상소하여 노산군(魯山君)과 중종의 폐비 신씨(廢妃愼氏)의 복위를 청하였다. 이에 숙종은 지극히 중대한 일이라고 하면서 춘추관으로 하여금 『실록實錄』을 상고하게 하고, 승지 송상기(宋相琦)의 청으로 여러 문집(文集)과 만필(漫筆) 등을 조사하게 하였다. 이보다 앞서 숙종 7년(1681)에 노산군이 대군(大君)으로 올려졌고, 숙종 8년에는 경상도 순흥(順興)에 다시 부(府)가 설치되었다. 순흥은 금성대군(錦城大君)이 귀양와서 노산군의 복위를 도모하려다 실패하여 순흥부(順興府)가 혁파되었던 곳이다.

전 현감(縣監) 신규(申奎)가 상소하여 마음에 품고 있던 바를 진달하였는데, 비답(批答)을 내리기 전에 빈청(賓廳) 대신(大臣) 이하가 마침 입시하였다. 임금이 환시(宦侍)에게 명하여 그 상소를 대신에게 보이도록 했다.

그 상소에 이르기를, "신이 삼가 살피건대, 옛날 우리 세조 혜장대왕(惠莊大王)은 하늘이 내신 성군(聖君)으로서 하청(河淸)의 운(運)16)을 만나 화란(禍亂)을 평정하니, 천명(天命)과 인심이 돌아갔습니다. 노산군(魯山君)께서는 어린 나이에 보위(寶位)에 올랐으나 자신의 능력이 부족함을 인정하시고 하늘의 명에 응하고, 사람의 뜻에 따라 요(堯)임

---

16) 하청(河淸)의 운: 중국 황하(黃河)의 물이 맑아지면 성군(聖君)이 나오게 된다는 고사로, 성군이 나오는 운수

금이 순(舜)임금에게 선위(禪位)한 것을 본받아 별궁으로
물러나 상왕(上王)이라고 일컬었습니다. 그때 세조께서는
겸허하게 이를 사양하였으나, 받아들여지지 아니하여 종
팽(宗祊)의 부탁에 의하여 하는 수 없이 왕위에 오르게 되
었습니다. 그러나 그 화목하고 겸허하게 사양하신 미덕
(美德)은 요·순의 훌륭함과 맞먹는데, 그 선위를 받은 교
서를 살펴보면 또한 만세(萬世)에 할 말이 있습니다. 그러
나 불행히도 육신(六臣)의 변(變)이 뜻밖에 나오게 되었으
며, 권람(權擥)과 정인지(鄭麟趾) 등이 은밀히 보좌한 논의
가 또 따라서 이를 격동시켜, 세조께서 상왕을 보호하려
는 은혜로 하여금 유종의 미(美)를 거둘 수 없게 했으니,
육신의 복위(復位) 계획은 다만 노산군에게 해를 끼치게
되었으므로, 충신(忠臣)·의사(義士)의 감회가 지금까지 가
시지 않고 있다는 것은 성상께서 환히 알고 계시어 이미
이해하실 것으로 생각됩니다. 운명은 길고 짧음이 있고
일은 꺼리는 것이 있게 마련인데, 한 조각 외로운 분묘
(墳墓)가 저 멀리 황폐한 곳에 있은 지 이미 50여 년이 되
었으나, 향화(香火)가 이르지 아니하였습니다.

그런데 중종께서 등극하시고서 비로소 폐지되었던 은전
(恩典)을 거행케 하여, 특별히 승지를 보내어 제물을 갖추
어 치제(致祭)케 하였습니다. 그 후에 노산군에게 후사를
세워주자는 논의가 이약빙(李若氷)의 상소에서 처음 발의
되었는데, 그때의 대신들은 올바르게 의논하지 못하여 심
지어 과감하게 말한 사람으로 하여금 거의 불측(不測)한
죄를 받게까지 하였으니, 아! 애석한 일이었습니다. 선조
(宣祖)때에는 또 관찰사 정철(鄭澈)의 장계(狀啓)에 의하여
묘표(墓表)를 개수(改修)하고 제물은 1품의 의식을 쓰게 하
였으니, 우리 열성(列聖)께서 추원보본(追遠報本)[17]의 은전

---

17) 추원 보본(追遠報本): 먼 조상을 추모하여 근본에 보답함. 즉 선대 조상
에게 해야 할 도리를 하는 것을 일컫는 말

이 이에 이르러 유감이 없게 되었으며, 지하에서의 한(恨)도 거의 위로가 되었을 것입니다. 그러나 어리석은 신의 생각으로서는 오히려 다하지 못한 바가 있다고 여깁니다. …

아! 저 옛 임금을 위하여 절의에 죽은 육신(六臣)은 이미 성상께서 정포해주시는 아름다운 은혜를 받았는데, 더구나 그 육신의 옛 임금으로서 그 모의도 알지 못하였으며, 일찍이 그 덕에 하자도 없었는데도 오히려 편안히 죽지도 못하였고, 제사 때에 왕례(王禮)를 쓰지 않는 것은 아마도 전하의 부족한 처사가 아니겠습니까? …

지금 만약 왕호(王號)를 추복(追復)하여 제사 때에는 왕례를 쓰며, 그 침원(寢園)을 봉하여 수호군(守護軍)을 더 두고 별도로 사당을 세워서 그 의물(儀物) 갖추는 것을 한결같이 명나라에서 경태제(景泰帝: 명나라 대종代宗)를 추복한 고사(故事)와 같게 한다면, 법으로 보더라도 참람함이 되지 않고 옛일을 참고하더라도 진실로 인정이나 예절에 부합되는 것이니, 신(神)을 위로할 수가 있게 되어 천심(天心)이 기뻐할 것이며, 인정(人情)도 반드시 흡족해 할 것입니다.

그리고 신은 중종(中宗)의 폐비 신씨(廢妃愼氏)의 일에 대하여 더욱 가슴 아프게 슬퍼하고 있습니다. 연산군이 음학 무도(淫虐無道)하여 사직(社稷)이 위태롭게 되었으므로, 우리 중종대왕께서 밖으로는 군신(群臣)들의 추대를 받고 안으로는 모후(母后)의 명을 받아, 잠저(潛邸)에서 용비(龍飛)하여 대통(大統)을 이어받았던 것입니다. 부인 신씨(愼氏)는 배필이 된 지 여러 해였으나, 곤범(壼範)에 결함이 없어 곤위(壼位)에 올라, 명분이 올바르고 의리에 순응하여 왕후의 높은 자리에 앉아 신민(臣民)의 하례를 받았으므로, 종묘사직에 주인이 있고 나라 사람들이 기대를 하였었는데, 원훈(元勳)이었던 박원종(朴元宗) 등은 다만

자신들의 문제만 생각하고 대의(大義)를 돌보지 않고서 종
사(宗社)의 계획을 핑계삼아, 정청(庭請)의 논의을 주도하
여 군부(君父)를 협박해서 마침내 폐출시키고 말았습니다.
그래서 드디어 경장(更張)하는 초기에 근본을 단정히 해야
하는 교화를 다하지 못하게 하였으니, 얼마나 애석한 일
입니까? … 『숙종실록』 숙종 24년 9월 30일

10월 20일 숙종은 처음 신규의 상소로 인하여 널리 물어
보라는 명을 내렸었다. 이때 예조참의 이덕성(李德成,
1655~1704)이 상소하여 조정에 있는 백관(百官)과 외방의
관료 및 경재(卿宰) 들에게 골고루 물어본 다음 의견을 모
아 절충할 것을 청하였다. 그리하여 10월 23일 숙종은 종
친(宗親)과 문무백관을 대정(大庭)에 모아 노산군과 신비(愼
妃)의 위호(位號)를 추복(追復)하는 것에 대하여 문의하였
다. 이에 거의 모든 신하들이 모두 신중하게 할 것을 청하
니, 숙종은 밖에 있는 대신(大臣)과 유신(儒臣)의 수의(收議)
가 다 이른 다음에 마땅히 비망기를 내릴 것이라 하였다.
다음날인 10월 24일 대신과 유신들의 수의가 다 이르렀
다. 이중에 우암 송시열의 수제자로 호조참의로 있던 권상
하(權尙夏, 1641~1721)가 노산대군(魯山大君)을 추복하면 귀
신이나 사람에 있어서 유감이 없을 것이라 하고서 찬성하
였다. 이에 숙종은 마침내 비망기를 내려 노산대군의 왕위
(王位)를 추복하라고 하였다. 그러나 중종 폐비 신씨는 아
직 사세(事勢)가 아닌 듯하다고 하여 못하게 되었다.

밖에 있는 대신(大臣)·유신(儒臣)의 수의(收議)가 다 이
르렀다. … 호조참의 권상하는 말하기를, "정난(靖難)때에

노산대군께서 겸양하는 덕으로 전위(傳位)하였고 상왕(上王)으로 높였으니, 본래 추방시켜 폐위한 임금과 같지 않으며, 나중에 있은 조처도 사실은 세조대왕의 본뜻이 아니었습니다. 세조대왕께서는 비록 마지못하여 육신(六臣)에게 죄를 주기는 하였으나, 심지어는 '당세(當世)의 난신(亂臣)이나, 후세(後世)의 충신(忠臣)이다.' 라고까지 포상하였습니다. 그 뒤에 중종 때에 와서 이약빙(李若氷)이 상소하여 노산대군을 위해 후사를 세워 주자고 계청하니, 중종께서 하교하시기를, '이와 같은 말은 지극히 귀한 것이다.'라고 하셨습니다. 이렇게 미루어 볼 때, 열성(列聖)의 속마음을 볼 수가 있습니다. 비록 명(明)나라의 일로써 말하더라도, 국자 사업(國子司業) 왕조적(王祖嫡)이 건문(建文: 명나라 혜제惠帝의 연호)의 연호(年號)를 추복(追復)하자고 청하였습니다. 건문은 성조(成祖)에게 선위(禪位)를 한 것이 아니었는데도 왕조적의 말은 그러하였으니, 그것은 오늘날 거론되고 있는 도리의 문제에 있어서도 역시 참고의 자료가 될 수 있는 한 가지 증거입니다. 지금 만약에 세조께서 존봉(尊奉)하시던 법을 따라 당시의 수선(受禪)하던 본뜻을 밝히신다면, 귀신이나 사람에 있어서 유감이 없을 것이며, 종묘의 예(禮)는 엄숙한 것인데, 어찌 감히 그 사이 끼어들어 옳다 그르다 하겠습니까?

신비(愼妃)의 일에 이르러서는 중종대왕의 원비(元妃)로서 죄없이 폐출되었으니, 그 당시로서는 김정(金淨)·박상(朴祥)의 상소가 진실로 정당한 의논이었습니다. 그러나 결국은 폐출된 그대로 두었고 봉전(封典)을 시행하지 아니하였으니, 이는 선왕(先王)의 폐비(廢妃)입니다. 그 당시에 조처한 것이 합당한 것이었는지는 막론하고라도, 그 자손과 백성의 도리에 있어서 선왕의 폐비를 태묘(太廟)에 추배(追配)시킨다는 것은, 아마도 자사(子思)의 훈계(訓戒)인 상례(常禮)에 어긋남이 있을 듯합니다." 하였다. … … 『숙

종실록』숙종 24년 10월 24일

10월 29일 숙종은 대신과 비국(備局)의 제신(諸臣)들을 인견하고서 노산대군의 복위(復位) 의절(儀節)을 의논하였다.

11월 6일 노산대군의 시호 및 묘호 등을 추상하였다. 시호는 '순정 안장 경순 대왕(純定安莊景順大王)', 묘호는 '단종(端宗)', 능호(陵號)는 '장릉(莊陵)'이라 하였다. 부인의 시호는 '정순(定順)', 휘호(徽號)는 '단량 제경(端良齊敬)', 능호는 '사릉(思陵)'이라 하였다.

12월 27일 단종을 종묘에 부묘하는 예를 행하고 숭정전에서 백관들의 하례를 받고 대사와 반교하였다.

정순왕후 사릉

단종대왕(端宗大王) 장릉(莊陵)
사적 제196호(영월군)
강원도 영월군 영월읍 영흥리 산133-1 소재

숙종 25년(1699) 2월 10일 강원도 영월(寧越)을 '군(郡)'에서 '부(府)'로 승격하고 김시습(金時習, 1435~1493)에게 증직(贈職)과 사제(賜祭)를 행하도록 명하였다.

최석정이 또 아뢰기를, "육신(六臣)의 사당(祠堂)을 그대로 본존시키고, 엄흥도(嚴興道)를 포증(褒贈)한 것은 성스럽고 덕스러운 일입니다. 듣건대 원호(元昊)는 문종조(文宗朝)에 벼슬하여, 직제학(直提學)을 지냈는데, 단종 초년에 원주(原州)에 물러가 살다가 단종이 승하하자 영월로 들어가 3년상(三年喪)을 입었다고 합니다. 광묘조(光廟朝)에 특별히 호조참의에 제수하고 누차 불렀으나 나아가지 않았다고 하니, 정표(旌表)하여 권장하는 도리가 있어야 합니다. 그리고 사인(士人) 김시습(金時習)은 광묘조(光廟朝) 때부터 입선(入禪)하여 머리 깎고 세상을 피하였다가, 중간에 환속(還俗)하여 아내를 얻었으나 자손이 없습니다. 그의 문장(文章)과 절행(節行)이 우뚝하여 숭상할 만하니, 증직(贈職)시키고 사제(賜祭)하여야 합니다." 하니, 임금이 원호는 정려(旌閭)하고 김시습은 증직시키고 사제하도록 하라고 명하였는데, 해조(該曹)에서 집의(執義)에 추증하였다. 처음에 김시습은 장릉이 손위(遜位)하였다는 말을 듣고, 바야흐로 삼각산(三角山)에서 글을 읽다가 책을 불사르고 입선(入禪)하였으며, 시문(詩文)에다 자신의 뜻을 붙였다. 문성공(文成公) 이이(李珥)는 백이(伯夷)[18]라고까지 일컬었는데, 세상에서 매월당(梅月堂)이라고 칭하였다. 『숙종실록』숙종 25년 2월 10일

숙종 25년(1699) 8월 5일 『노산군일기 魯山君日記』를 『단종대왕실록 端宗大王實錄』으로 개명하고 아울러 부록(附錄)을 짓게 하였다. 10월 23일 귀인 최씨(貴人崔氏)를 숙빈(淑嬪), 숙원 유씨(淑媛劉氏)와 박씨(朴氏)를 숙의(淑儀)로 승급시켰는데, 단종을 복위한 경사 때문이었다.

숙종 27년(1701) 4월 2일 해주(海州)의 수양산(首陽山)에 있는 백이(伯夷)·숙제(叔齊) 사당의 호를 '청성묘(淸聖廟)'라 하여 어필로 써서 내렸다.

---

18) 백이(伯夷): 은(殷)나라 고죽군(孤竹君)의 아들로 숙제(叔齊)의 형임. 은나라가 멸망한 뒤 주(周)나라의 녹(祿)을 먹는 것을 부끄럽게 여겨 수양산(首陽山)에 들어가 고사리를 캐 먹으며 숨어 살다가 굶어 죽었음

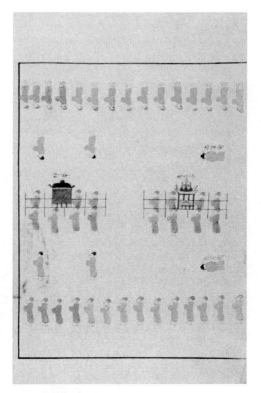

단종정순왕후복위부묘도감의궤
(규장각 한국학연구원)

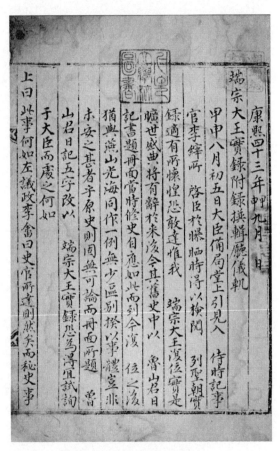

단종실록부록찬집청의궤(端宗實錄附錄撰輯廳儀軌)
숙종 30년(규장각 한국학연구원)

■ 인현왕후 승하와 장희빈 사사

숙종 27년(1701) 8월 14일에 인현황후가 춘추 35세로 승하하였다.

9월 23일 대행왕비를 무고한 죄인 장희재를 처형하라는 비망기를 내렸는데, 이때에 이르러 장희빈이 취선당(就善堂) 서쪽에다 신당(神堂)을 설치하고 민비가 죽기를 기도한 일이 발각되었는데 영조 어머니 숙빈 최씨가 평상시에 인현왕후가 베푼 은혜를 추모하여, 통곡하는 마음을 이기지 못하고 숙종에게 고했다고 했다.

취선당 서쪽에다 신당을 설치하고 왕후가 죽기를 기도한 일을 주도한 장희빈과 이와 관련된 장희재는 죽게 되고 궁인(宮人)·무녀(巫女)와 그 족당(族黨)도 벌을 받게 되었다. 이것을 '무고(巫蠱)의 옥(獄)'이라 하는데, 이때에 장희빈에 대하여 관대한 태도를 취한 남구만·최석정·유상운(柳尙運) 등 소론계 인사들도 몰락하게 되어 노론이 정국을 주도하게 되었다.

숙종 27년(1701) 9월 25일 숙종이 한 무제(漢武帝)의 고사를 들어 장희빈을 자진(自盡)하게 하라는 비망기를 내렸다. 10월 8일 희빈 장씨를 내전을 질투하여 모해하려 한 죄로 이전에 내린 비망기에 의거하여 자진하게 하라고 승정원에 하교하였다. 장씨의 나이 43세이었다. 10월 10일 숙종이 자진한 장희빈의 상장의 제수를 참작하여 거행하라고 하교하였다. 『수문록 隨聞錄』에는 장희빈이 후에 경종(景宗)이 되는 아들에게 못된 짓을 한 것으로 되어 있다. 10월 29일 장희재가 군기시(軍器寺) 앞 길에서 복주(伏誅)되었다.

이보다 앞서 장씨가 자진하기 전인 10월 7일에 숙종이 빈어(嬪御: 후궁)가 후비의 자리에 오를 수 없게 하라고 하교하였다.

숙종 28년(1702) 1월 30일 숙종이 장씨를 양주(楊州) 인장리(茵匠里)에 장사지내게 하였다. 이후 숙종 44년(1718)에 희빈 장씨의 천장지(遷葬地)를 광주(廣州) 진해촌(眞海村)으로 정하도록 명하였다.

경종 즉위 후 장씨의 사당을 건립하고 따로 칭호를 정하게 하였는데, 그 사당이 지금의 칠궁(七宮) 안에 있는 대빈궁(大嬪宮)이다. 그리고 장씨는 경종 2년(1722)에 옥산부대빈(玉山府大嬪)으로 추존되었다.

장희빈 묘

경기도 광주에 있었으나 1969년 6월 서오릉으로 옮겼다.

장희빈 묘비

유명 조선국 옥산부대빈 장씨지묘(有明朝鮮國玉山府大嬪張氏之墓)

경기 고양시 덕양구 용두동 산30-1 서오릉 내

■ 인원왕후를 왕비로

이듬해인 숙종 28년 숙종은 직접 김주신의 딸 경주 김씨를 왕비[인원왕후]로 간택하였다. 이분이 후일 대비(大妃)로서 경종 연간의 신임사화(辛壬士禍) 때 연잉군을 보호하였던 분이다.

숙종 28년(1702) 9월 3일 숙종이 직접 김주신(金柱臣, 1661~1721)의 딸 경주 김씨를 왕비로 간택하였다. 10월 3일에 숙종이 김씨(金氏)를 책봉(冊封)하여 왕비로 삼았다. 왕비 김씨는 이때 나이 16세였다.

경종 1년(1721) 7월 24일 아버지 영돈녕부사(領敦寧府事) 김주신(金柱臣)이 향년 61세로 졸하였다. 졸기에는 김주신의 청으로 왕대비가 연잉군(延礽君)을 왕세제로 책봉하였기에 억만 년 왕업의 기초를 세운 것은 모두 김주신의 공이라고 기록되어 있다.

경종 1년 12월 22일 환관(宦官) 박상검(朴尙儉)이 청휘문(淸暉門)을 폐쇄하고 왕세제(王世弟)를 살해하려고 하므로, 왕대비(王大妃: 숙종계비 인원왕후)가 박상검의 간악함을 적발하고 그 도당인 문유도(文有道)와 궁인(宮人) 석렬(石烈)·필정(必貞)까지 모두 하옥(下獄)시켜 국문하였다. 이날 왕세제는 환관과 궁녀들의 위협을 받고 사위(辭位)하려 하였다.

이때 인원왕후는 왕대비로 있으면서 영의정 조태구(趙泰耈)에게 언서(諺書)로 하교를 내려 경종과 왕세제를 잘 보호하여 선왕인 숙종의 유교를 저버리지 말도록 명하였다.

영조 즉위년(1724) 8월 30일 왕세제 연잉군(延礽君)이 조선 제21대 왕으로 즉위하였다. 이분이 바로 영조대왕이다.

그래서 왕대비[인원왕후]는 대왕대비(大王大妃)가 되었다.

영조 23년(1747) 1월 1일 자전(慈殿)의 회갑을 맞이하여 대왕대비전에 전문을 올리며 진하하였다.

영조 32년(1756) 1월 1일 '융화(隆化)' 등의 존호(尊號)가 올려졌다. 32년 9월 29일 대왕대비의 탄일을 맞아 인정전 월대에서 표리(表裏)를 바쳤다.

영조 33년(1757) 2월 27일 대왕대비가 편찮아서 약방에서 본원에 직숙하였다. 영조는 밤낮으로 옷을 벗지 않았고, 옷을 입은채 자기도 하였다고 한다.

영조 33년(1757) 3월 26일 사시(巳時)에 창덕궁(昌德宮) 영모당(永慕堂)에서 춘추 71세로 승하하였다. 이날 영조가 친히 대행대왕대비의 행록을 지었다.

김주신의 증조할아버지는 김수렴(金守廉)으로 첨지중추부사(僉知中樞府事)를 지냈는데, 광해군때에 벼슬을 버렸다. 그 후 영의정에 추증되고, 오원군(鰲原君)에 봉해졌다.

할아버지는 예조판서 김남중(金南重, 1596~1663)이며, 할머니는 민유경(閔有慶, 1565~1632)의 따님 여흥 민씨(驪興閔氏, 1598~1621)와 이세헌(李世憲)의 따님 전주 이씨(全州李氏, 1605~1659)이다. 민씨 할머니는 청강(淸江) 이제신(李濟臣, 1536~1584)의 외손녀이다.

김주신의 첫째 고모부는 인목대비 폐모론(廢母論)에 반대하여 낙향한 나만갑(羅萬甲, 1592~1642)의 아들 나성두(羅星斗, 1614~1663)이다. 나성두의 어머니는 율곡 이이의 문인인 수몽(壽夢) 정엽(鄭曄, 1563~1625)의 딸 초계 정씨(草溪鄭氏)이다. 나성두의 딸이 문곡(文谷) 김수항(金壽恒)과 혼인하였다. 따라서 김주신은 김수항의 처 외사촌아우이다.

【김주신과 김수항 나성두를 중심으로】

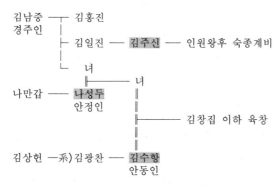

둘째 고모부는 선조 부마 달성위(達城尉) 서경주(徐景霌, 1579~1643)의 아들 서정리(徐正履, 1599~1664)이다. 서경주는 인빈 김씨(仁嬪金氏) 소생으로 선조 서1녀인 정신옹주(貞愼翁主, 1582~1653)와 혼인하여 부마가 된 인물이다.

셋째 고모부는 효종(孝宗)때 영의정을 지낸 정태화(鄭太和, 1602~1673)의 아들 정재악(鄭載岳)이다.

아버지는 성균관 생원 김일진(金一振, 1633~1665)이며, 어머니는 조래양(趙來陽)의 딸인 풍양 조씨(1633~1684)이다. 조래양은 포저(浦渚) 조익(趙翼, 1579~1655)의 아들이며, 영의정 이시백(李時伯, 1581~1660)의 사위이다.

부인은 조경창(趙景昌)의 딸인 임천 조씨(1660~1731)이다. 조경창은 조희일(趙希逸, 1575~1638)의 손자이다.

슬하에 조씨 부인에게서 2남 3녀를 두었다.

조씨 소생 둘째딸이 숙종의 계비인 인원왕후이다.

■ 대보단 건설

숙종은 임진왜란 당시 조선을 도와준 명나라 신종(神宗)황제와 마지막 황제인 의종(毅宗)의 제사를 지내기 위하여 숙종 30년(1704)에 창덕궁 후원에 대보단(大報壇)을 설치하였다. 이해가 명나라가 망한 지 60년이 되는 해이기 때문이었다.

그래서 예조참판 김진규가 공사를 주관하면서 그 규모와 제사 의식을 정하였고, 호조판서 조태채의 의견에 따라 대보단의 문서에는 청나라 연호를 쓰지 않게 되었다.

대보단은 숙종 30년(1704)에 공사를 시작하였는데, 본격적인 공역에 앞서 숙종은 의종황제를 제사지냈다. 그리고 대보단이 완공된 이듬해 3월 9일 대보단에서 처음으로 명나라 신종(神宗)황제를 제사하였다.

숙종 30년(1704) 1월 10일 숙종은 대신과 비국(備局)의 제신(諸臣)을 인견하고서 명나라 만력황제(萬曆皇帝: 신종神宗)와 숭정황제(崇禎皇帝: 의종毅宗)의 제향(祭享)에 관하여 의논하였다. 이해는 명나라가 망한 지 주갑(周甲: 60년)이 되는 해였다. 만력황제는 임진왜란 때 원군(援軍)을 보내준 황제이고, 숭정황제는 명나라 마지막 황제였다. 명나라는 숭정(崇禎) 17년(1644) 즉 조선 인조 22년에 망하였다.

이에 인현왕후의 오라비인 민진후(閔鎭厚, 1659~1720)가 효종 때 송시열의 복수설치(復讐雪恥)를 예로 들면서 숙종도 그 뜻을 이어받을 것을 청하였다. 그리고 송시열의 유언(遺言)에 명나라 두 황제의 제사를 수제자인 권상하(權尙夏, 1641~1721)에게 부탁하였다는 말을 하였다. 그리하여 숙종은 묘우(廟宇)를 세워 제향할 것인지 서서히 의논하여 정하라고 하였다.

　　대신과 비국(備局)의 제신(諸臣)을 인견하였다. 임금이 말하기를, "금년은 곧 갑신년(甲申年)으로 명(明)나라가 이해 3월에 망하였다. 전사(前史)를 두루 열람하여 보면 망한 나라가 한이 없지만, 유독 숭정황제(崇禎皇帝)가 나라를 잃은 데 이르러서는 울음이 솟구쳐 차마 읽을 수가 없었다. 우리나라가 개국한 초기에 황조(皇朝)에서 은혜를 베풀어 조선(朝鮮)이라는 호칭을 내리고 내복(內服)19)과 똑같이 대우하니, 열성(列聖)께서 서로 이어오면서 지성으로 사대(事大)한 것이다. 임진왜란 때 선묘(宣廟: 선조宣祖)께서 멀리 용만(龍灣: 의주義州)으로 파천(播遷)하시어 내부(內附: 중국으로 들어감)하려고까지 하였었는데, 신종황제(神宗皇帝)가 천하의 힘을 다 기울여 동쪽으로 출병(出兵)시켜 구원하였으므로, 다시 나라를 재건할 수 있었다. 우리 동방의 곤충(昆蟲)과 초목(草木)까지도 무엇 하나 황제의 은택을 입지 않은 것이 없다. 정축년(인조15, 1637)의 일도 차마 말하지 못할 점이 있다. 그때 척화신(斥和臣)20)세 사람이 죽음으로써 간쟁하여 그 절의(節義)가 찬란하였으므로 강상(綱常)이 실추되지 않았었다. 지금에 와서 연기(年紀)가 오래되었고, 세도(世道)도 더욱 떨어져 복수(復讎)하여 부끄러움을 씻는 것은 진실로 조석(朝夕) 사이에 기약할 수 없는 일이기는 하지만, 소장(疏章) 사이에도 강개스런 말이 있는 것을 들어보지 못하였고, 이미 멀어질수록 점차 잊어버린다는 지경에 이르고 있으므로, 내가 개탄스럽게 여겨왔다. 그런데 이제 주갑(周甲)의 해를 맞

───────────────

19) 내복(內服): 천하를 오복(五服)으로 나누었는데 그 가운데 요복(要服) 이내를 말하는 것으로, 중국과 똑같이 여겼다는 뜻
20) 척화신(斥和臣): 병자 호란(丙子胡亂) 때 화의(和議)를 죽음으로써 반대하던 오달제(吳達濟)·윤집(尹集)·홍익한(洪翼漢) 세 신하를 말함

이하니 감회가 창연하다" 하니, …

판윤(判尹) 민진후는 말하기를, "효묘조(孝廟朝)에 임용한 신하 가운데 선정신(先正臣) 송시열의 경우는 그 제회(際會)의 융숭함이 전대(前代)에서는 견줄 데가 없었고, 그 주밀한 모유(謨猷)가 모두 복수하여 부끄럼을 씻을 계책이어서, 항상 원통함을 머금고 아픔을 참는 것이 박절하여 그만둘 수 없는 뜻을 마음에 두었습니다. 송시열이 몰(歿)한 뒤로 누가 다시 이런 등등의 이야기를 임금에게 아뢴 적이 있었습니까? 효묘께서 큰 계책에 분발하신 것은 말뿐만이 아니라 그 실정(實情)과 실효(實効)가 있었음을 지금에도 징험할 수가 있습니다. 전하께서 효묘의 지위에 거하시어 효묘의 업(業)을 이으셨으니, 선대의 뜻을 이어받아 일을 하는 것을 바로 복수하여 부끄러움을 씻는 데 두어야 합니다. 그런데 세도가 날로 비하되고 국세가 날로 약해져 가니, 대계(大計)의 성공은 이미 말할 수가 없게 되었을 뿐 아니라, 도리어 조석을 보존하기에도 급급한 걱정이 있으니, 생각이 여기에 이르면 어찌 개연한 마음이 없겠습니까? 지금부터는 더욱 분발하고 면려하여 한결같이 효묘를 본받으소서." 하고, …

임금이 비로소 말하기를, "제신들이 진계(陳戒)를 내가 마땅히 체념(體念)하겠다. 그리고 나의 의견을 말하건대, 우리나라가 오늘이 있게 된 것은 모두 신종황제(神宗皇帝)의 힘인 것으로, 깊은 인애(仁愛)와 두터운 은택을 갚을 길이 없어 감개스런 내 마음이 이해에 더욱 간절한 것이다. 양호(楊鎬)와 형개(刑玠)는 동정(東征)때의 수신(帥臣)이었는데도 사우(祠宇)가 있는데, 아직 신종황제를 위해서 묘(廟)를 지은 일은 없었다. 선정신 송시열이 일찍이 이에 대한 의논을 제기하여 척화신(斥和臣) 세 사람을 그 묘정(廟庭)에 종향(從享)하려 했었는데, 이에 대한 이야기는 삼학사전(三學士傳)에 있다. 이 일은 어떠한가?" 하였는데,

...

민진후가 말하기를, "신(臣)이 그에 대한 전후 사실을 상세히 알고 있으니, 진달하겠습니다. 신의 중부(仲父)인 고(故) 상신(相臣) 민정중(閔鼎重)이 연경(燕京)에 사신(使臣)으로 갔을 적에 숭정황제의 어필로 된 '비례부동(非禮不動)'이라는 네 글자를 얻어가지고 돌아와서 송시열에게 보였더니, 송시열이 화양동의 절벽을 다듬어 이를 새겼습니다. 이어 작은 암자(菴子)를 지었는데, 고 상신 김수항(金壽恒)이 장편(長篇)의 부(賦)를 지어 그 일을 서술하였습니다. 송시열이 몰할 적에 권상하에게 글로 써서 보이기를, '내가 묘우를 세워 두 황제를 제사지내려 하였으나, 일을 이루지 못한 채 뜻만 지니고 죽으니, 그대는 모름지기 김(金)·민(閔) 양가(兩家)의 자손들과 상의하여 이를 이룩하기 바란다.' 하였는데, 그 글 가운데 '모옥(茅屋)을 지어 소왕(昭王)을 제사지냈다.'는 이야기가 적혀 있었습니다. 권상하가 그 유의(遺意)를 받들어 근방의 뜻을 같이하는 선비들과 함께 화양동에 오가옥(五架屋)을 짓고 두 황제를 제사지냈는데, 위판(位版)은 더욱 감히 사용하지 못하고, 지방(紙榜)으로 제사지내고 나서는 불태웠습니다. 이 일은 사체(事體)가 매우 중대한 것이어서 조정(朝廷)의 명이 있기 전에는 참람하고 외람된 두려움이 없지 않습니다. ···
『숙종실록』권39. 30년 1월 10일

이해에 송시열의 제자 권상하는 스승의 유지를 받들고 문인들인 민진후(閔鎭厚), 정호(鄭澔) 등과 함께 유생들의 협력을 얻어 속리산 화양계곡에 만동묘(萬東廟)를 창건하고 신종과 의종의 신위를 봉안하여 제사지냈다.

3월 7일 숙종은 비망기(備忘記)를 내려 명나라 신종(神宗)과 의종(毅宗)황제의 제사 절차를 의논하게 하였다. 민진후

는 이목(耳目)이 너무 번다한 곳은 마땅하지 않으니 창덕
궁의 후원(後苑)에 제단(祭壇)을 설치할 것을 청하고 아울
러 그 절목(節目)을 올렸다. 그리고 의종황제의 기일(忌日)
을 『명사 明史』 등을 상고하여 3월 19일로 정하였다. 그리
하여 당일인 3월 19일 숙종이 후원에 가서 의종황제 제사
를 지냈다.

청주 속리산 화양계곡에 있는 '비례부동(非禮不動)' 각자(刻字)
우암 송시열은 이 숭정 황제의 친필을 바위에 새기고 제사
를 지냈다.

만동묘(萬東廟) 터. 복원전의 모습이다.

만동묘 복원 후

9월 16일 숙종은 묘우(廟宇)를 세워 신종황제를 제사지내고자 신하들과 의논하였다. 이에 제신들은 제후로서 천자를 제사지내는 것은 전거할 만한 근거가 없으니 묘우 대신에 단(壇)을 세워 제사지낼 것을 청하였다. 그리하여 숙종도 신하들의 의견을 따라 단(壇)을 세울 것을 명하였다. 10월 3일 예조판서 민진후가 단(壇) 세울 터를 내빙고(內氷庫)로 정하여 빙고를 다른 곳으로 옮길 것을 청하였는데, 그 터가 좁아서 별대영(別隊營)의 자리로 다시 정하였다. 그리고 숙종은 단에 드나드는 문의 이름을 '조종(朝宗)'이라 정하였다. 그리고 예조참판 김진규(金鎭圭, 1658 ~1716)에게 명하여 팔분체(八分體)로 편액(扁額)을 써서 올리게 하여 판(板)에 새겨 걸게 하였다. 그리고 민진후가 수어사가 되어 외방에 나가게 되니 김진규가 대신 이 일을 관장하게 되었다.

10월 14일 예조참판 김진규가 대보단의 규모와 제사를 지내는 의식을 올렸다. 그리하여 숙종은 우리나라 사직단(社稷壇)의 예에 의하여 사방 25척으로 하고, 높이는 중국의 사직단에 따라 5척으로 하고, 단폐(壇陛)는 땅에서 단면(壇面)에 이르기까지 아홉 계단으로 하고, 등가(登歌)와 헌가(軒架)는 한결같이 사직단의 제도를 본받아 하게 하고 팔일무(八佾舞) 등을 행하게 하였다. 그러나 5척이었던 높이는 4척으로 낮아져 완성되었다. 김진규는 광성부원군 김만기(金萬基)의 아들로 숙종비 인경왕후(1661~1680)의 오라비가 되는 인물이다.

11월 25일 숙종은 단소(壇所)의 문서에는 청(淸)나라 연호(年號)를 쓰지 말라고 하였다. 이는 호조판서로 있던 조태채(趙泰采)의 의견을 따른 것이었다. 그리고 같은날 대제학 송상기(宋相琦)가 제단의 이름을 '대보(大報)'로 정하여 올리고, 제악(祭樂)에 쓰는 악장을 지어 올렸다.

'대보'란 『예기 禮記』 교특생(郊特牲)에서 나온 말로서 역시 교천(郊天)의 뜻이며 겸하여 보덕(報德)의 뜻도 있다고 한다.

12월 20일 이보다 앞서 대보단에서 제사 날짜를 매년 정월 상순으로 정했었다. 이에 예조판서 민진후가 천자(天子)가 동쪽으로 순수(巡狩)한다는 뜻을 빌어 3월에 거행하기를 청하였었다.

다음 날인 12월 21일 대보단(大報壇)이 준공되었다. 10월 3일부터 공사를 시작한 것을 이제 끝낸 것이었다.

　　대보단(大報壇)이 준공되었는데, 단(壇)은 창덕궁 금원(禁苑)의 서쪽 요금문(曜金門) 밖 옛날 별대영(別隊營)의 터에 있었다. 단의 제도는 좌의정 이여(李畬)의 말에 따라 우리나라 사직의 제도를 모방하여 유(壝: 제단祭壇 둘레에 낮게 쌓은 담)가 있고 장(墻)이 있는데, 담장 높이는 4척(尺)으로서 사직단에 비하여 1척이 높고 사방 넓이가 25척이며 네 면에 모두 9급의 층계(層階)가 있었다. 유(壝)와 장(墻)의 네 면은 모두 37척이요, 단소(壇所)로부터 외장(外墻)을 쌓아 행인(行人)이 내려다보지 못하게 하였다. 10월 초3일로부터 역사를 시작하여 이때에 이르러 공사를 마쳤는데, 예조판서 민진후·공조판서 서종태(徐宗泰)·호조판서 조태채 등이 시종 감독했다. 그 사이 민후는 수어사(守禦使) 직임의 일로 남한산성에 나가 있었고 김진규가 차관(次官)으로 명을 받들고 공역을 감독한 지 매우 오래되었다.

　제사 지낼 때를 정한 의논은 아래에 덧붙여 보이는데, 여러 대신들이 모두가 1년에 한 번 지내는 것이 마땅하다고 했으며, 제사를 행하는 기일에 있어서는 혹은 정월이 좋다고 말하기도 하고 혹은 3월이 마땅하다 하였으며, 혹은 2월이 마땅하다 하고 혹은 4월이 마땅하다고 하였으나, 마침내 3월로 결정되었다. …『숙종실록』숙종 30년 12월 21일

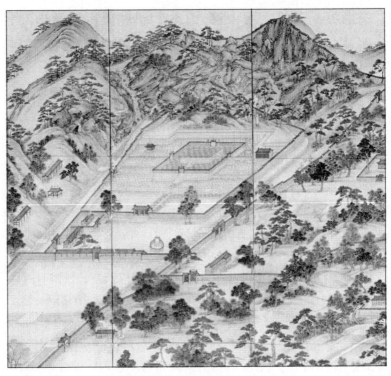

동궐도(東闕圖)의 **대보단(大報壇)** (고려대 박물관)

　숙종 31년(1705) 1월 13일 예조에서 대보단의 제기(祭器)와 규찬(圭瓚)은 한결같이 종묘에서 사용하는 체제와 모양을 따를 것을 청하니 숙종도 그 의견을 따랐다.

3월 9일 숙종이 대보단에서 신종황제의 제사를 지냈다.

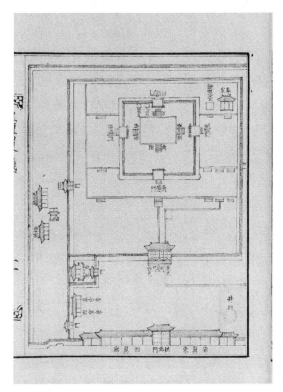

황단중수의
(영조 23년)
규장각한국학연구원

■ 북한산성 중축

북한산성은 원래 백제시대의 산성이었다.

숙종 37년(1711)에 대보단과 비슷하게 북벌(北伐)의 의미가 있는 북한산성을 축조하였다. 북한산성은 효종 10년(1659)에 송시열이 효종의 명을 받아 수축하였었다. 그러다 효종이 승하 후 중단되었다가 다시 이때 와서 시작된 것이었다. 숙종은 민진후와 김중기로 하여금 산성 축조를 주관하게 하였는데, 후에 민진후는 김우항으로 교체되었다. 그리하여 북한산성에는 행궁(行宮)과 군창(軍倉)이 세워지게 되었다.

숙종 37년(1711) 2월 5일 숙종은 대신과 비국의 제신을 인견하고서 북한산(北漢山)에 축성(築城)하는 일에 대하여 의논하였다. 이때 이미 숙종은 북한산 축성에 대하여 결심한 듯 제신들 이견(異見)을 모두 살피지 않았다.

2월 10일 좌의정 서종태(徐宗泰, 1652~1719)의 청으로 민진후(閔鎭厚, 1659~1720)가 북한산 구관당상(句管堂上)이 되었고, 무신(武臣)에서는 김중기(金重器)가 일을 같이하게 되었다.

서종태는 서문상(徐文尙)의 아들로 숙종 1년(1675)에 생원시에 장원으로 합격하였다. 그 후 문과에 급제하였고, 기사환국 당시 인현왕후가 폐서인되자 오두인(吳斗寅), 박태보(朴泰輔) 등과 함께 상소를 올리고 벼슬에서 물러났다. 갑술환국 이후 다시 서인이 정국을 주도하자 벼슬길에 나와 대제학, 대사헌 등을 역임하고 후일 영의정까지 올랐다.

민진후는 민유중의 아들로 숙종비 인현왕후의 오라비가 되는 인물로 민진원(閔鎭遠, 1664~1736)의 형이다.

이보다 앞서 숙종 36년에 12월 18일 이이명(李頤命, 1658~1722), 우의정 김창집(金昌集, 1648~1722), 좌윤 김진규(金鎭圭, 1658~1716)가 북한산에 가서 형세를 살펴보고 왔다. 김창집은 형세를 그린 도본(圖本)을 바쳤고, 성을 쌓을 수 있는 지리적 형편을 아뢰었다.

이이명과 김창집은 경종 신임사화 당시 왕세제 연잉군(延礽君: 영조)을 보호하다가 사사당한 노론사대신(老論四大臣)에 해당하는 인물이다. 김진규는 숙종비 인경왕후의 오라비가 되는 인물로 김만기의 아들이다.

3월 20일 병조판서 최석항(崔錫恒, 1654~1724)이 상소하여 북한산성 축조의 불편함을 논하니, 숙종은 백성과 더불어 나온 계책이니 그만둘 수 없다고 하였다. 그리하여 3월 21일 숙종은 민진후와 축성 제반의 일을 의논하였다. 4월 30일 민진후를 대신하여 김우항(金宇杭, 1649~1723)이 구관당상이 되었다.

김우항은 김홍경(金洪慶)의 아들로 본관은 김해(金海)이다. 현종 15년(1674) 갑인예송(甲寅禮訟) 당시 자의대비(慈懿大妃) 복상문제로 우암 송시열이 유배를 가게 되자 그 부당함을 상소하였다. 숙종 15년 기사환국 당시 유배되었다가 숙종 20년 갑술환국으로 서인이 집권하자 등용되었다. 우의정을 거쳐 경종 1년(1721)에 영중추부사가 되었는데, 이듬해 노론사대신들이 사사당하자 그 부당함을 주장하여 반대하였다. 그러다가 급진 소론(少論)으로 신임사화를 일으킨 김일경에 의해 화를 입게 된 인물이다.

7월 13일 김우항 등이 북한산성 행궁의 기지(基址)를 가서 살펴보고서 아뢰어 상원암(上元菴)의 장소를 행궁(行宮) 축조(築造) 장소로 정하였다. 7월 24일 총융사 김중기가 북한산성의 축성과 통도(通道) 등의 형세를 아뢰었다. 10월 19일 북한산성 역사를 마쳤다. 지난 4월 3일부터 시작한 공사이었다.

10월 23일 북한산성을 주관할 사람을 비국의 신하들과 의논하여 우선 북한산성이 완전히 완성될 때까지 한하여 3군문(三軍門)에서 주관하게 하였다.

숙종 38년 4월 9일 판중추부사 이유(李濡, 1645~1721)가 차자를 올려 북한산성의 형편을 논하면서 조지서(造紙署)에 중성(中城)을 축조(築造)한 뒤, 한 대장(大將)을 따로 두어 지키고 도성(都城)을 외성(外城)으로 삼기를 청하였다. 다음 날인 4월 10일 숙종이 북한산성에 가서 여러 신하들과 북한산성의 형편을 논하였다.

5월 3일 총융청에서 북한산성의 중성(重城)을 쌓기 시작하였다. 10월 3일 북한산성의 청호(廳號)를 경리청(經理廳)으로 정하라 명하고, 주관하는 대신은 도제조(都提調), 당상(堂上)은 제조라 하고, 삼군문(三軍門)의 대장은 또한 으레 제조를 겸임하도록 하였다. 10월 8일 어영청(御營廳)과 금위영(禁衛營)이 주관하는 북한산성의 성랑(城廊)·창고·문루(門樓)와 못을 파고 우물을 만드는 역사가 완료되었다. 10월 20일 영의정 이유(李濡)의 청으로 탕춘대(蕩春臺)에다 창고를 세우고 군향(軍餉)을 저장하여 북한산성의 형세를 굳건히 하게 하였다.

대남문(大南門)과 북한산성(北漢山城). 사적 제162호

■ 가례원류 시비

숙종 41년(1715)에 일어난 노론과 소론간의 『가례원류家禮源流』소유권에 대한 분쟁이다. 『가례원류』는 시남(市南) 유계(兪棨, 1607~1664)가 편찬한 것이다. 당시 유계의 손자 유상기(兪相基)가 간행하였는데, 이를 윤증의 아들 윤행교(尹行敎)가 할아버지 윤선거와의 공저(共著)임을 주장하였다. 그리고 권상하와 정호(鄭澔, 1648~1736)가 쓴 발문(跋文)에 윤증이 스승 송시열을 배반하였다는 내용이 있어 소론은 더욱 노론을 공격하게 된 것이다.

가례원류(규장각 한국학연구원)

이보다 앞서 숙종 39년(1713) 5월 20일 좌의정 이이명이 『가례원류』의 간행에 재력(財力)을 보조하여 줄 것을 청하였다. 유계의 손자 유상기가 지금 용담현령(龍潭縣令)으로 있으면서 간행하려고 하는데 그 고을의 재력이 넉넉하지 못하기에 마땅히 본도(本道)에 명하여 보조해줄 것을 청한 것이었다. 그래서 숙종은 이이명의 의견을 따랐다.

유계가 귀양살이하던 중에 편수한 『가례원류』를 임종(臨終)에 임하여 제자인 윤증에게 수식(修飾)과 윤색(潤色) 등 그 마무리작업을 부탁하였는데, 그 뒤에 윤증 부자가 그대로 그 책을 머물러두고 돌려주지 않았다 한다. 이이명이 경연에서 아뢴 뒤에야 유상기가 그 책을 찾아서 간행하려 했으나 윤증이 미루고 돌려주지 않았다고 한다. 이후 유상기가 그 초본(初本)을 간행하였는데, 권상하와 정호가 쓴 발문에 윤증이 스승이었던 유계와 송시열을 배반한 것을 언급하였다. 이렇게 책이 간행되자 윤증의 아들 윤행교는 유계의 손자 유상기에 맞서 소유권을 주장하게 된 것이다.

이에 숙종은 우선 당일로 정호(鄭澔)를 파직하고, 이듬해 유상기를 나주(羅州)로 귀양보내었다. 우선 소론측의 주장을 들어준 것이었다. 11월 10일 전라도 유생 유규(柳奎) 등이 상소하여 윤증을 위해 『가례원류』의 일을 신변(伸辨)하면서 정호와 권상하의 처벌을 청하였다. 이에 11월 12일 이이명이 유규의 상소로 인하여 사직소를 올렸고, 11월 16일 수찬으로 있던 어유구(魚有龜)는 유규의 상소를 배척하였다.

숙종 42년 1월 25일 대사헌 권상하가 상소하여 『가례원류』의 후서(後序)를 지은 것 때문에 자신에게 벌을 줄 것을 청하였다. 권상하는 이보다 앞서 정호가 파직되었기 때문에 곧 상소하여 같이 죄받기를 청하였던 것이다. 1월 29일 숙종은 승지 이재(李縡, 1680~1746)에게 앞으로 『가례원류』에 관계된 소장을 일체 받아들이지 말라고 하유하였다. 3월 16일 부제학 유봉휘(柳鳳輝)의 청으로 숙종은 권상하를 파직하였다. 유봉휘는 윤증을 지지하는 소론계 인사이다. 이에 같은날 교리 홍계적(洪啓迪, 1680~1722)이 상소하여 권상하를 파직함은 부당하다고 아뢰었으나 되려 숙종은 그를 매우 책망하였다. 3월 18일 윤증의 아들로 충청감사로 있던 윤행교가 상소하여 자신의 아버지를 변호하고서 권상하를 비판하였다.

그러나, 7월 6일 숙종은 김창집과 권상하를 서용하라고 명을 내렸고, 이어서 회니시비에서 윤증이 그르다고 판정을 하였다. 그리하여 『가례원류』에 권상하의 서문(序文)을 다시 새겨 넣으라고 명하였다. 후일에는 정호의 발문(跋文)도 그대로 두라고 하였다. 이날 정호도 직첩을 환수받게 되었다. 7월 7일 숙종은 특교(特敎)로 권상하에게 하유하면서 지난날 『가례원류』의 일에 대해서는 그 곡절을 잘 알지 못하여 잘못 판단하였다고 하유하면서 빨리 서울로 올 것을 명였다.

시남 유계 신도비각

전북 익산시 성당면 와초리 산96-1 소재

현종 9년(1668) 우암 송시열이 글을 지었는데, 서거후 94년만인 영조 33년(1757년)에 건립되었다. 좌대는 높이 39cm, 두께 120cm, 폭 166cm이며, 비신은 높이 231.5cm, 두께 45cm, 폭 85cm이며, 관석은 높이 50cm, 두께 90cm, 폭 120cm이다. (출전 : 문화재청)

■ 병신처분

숙종 42년(1716) 7월에 숙종은 송시열과 윤증 사이에 벌어진 회니시비(懷尼是非)에 대하여 윤증을 그르다고 판정하였다. 이것을 병신년의 처분이라는 뜻에서 '병신처분(丙申處分)'이라고 한다.

숙종 42년 2월 28일에 판중추부사 이여(李畬)가 차자(箚子)를 올려 윤증이 자기 아버지의 묘갈 때문에 스승 송시열을 배사(背師)한 것에 대한 시말(始末)을 정확히 진달하였다.

> 판중추부사 이여(李畬)가 차자(箚子)를 올렸다.
> 대략 이르기를, "가만히 생각하건대 스승은 사람마다 다 있는 것이 아니고 또 경중(輕重)·심천(深淺)의 구별이 없지 않으므로 옛 성인이 오륜(五倫)으로 논하였습니다. 그래서 스승과 제자가 함께 하지 않았으나 이미 스승과 제자로 정하여지고 또 도의(道義)로써 서로 전하였다면 그 은혜와 그 의리는 나를 생육한 것과 같으니, 이것이 세 사람에게서 생육되어 한결같이 섬긴다는 가르침이 있는 까닭입니다. 그 가운데에서 말하면, 아버지·아들 사이와 스승·제자 사이에 경중의 구분이 있다는 것은 신도 그렇지 않다고 생각하지 않으나, 아버지와 아들 사이야 본디 중하거니와 스승과 제자 사이도 어찌 가볍게 끊을 수 있겠습니까? 혹 불행히 아버지·아들과 스승·제자 사이에 둘 다 보전할 수 없는 일이 있다면 본디 당연히 아버지와 아들 사이를 앞세우고 스승과 제자 사이를 미루어야 하겠으나, 그 처치하는 방법에도 도리가 있습니다. 그러므로 스승에게 참으로 과실이 있다고 핑계하여 창을 들고 반격할 수 없는 것은 분명한데, 더구나 그 과실이

반드시 스승에게 있지도 않은 것이겠습니까? 옛 군자는 절교하면서 나쁜 말을 내지 않았으니, 벗 사이에서도 오히려 그러하거늘 하물며 스승과 제자 사이이겠습니까? 이 의리는 명백하여 본디 알기 어렵지 않은데, 이제 성상께서는 고(故) 상신(相臣) 윤증(尹拯)의 처의(處義)에는 조금도 흠이 없는 듯이 여기시니, 이것이 인심이 승복하지 않는 까닭입니다.

.... 선정(先正: 우암 송시열)이 윤증에게서 원망받은 까닭은 그 아비 윤선거(尹宣擧)의 갈문(碣文) 때문이었습니다. 갈문이 아직 지어지기 전에는 윤증이 선정을 섬기는 것이 70 제자가 공자(孔子)를 따르던 것과 조금도 다름이 없었는데, 그 갈문을 짓게 되어서는 제 뜻에 차지 않자 선정을 헐뜯기를 다시 여지가 없을 정도로 하였습니다. 만약에 선정이 윤증의 뜻대로 모두 따라서 애초에 넘치는 말을 아끼지 않았더라면 윤증이 선정을 섬기는 것이 반드시 처음부터 끝까지 변함이 없었을 것입니다, 스승과 제자의 의리가 과연 이렇게 하고 말아야 마땅하겠습니까?
....『숙종실록』숙종 42년 2월 28일

같은날 사학(四學)의 유생 1백 15인이 상소하여 윤증을 비판하였다. 유생들은 송시열이 쓴 윤선거 묘문의 초본까지 보이며 윤증의 잘못을 비판하였다. 3월 3일에는 윤증의 문인인 전(前) 세마(洗馬) 최석문(崔錫文) 등이 상소하여 윤증이 송시열을 배사하게 된 전말을 아뢰면서 윤증을 옹호하였다. 3월 5일에는 태학의 유생 김순행(金純行) 등이 윤증을 비판하고서 재사(齋舍)를 비우고 나가버렸다. 이렇게 윤증의 문인들은 자신이 스승을 옹호하기 위해서 상소를 올리고, 송시열의 문인들도 상소를 올려 시비논쟁은 더욱 확산되어갔다.

7월 2일 숙종은 윤증의 「신유의서 辛酉擬書」와 송시열이 지은 윤선거의 「묘문墓文」을 함께 써서 들이라고 명하였다. 7월 6일 숙종은 재차 명하여 「의서擬書」와 「묘문」을 들이라고 하였는데 명을 빨리 수행하지 않은 주서(注書)를 파직하였다. 같은날 송시열을 위하여 신변(伸辨)한 유생들이 정거(停擧)의 벌을 받았었는데 숙종이 모두 그것을 풀어주었다. 그리고 전 판중추부사 김창집(金昌集), 전 대사헌 권상하(權尚夏)를 모두 서용하라고 명하였다. 이날 숙종은 윤증의 「신유의서」와 송시열이 쓴 윤선거의 「묘문」을 보고서 판부사 이여(李畬)가 차자로 논한 것이 옳다고 하였다. 그리고 유생들이 송시열을 신변한 것이 괴할 것이 없다고 하교하였다. 즉 윤증을 그르다고 판정한 것이다.

숙종은 이날 『가례원류家禮源流』를 정원(政院)에 내리고 권상하의 서문(序文)을 다시 새겨서 넣으라고 명하였다. 그리고 문외 출송된 정호와 민진원(閔鎭遠)을 풀어주고 직첩을 돌려주었다. 같은날 이의현(李宜顯)을 도승지, 송상기(宋相琦)를 이조판서, 권상하를 대사헌 겸 찬선좨주(大司憲兼善祭酒), 김창집을 행판중추부사에 임명하였다.

7월 10일 숙종은 송시열이 지은 「묘문」은 윤선거에게 욕(辱)됨이 없다고 하였다.

임금이 하교하기를, "「묘문墓文」 가운데에는 본디 욕(辱)이 윤선거에게 미친 일이 없으니, 일종(一種)의 운운이라는 말은 절로 사실에 어그러지는 것으로 돌아가고, 이제까지 대간(臺諫)의 논계(論啓)에 인용된 『주례 周禮』의

글도 마침내 그것이 적합한 줄 모르겠다." 하였다.『숙종
실록』숙종 42년 7월 10일

7월 12일 정호(鄭澔)를 대사헌, 권상하를 좌찬성 겸 세자
이사(左贊成兼世子貳師), 이만성(李晚成, 1659~1722)을 형조
판서에 임명하였고, 7월 14일 김창집을 좌의정에 임명하였
다. 7월 17일에는 관학 유생 오명윤(吳命尹) 등이 상소하여
윤증에 대한 시비가 뒤바뀐 것에 대하여 비판하였다. 즉
숙종이 「신유의서」와 「묘문」을 보고서 윤증이 잘못했다고
판정한 것을 비판한 것이었다. 이에 숙종은 소두(疏頭)인
오명윤을 정거(停擧)에 처하였다.

7월 25일 경기·충청·전라의 유생 60여인이 상소하였
는데, 윤선거의 문집에 효종대왕을 무함한 것이 있으니 임
금께서는 그것을 보고 처분할 것을 청한 것이었다. 이에
숙종은 윤선거의 문집을 들이라고 하니, 승정원에서 유생
이 가져온 것을 바쳤다. 그리고 8월 24일 좌의정 김창집은
차자를 올려 시비가 끊이지 않는 윤선거의 문집의 판본을
헐어버릴 것을 청하였다. 그리하여 숙종은 판본을 헐어없
애 시비를 밝히는 뜻을 보이고 이제부터 변명하는 상소는
일체 봉입하지 말게 하였다.

9월 10일 숙종은 윤선거문집 판본을 빨리 없앨 것을 명
하였다. 9월 24일 홍문관에서 송시열이 엮은『주자대전차
의朱子大全箚疑』의 교정을 찬성 권상하가 끝냈으니 모두
17책인데, 이를 서둘러 교서관(校書館)에서 간행할 것을 청
하니, 숙종이 그대로 따랐다.

우암 송시열 신도비각. 충청북도 기념물 제10호

충청북도 괴산군 청천면 청천리 7-1 소재

10월 14일 장령 조영복(趙榮福, 1672~1728)·지평 조성복
(趙聖復, 1681~1723)이 잇따라 상소하여 윤선거를 '선정(先
正)' 이라 부르는 것을 금할 것을 청하였다. 숙종은 이에
이들의 의견을 따라 다시는 윤선거를 그리 부르지 못하게
명하였다. 12월 29일에는 윤증(尹拯)도 '선정' 이라 부르지
못하게 하였다. 조성복은 경종 1년 왕세제[영조]의 대리청
정을 청하는 상소를 올렸다가 신임사화에 피화된 인물이
다. 그리고 숙종은 송시열과 송준길의 서원에 어서(御書)한
원액(院額)을 내렸다. 즉 속리산 화양계곡 만동묘 옆에 있
는 송시열의 화양서원(華陽書院)에 내린 것이다.

> 문정공(文正公) 송시열과 문정공 송준길의 서원(書院)에
> 어서(御書)한 원액(院額: 서원의 편액)을 내리고, 임금이 하
> 교하기를, "내가 생각하건대 낭성(娘城: 청주淸州)에 화양
> 서원(華陽書院)이 있고 상산(商山: 상주尙州)에 흥암서원(興
> 巖書院)이 있으니, 바로 두 선정(先正)의 사액서원(賜額書
> 院)인데, 편액(扁額)을 건 지 세월이 오래되었다. 병중이므
> 로 필획(筆劃)이 더욱 졸렬하나, 반드시 친히 써서 판자에
> 새겨 내리려 하는 것은 내가 존경하는 마음을 붙이기 위
> 함이다. ...『숙종실록』숙종 42년 10월 14일

숙종 43년(1717) 1월 11일 숙종은 윤증의 서원(書院)을 새
로 세우는 일을 폐지하라고 명하였다. 이보다 앞서 향유
(鄕儒) 심익래(沈益來) 등이 상소하여 윤증을 위하여 홍주
(洪州)에 사우(祠宇)를 세우기를 청하였기 때문이다. 다음날
1월 12일 숙종은 하교하여 윤증을 '유현(儒賢)'이라고 부르
지 말게 하였다. 그래서 자신이 어진 이를 존중하고 간사

한 자를 배척하는 뜻을 명백하게 보이도록 하였다. 5월 29일 숙종은 윤선거와 윤증 부자의 관작을 삭탈하라고 명하였다. 이보다 앞서 동부승지로 있던 김보택(金普澤, 1672~1717)이 상소하여 그들의 관작 추탈을 청하니 숙종은 자기의 뜻과 부합된다고 하면서 명을 내린 것이었다. 김보택은 김만기(金萬基)의 손자이자 김진구(金鎭龜)의 아들로 김춘택의 동생이 되는 인물이다.

이에 앞서 봉조하 송시열을 양조(兩朝)에서 예우(禮遇)하던 유현(儒賢)이라 하여 왕이 빈사(賓師)로 대접했는데, 그 문도(門徒) 윤증이 역적 윤휴(尹鑴)에게 빌붙어 오래 전부터 송시열에게 이의를 제기하고자 하였다. 송시열이 윤증의 아버지인 윤선거의 묘문(墓文)을 찬술할 때 유양(揄揚)한 바가 그의 기대에 맞지 않자, 윤증은 이 일로 인해 유감을 품고 제 마음대로 고쳐서 물리쳤다. 또 송시열에게 보내는 의서(擬書)를 지어 죄상(罪狀)을 늘어놓으니, 이에 유림(儒林)은 분열되고, 조정의 의논은 마구 흩어져 반세(半世) 동안 윤증이 스승을 배반한 것을 당연한 도리로 여기는 데로 쏠렸다. 왕도 또한 그 일의 실상을 통촉하지 못하고, 일찍이 '아버지와 스승은 경중(輕重)이 있다.'고 하교하였는데, 병신년에 이르러 묘문(墓文)과 의서(擬書)를 직접 얻어 읽어 보자 비로소 그 빙자하여 허구날조한 정상을 살피고 드디어 하교하기를, '아버지와 스승의 경중(輕重)에 대한 설(說)을 일찍이 이미 하교하였으나, 한 번 의서와 묘문을 상세히 본 뒤로 내가 깊이 의리(義理)를 연구하여 시비(是非)가 크게 정해졌으니, 후세(後世)에 할 말이 있게 되었다. 나의 자손된 자들은 모름지기 이 뜻을 따라 굳게 지키고 흔들리지 않아야 옳을 것이다.' 하였다. 『숙종실록』「숙종대왕행장」

이렇게 가례원류시비와 회니시비에서 명분을 지킨 노론이 승리함으로써 숙종 43년 이이명의 정유독대(丁酉獨對)와 왕세자 대리청정이 이어졌다.

이 당시 숙종은 송시열을 비난한 윤증의 신유의서(辛酉擬書)와 송시열이 쓴 윤선거의 묘문을 함께 보고서 윤증을 그르다고 판정한 것이었다. 그리하여 숙종은 『가례원류』에 권상하의 서문을 다시 새겨 넣도록 하였다. 그리고 정호를 대사헌, 권상하를 세자이사(世子貳師), 김창집을 좌의정에 임명하였다. 그리고 윤선거문집의 판본을 헐어 없애버리도록 하였다. 그리고 숙종 43년(1717)에 윤선거와 윤증 부자의 관작을 삭탈하였고, 이해에 송시열의 스승이자 율곡의 적통인 사계 김장생을 문묘에 배향하였다.

■ 사계 김장생 문묘종사

숙종 7년(1681) 12월 14일 우암 송시열은 사계 김장생이 가례집람 등을 저술한 것이 주자의 제자 면재(勉齋) 황간(黃榦)이 의례경전통해속을 완성한 것과 같다고 하여 문묘종사할 것을 주장하였다.

....이 때문에 고(故) 문원공(文元公) 김장생(金長生)이 정자(程子)와 주자의 학통(學統)을 문성공(文成公) 이이(李珥)에게서 얻어서, 이미 그 학설을 모두 물려받아 마음에 징험하고 몸에 체득한 연후에야 주자께서 한(恨)스러워하던 바를 개탄하고, 만년(晩年)에는 오로지 예서(禮書)에다 뜻을 두었는데, 그것은 대체로 황면재의 글에도 오히려 유감스러운 점이 있어 다시 상의하여야 할 점이 없지 않았기 때문이었습니다.

그가 편찬한 『상례비요(喪禮備要)』·『가례집람(家禮集覽)』·
『의례문해(疑禮問解)』·『예기기의(禮記記疑)』등의 책은 매우
세밀하게 분석하여 물을 담아도 새지 않을 정도이므로
국가의 전장(典章)과 사가(私家)의 경례(經禮)와 변례(變禮)
에 모두 절충(折衷)하는 바가 있되, 한결같이 정자와 주자
의 학설을 주장하였기에 비록 다른 길로 추향하는 집안
이라도 준용(遵用)하지 않는 이가 없었으니, 그 공로가 많
다고 말할 만합니다. 대저 정중(鄭衆)과 두자춘(杜子春)은
단지 『주례(周禮)』의 글을 주석(註釋)한 것으로 오히려 성
무(聖廡)의 향사(享祀)에 참여되었는데, 더구나 문원공(文元
公)은 동방(東方)의 예가(禮家)를 대성(大成)한 데이겠습니
까? 지난해 유생[章甫]들이 신(臣)에게 말하기를, '문원공은
사문(斯文)에 공로가 있는데, 종사(從祀)하는 의논이 아직
도 아무런 반응이 없으니, 이것이 어찌 그만둘 수 없는
것이 아니겠는가?'고 하기에, 신이 그들을 만류하기를, '그
말이 비록 공변된 마음에서 나온 것이기는 하나 온 나라
가 같은 내용의 말을 한 연후라야 백세(百世)토록 미혹(迷
惑)되지 않을 것이다.'고 하고, 겸해서 또 양현(兩賢)에 대
한 주청도 아주 끝나지 않았으니 모름지기 차례를 두는
것이 타당하다고 하였더니, 그 논의가 마침내 중지되었습
니다. 이제 양신(兩臣)의 종사(從祀)는 이미 윤허를 받았으
며, 신이 외람되게 통변(通變)에 대한 질문를 받았습니다.
신이 만약 이러한 즈음에 단지 좋아하는 데 아첨한다는
혐의만 돌아보고서 끝내 전하(殿下)를 위하여 한마디도 하
지 않는다면, 신이 지난날에 그것을 중지시켰던 것이 사
림(士林)의 무궁(無窮)한 한(恨)이 되지 않을지 어떻게 알겠
습니까?

숙종 8년 3월 16일 연산(連山) 진사 유후 등이 김장생(金
長生)을 문묘에 종사하기를 소청(疏請)하였으나, 임금이 따

르지 않았다. 4월 12일 전라도의 생원 최기옹(崔綺翁) 등이 김장생을 문묘(文廟)에 종사(從祀)하기를 청하였으나, 임금이 윤허하지 않았다.

숙종 12년 11월 27일 경기(京畿)의 유생(儒生) 남궁학(南宮學) 등이 소(疏)를 올려 김장생을 문묘(文廟)에 배향(配享)할 것을 청하였다. 세 번 소를 올려 거듭 청하였으나, 윤허하지 아니하였다. 숙종 14년 5년 28일 경상도 생원 남극표(南極杓) 등이 상소(上疏)하여 김장생을 문묘(文廟)에 종사(從祀)할 것을 청하였으나, 허가하지 않았다.

숙종 20년 10월 27일 관학 유생 이세련(李世璉) 등이 상소하여 김장생을 문묘에 배향(配享)하기 청하니, 임금이 우악(優渥)하게 답하기만 하고 윤허하지 않았다. 관학 유생들이 상소하여 김장생을 종사(從祀)하기 청한 것은 이때부터 시작되었다. 숙종 22년 11월 29일 팔도의 유생(儒生) 이정(李珽) 등이 상소하여 김장생을 문묘에 종사하기를 청하였으나, 임금이 어렵게 여겨 윤허하지 않았다. 다시 청하였으나 또 윤허하지 않았다. 숙종 27년 5월 29일 예조에서 김장생을 문묘에 종향하는 일을 대신과 논의할 것을 건의하였다. 숙종 30년 11월 8일 관학 유생 신석(申晳) 등이 상소하여 김장생을 문묘에 배향(配享)하기를 청했으나 임금이 허락하지 않으니, 세 번 소를 올리고 그쳤다.

숙종 33년 10월 25일 관학 유생(館學儒生) 김취로(金取魯) 등이 팔도의 많은 선비들과 더불어 합소(合疏)하여 문원공 김장생을 문묘(文廟)에 종사(從祀)할 것을 청하였다.

숙종 40년 10월 17일 8도 유생 이종해(李宗海) 등이 소를 올려 김장생을 문묘에 종사할 것을 청하였으나, 임금이 신

중히 해야 한다는 뜻으로 비답을 내리고 윤허하지 않았다. 이종해 등이 네 번 소를 올렸으나, 끝내 윤허하지 않았다.

숙종 43년(1717) 2월 29일 숙종이 문원공(文元公) 김장생(金長生)을 문묘에 종사(從祀)하라고 명하였다. 그리하여 예조에서는 5월 20일을 종사하는 길일로 정하였다.

숙종 43년 4월 5일 진사 이상채가 김장생을 비난하는 상소를 올리자 의주에 정배하였다.

진사(進士) 이상채(李相采) 등이 상소하였는데, 대략 이르기를, "문묘(文廟)에 승부(陞祔)하여 선성(先聖)에 배식(配食)하는 것은 사문(斯文)의 성대한 전례(典禮)이므로, 진실로 도(道)가 순일(純一)하고 덕이 갖추어져 백세(百世)의 사표(師表)가 되는 자가 아니면 감히 의논할 수 없습니다. 그런데 세도(世道)가 더욱 떨어져서 변괴가 거듭 일어나고 있는데도 고(故) 참판(參判) 김장생(金長生)을 종사(從祀)하려는 청이 또 일어났습니다. 아아! 김장생은 본래 보통 속류(俗流)로서 음관(蔭官)으로 등용되어 발신(發身)하였는데, 사부(師傅)로 선임할 때에는 청의(淸議)에 지색(枳塞)당하였고, 낭서(郞署)로 의망(擬望)할 때에는 엄교(嚴敎)를 특별히 부지런히 하셨습니다. 80세에 훈귀(勳貴)에 인연하여 차서를 뛰어넘어 재상(宰相)의 반열에 이르러 문득 당세의 은사(隱士)에 억지로 채워졌으나, 문재(文才)가 짧고 견식이 어두워서 보통 서간도 오히려 남들만 못하였습니다. 일생의 사업은 다만 『가례(家禮)』의 분수(分數)에 있었으나, 이른바 『비요(備要)』와 『집람(輯覽)』은 본디 지은 사람이 있었으며, 『의례(疑禮)』라는 글이 본디 하치않은 것인데도 크게 칭찬을 받았으나 혹 경서(經書)의 뜻을 잘못 풀이하거나 그릇된 소견을 섞어 넣었으므로 본디 식자의 비난이 많았습니다. 더구나 그 문답한 것은 의장(儀章)의

품식(品式)에 관한 말단과 명물(名物)의 도수(度數)에 관한 잔단 것에 지나지 않을 뿐입니다. 천인(天人)·성명(性命)의 본원(本原)과   성의(誠意)·정심(正心)·격물(格物)·치지(致知)의 학문에 대하여는 막연하여 그것이 무슨 일인지 깨닫지 못하였으니, 당돌한 향사(鄕祀) 또한 참람한 것이었습니다. 어찌 성무(聖?)에 제사하는 줄에 끼어 의논될 만하겠습니까마는, 지난번 조겸빈(趙謙彬)·윤현(尹俔) 등이 도학(道學)의 문자를 모아서 크게 칭찬하였는데, 종이에 가득히 장황한 것이 자가(自家)의 안면(顔面)은 전혀 없습니다. 이것으로 사방의 귀를 속이고 한 세상을 속여서 올라서는 안 될 곳에 굳이 올리려 하였습니다. 더구나 그 일편(一篇)의 정신은 본디 뜻의 소재(所在)가 있고, 김장생은 하나의 효시(嚆矢)일 뿐이니, 신들은 이에 대하여 저절로 웃음이 나옵니다. 또 그 소(疏)에 김장생의 원류(源流)를 성대히 말하여 연평(延平)·회암(晦庵)을 끌어대어 견주기까지 하였습니다. 아아! 그 원(源)을 논하면 이(理)를 기(氣)로 아는 학문이 선유(先儒)에 배치(背馳)되고, 그 유(流)를 말하면 예(禮)를 무너뜨리고 적통(嫡統)을 어지럽힌 신하로서, 죄가 선조(先朝)에 관계되니, 연평·회암에게도 이러한 병통과 이러한 오류(汚流)가 있었습니까? 아아! 김장생이 평생 동안 존중하고 사사한 자는 주인을 배반한 천얼(賤孼)이고, 친근하여 귀부(歸附)한 자는 어진이를 죽인 거간(巨奸)입니다. 자기와 뜻을 달리하는 명유(名儒)를 헐뜯어 완전한 사람이 거의 없고, 원통하게 죽은 어진 선비를 근거없이 더럽혀서 사우(祠宇)를 헐기를 청하기까지 하였습니다. 심술이 이처럼 매우 편벽되고 논의가 이처럼 어그러졌으나, 다만 그 문하에서 심법(心法)을 이어받은 사람이 한때의 큰 권세를 잡았기 때문에 형세에 몰려 흑백이 거꾸로 놓여 혹 창도하고 혹 화답하여 앞뒤가 서로 응하고 차차로 밀어 물리쳐서 마침내 이에 이르렀습니다. 대성인(大聖人)

을 제사하는 곳이 얼마나 중대한 곳이며, 여러 제자를 승배(陞配)하는 예(禮)가 얼마나 중대한 예인데, 전하께서는 대신(大臣)에게 의논하지 않고 삼사(三司)에 묻지 않고, 당세의 비웃음을 당하는 것을 돌보지 않고, 후세에서 비난하여 조소할 것을 헤아리지 않고, 거둥하여 갑작스러운 때에 서서 이야기하는 사이에 문득 윤허하셨습니까? 이제부터 저들이 성묘(聖廟)를 마치 사당(私黨)의 원우(院宇)처럼 생각하여 오늘 한 사람을 올리고 내일 한 사람을 올리곤 하여 차례로 탐내어 다시는 꺼리는 것이 없어서 당당한 부자(夫子)의 사당이 한 사당의 뜰이 될 것이니, 통분을 금할 수 있겠습니까?" 하고,

진사(進士) 양명하(梁命夏) 등이 상소하였는데, 대략 이르기를, "종사(從祀)는 사체(事體)가 지극히 중대하므로, 성도(聖道)의 적통(嫡統)을 이어 사문(斯文)에 큰 공이 있지 않으면 가볍게 의논할 수 없습니다. 김장생(金長生)은 한낱 자애(自愛)하는 선비일 뿐이고 학문에 뜻을 가진 적도 없습니다. 도리어 그 자품(資稟)이 둔체(鈍滯)하고 식견이 고루(固陋)하여 그 독서(讀書)하고 강학(講學)한 공부에 있어서는 통한 것이 문자에 지나지 않고 본 것이 의리 밖에 없으니, 이제 그 저술한 것에는 전혀 견해(見解)가 없어서 이따금 구어(句語)를 이루지 못한 것을 어찌 속일 수 있겠습니까? 그 재주가 이미 도학에 나아가기에는 부족하였으며, 또 세속적인 선비의 학업도 닦으려 하지 않은 채 오로지 예경(禮經)을 공부하여 일생의 가계(家計)로 삼았습니다. 그리고 이동(異同)을 고교(考校)하고 잔단 것을 초록(抄錄)하는 것은 궁리(窮理)·치지(致知)하는 것처럼 대단히 힘을 쓰는 것이 아니었으나, 사장(詞章)을 기송(記誦)하는 학문에 견주었으니, 차이가 있기 때문이었습니다. 이것이 그가 처음부터 끝까지 학문한 대강입니다. 그 평생의 언론이 당습(黨習)에 물드는 것을 면하지 못하여 공평한 기

상이 매우 부족한 것으로 말하면 본원(本源)의 병통을 식자가 의심하는데, 이제 김장생에게 편드는 자는 『상례비요(喪禮備要)』·『의례문해(疑禮問解)』 따위 글이 마치 유문(儒門)의 큰 사업인 듯이 말하나, 그 또한 쓸쓸할 뿐입니다. 그러나 사대부 중에 취하는 자가 있는 것은 다만 상을 당하여 급작스러울 때에 시골의 글이 없는 곳에서 상고하여 열람해보는 데 편리하기 때문일 뿐입니다. 이제 글을 지을 줄 아는 선비로 하여금 예서(禮書)를 모아서 자료를 찾아 모으고 한두 해 동안 공부하게 한다면 누가 흔쾌히하지 못하겠습니까? 그 수립한 것을 논하면 뛰어난 행실이 없고, 그 학문을 말하면 어리석다는 비평이 있고, 그 전문한 공을 들면 약간의 책 내용을 분류하여 모은 것에 지나지 않는데, 이 때문에 배향하는 줄에 올리는 것은 또한 외람되지 않겠습니까? 김장생이 평소에 유자(儒者)로 자처하지 못하고 세상에서도 김장생을 유현(儒賢)으로 처우한 적이 없는데, 이제 좋아하는 바에 아첨하는 논의는 그 스승에게서 가르침을 받은 차서를 중시하여 받들어 높이려고 마땅히 견주지 않아야 할 곳에 견주었으니, 대개 그 마음에는 이렇게 하지 않으면 의발(衣鉢)은 전할 것이 없고 연원(淵源)은 비롯되는 바가 없어서 세상에 과시할 수 없을 것이라고 여긴 것입니다. 전하께서 어찌 참으로 그 말을 반드시 옳아서 의심할 것이 없다고 생각하셨겠습니까? 아아! 이들의 말이 어찌 믿을 만하겠습니까? 전하께서만 호유(湖儒)가 이상(李翔)을 칭송하는 것을 보지 못하셨습니까? 이상의 일은 전하께서 친히 보셨어도 감히 찬미하는 말을 만들어 천청(天聽)을 속이고 어지럽혔는데, 더구나 김장생이 죽은 것은 이미 1백 년 가까이 되어 영향이 점점 희미해지고 일의 자취도 징험할 것이 없으니, 터무니 없는 것을 찾아내어 뜻대로 펼쳐서 전하 앞에서 현혹시키는 짓을 무엇인들 못하겠습니까?" 하였다.

두 소가 함께 이르렀는데 정원(政院)에서 처음에는 물리쳤으나, 이상채 등이 또 소 끝에 정원을 헐뜯었으므로 정원에서 계품(啓稟)하여 봉입(捧入)하니, 임금이 하교하기를, "문원공(文元公)의 도덕과 학문은 내가 존앙(尊仰)하는 바이다. 처분이 이미 정해졌고 성대한 의례가 장차 거행될 것인데, 이상채·양명하 등이 각각 상소해서 한없이 헐뜯어 욕하였으며, 이상채의 소는 지극히 도리에 어그러지니, 일이 통탄스럽기가 무엇인들 이보다 심하겠는가? 이처럼 바른 사람을 해치는 무리는 엄중하게 징계하고 통렬하게 배척하지 않을 수 없으니, 이상채는 극변(極邊)에 정배(定配)하고 양명하는 변원(邊遠)에 정배하라. 그리고 이후로 이러한 소장(疏章)은 일체 봉입하지 말라." 하였다.

그래서 이상채를 의주(義州)에 정배하고 양명하를 장흥(長興)에 정배하였다. 이후 지평(持平) 송필항(宋必恒)이 상소하여 이상채의 배소(配所)는 너무 편하다고 말하였기 때문에 다시 경원(慶源)에 정배하고, 형조(刑曹)의 해당 당상(堂上)을 추고(推考)하게 하였다.

5월 14일 예조에서 김장생의 문묘종사는 중외에서 일시에 거행해야 하지만 팔도(八道)는 원근(遠近)이 같지 않고 제구(祭具)도 갑자기 장만하기 어려우니 외방의 향교에서는 올 가을 석채(釋菜)21) 때에 고유(告由)22)하고 봉안하게 할 것을 청하자 숙종이 그 의견을 따랐다. 5월 18일 숙종은 승지 이성조(李聖肇)를 보내어 증(贈)영의정(領議政) 문원

---

21) 석채(釋菜): 소나 양(羊)따위의 희생(犧牲)을 생략하고 소채(疏菜) 따위로 간소하게 공자(孔子)에게 제사를 드리던 일
22) 고유(告由): 사삿집이나 나라에서 큰 일이 생겼을 때, 그 일의 까닭을 사당(祠堂)이나 신명(神明)에게 고하는 일

공(文元公) 김장생(金長生)의 사당에 유고(諭告)하고, 이틀 뒤인 5월 20일 드디어 문묘에 종사하였다. 그리고 팔방에 교문을 반포하였다.

■ 정유독대와 왕세자 대리청정

숙종 43년(1717) 7월 숙종은 노론측 인사인 좌의정 이이명을 창덕궁 희정당으로 입시하라고 하여 그와 독대를 하였다. 그 후 숙종은 왕세자에게 대리청정하게 할 것이라고 하여 그 절목을 상고하여 아뢰도록 명하였다. 그리하여 세종 때의 예(例)에 의하여 그 절목을 정하니, 동년 8월 1일 왕세자가 청정하여 백관의 조참을 받게 되었다. 소론 측 인사인 영중추부사 윤지완은 상소를 올려 이이명의 독대를 비판하여 숙종의 책망을 받게 되었다.

숙종 43년 7월 19일 숙종은 좌의정 이이명에게 혼자서 창덕궁 희정당(熙政堂)으로 입시하라고 하였다. 그리하여 이이명은 명을 받고서 희정당으로 들어갔고, 승지 남도규(南道揆) 등이 승전색(承傳色)을 청하여 품지를 거친 뒤에 들어가려 하였으나 숙종은 허락하지 않다가 잠시 뒤에 입시하게 하였다. 이때 이이명은 물러나와 있어서 승지와 사관들은 숙종이 이이명과 독대한 것을 듣지 못하였다. 숙종은 이어서 제신들을 나가라고 명하고 시·원임 대신만 부르게 하였다.

미시(未時)에 임금이 다시 희정당으로 나가서 좌의정 이이명(李頤命)에게 다시 입시하라고 명하였다. 이에 이이명이 승지 남도규(南道揆)·가주서(假注書) 이의천(李倚天)·

기주관(記注官) 김홍적(金弘迪)·기사관(記事官) 권적(權禰)
과 함께 합문(閤門) 밖으로 나아갔다. 조금 있다가 사알(司
謁)이 와서 임금의 분부를 전하면서 이이명 혼자만 입시
하라고 명하였다. 이이명이 창황하게 명을 받들 즈음에
남도규를 돌아보면서 말하기를, "일이 상규(常規)와 다르
니 승지와 사관(史官)은 들어가지 않을 수 없다. 모름지기
나와 함께 들어가는 것이 옳겠다." 하고, 이에 즉시 빨리
걸어서 들어갔다. 권적이 말하기를, "성교(聖敎)가 비록 이
와 같지만 우리들이 물러가 있을 수가 없다. 죄벌(罪罰)을
받더라도 함께 들어가는 것이 마땅하다." 하고, 드디어 일
어나 뒤를 따랐다. 남도규가 몇 걸음 걸어 가다가 권적을
돌아보며 말하기를, "성교에 이미 대신(大臣) 혼자만 들어
오게 하였는데 우리들이 먼저 품부(稟復)하지도 않고 마음
내키는 대로 바로 행하는 것이 사체(事體)에 어떠할지 모
르겠다" 하고, 인하여 물러나오려 하였다. 권적이 다시 쟁
론(爭論)하여 마침내 희인문(熙仁門) 판장(版牆)밖에까지 함
께 나아갔다. 권적이 한(漢)나라의 신하가 궁중의 작은 문
[闥]을 밀어젖히고 바로 들어갔던 고사(故事)[23]를 인용하
여 바로 들어가려고 하니, 남도규가 말하기를, "지금 비록
들어가더라도 진실로 불가한 것이 없지만 대신이 이미
입시하였고 성상의 분부도 허락을 하지 않았으니, 승지·
사관이 들어가는 것은 마땅히 승전색에게 청하여 품지(稟
旨)를 거친 뒤에 들어가는 것이 무방할 것 같다." 하였다.
이리하여 승전색에게 청하여 승지와 사관이 지금 바야흐
로 바로 들어가려 한다는 내용으로 은밀히 품(稟)하게 하
였으나 임금이 답하지 않았다. 남도규 등이 또 승전색을

---

23) 한(漢)나라의 신하가 궁중의 작은 문[闥]을 밀어젖히고 바로 들어갔던
고사(故事): 한(漢)나라 때 고조(高祖)가 병을 핑계하여 누워 있으면서 신하
들을 들어오지 못하게 하고는 정무(政務)를 돌보지 않자 공신(功臣) 번쾌(樊
噲)가 궁중의 문을 밀어젖히고 바로 들어가니, 대신(大臣)이 뒤를 따라 들어
갔다는 고사(故事)를 인용한 것임

시켜 승지와 사관이 결국 바로 들어가겠다는 뜻을 급히
주달하게 하고 걸음을 옮겨 나아가려 할 즈음에 임금이
비로소 입시하라고 허락하였으므로, 마침내 차례대로 나
아가 부복(俯伏)하였다.

　임금이 이르기를, "승지는 누구인가?" 하니, 이이명이
아뢰기를, "남도규입니다." 하였다. 임금이 이르기를, "대
신이 독대한 경우는 예전에도 있었다. 그러나 승지와 사
관이 극력 쟁론하면서 함께 입시한 것은 매우 옳은 일이
다." 하였다. 이때 이이명은 이미 물러나와 자기의 자리에
부복하고 있었기 때문에 이날 임금 앞에서 있었던 이야
기는 드디어 전하지 못하게 되었다. 임금이 이어 여러 신
하들에게 밖으로 나가라고 명하고 나서 시·원임대신만
부르게 하였다.『숙종실록』 숙종 43년 7월 19일

　그리하여 행판중추부사(行判中樞府事) 이유(李濡)·영의정
김창집·좌의정 이이명 등을 불러서 접견하고서 안질(眼
疾) 때문에 국사(國事)를 볼 수 없으니 대신들과 의논하려
고 불렀다고 말하였다. 그래서 숙종은 선왕조에도 왕세자
에게 청정(聽政)하게 한 일이 있었기에 자신은 청정에 참
결(參決)하고 왕세자에게 대리청정하게 할 것이니 그 절목
(節目)에 관한 것을 상고하게 한 다음 세자에게 국사를 청
정하게 한다고 하교를 내렸다.

　7월 20일 승정원의 청으로 세종조의 실록을 상고하러간
춘추관의 관원들이 돌아오기를 기다려 청정의 의절(儀節)
을 품정(稟定)한 뒤에 청정을 거행하도록 하였다. 의정부에
서도 널리 상고할 만한 것을 유신(儒臣)으로 하여금 그 전
례(典禮)를 살펴보고서 의절을 만들게 할 것을 청하였다.

　7월 23일 헌납 박성로(朴聖輅)가 상소하여 독대(獨對)의

잘못을 논하면서 독대에 참여치 못한 승정원 승지 등의 잘못을 아뢰었으나 숙종은 승지가 들어가기를 극력 청하였으니 잘못한 것이 없다고 하였다. 이에 다음날 7월 24일 좌의정 이이명이 박성로 등의 상소로 인하여 인책(引責)하여 자신은 청정의 의절을 품정할 수 없고 그것에 참여하기가 어렵다고 하였다. 그러나 숙종은 독대는 불가한 것이 아니었기에 혐의를 가질 필요가 없으니 속히 오라고 명하였다. 이날 동지춘추관사(同知春秋館事) 신임(申銋) 등이 강화도사고에 가서 실록(實錄) 가운데 청정에 관한 일을 등서(謄書)해 가지고왔다. 이에 홍문관에서 조사한 당 나라때의 전례(典禮)와 함께 의정부와 예조에서 의논하여 절목을 품정하게 하였다.

7월 25일 숙종은 하교하여 왕세자 청정을 팔도에 알리게 하였다. 그리고 청정절목을 의논하였는데, 당 나라의 전례보다는 세종조의 예(例)를 따라 행하도록 명하였다. 즉 대표적으로 정무(政務)는 세종조(世宗朝)에 의거하여 용인(用人)·용병(用兵)·형인(刑人)은 임금이 친히 결단하고 그 나머지 서무(庶務)는 모두 세자에게 재결(裁決)하게 한 전례에 따라 거행하게 하는 것이었다.

7월 26일 판부사 이유(李濡), 좌의정 이이명 등이 의절(儀節)을 만들어 별단자(別單子)에 써서 올렸고, 예조에서는 8월 초하루를 왕세자의 청정 길일(吉日)로 정하여 아뢰었다. 이에 왕세자[후일 경종]가 청정의 하명을 중지할 것을 상소하였으나 숙종은 허락하지 않았다. 7월 28일 예조에서 왕세자 청정에 대한 절목을 팔방(八方)에 반포하였다. 7월 29일 승지 안중필(安重弼)이 임금의 하교(下敎)를 가지고 가서 좌의정 이이명에게 유시하였다.

8월 1일 왕세자가 청정하였다. 진시(辰時)에 시민당(時敏堂)에 나가 앉아 백관의 조참(朝參)을 받았다.

8월 1일 영의정 김창집이 왕세자에게 국사(國事)의 요점은 바로 효(孝)에 있다고 하면서 아침저녁으로 부왕(父王) 숙종을 시탕(侍湯)하며 문안할 것을 청하였다.

이날 숙종은 승정원에 하교하여 영중추부사 윤지완(尹趾完)이 7월 28일의 상소에서 독대를 비판하고 좌의정 이이명을 사신(私臣)이라고 한 것에 대하여 매우 책망하였다. 그리하여 윤지완은 도성밖으로 나가버렸다. 그리고 숙종은 승지를 보내 이이명을 돈유(敦諭)하였다.

동궐도의 창덕궁 희정당(熙政堂)

■ 세자빈 간택

이듬해인 숙종 44년(1718) 2월 7일에 왕세자빈 심씨가 돌아갔다. 심씨는 세종비 소헌왕후 심씨의 아버지 심온의 후손이다. 경종 즉위 후 단의왕후로 추책(追冊)되었다. 이 해 4월 8일에 소현세자의 빈이었던 민회빈(愍懷嬪) 강씨가 복위되었다. 강씨는 인조때 '강빈옥사(姜嬪獄事)'로 억울하게 죽었었다.

숙종 44년(1718) 윤8월 1일 숙종이 당시 14세이던 병조참지 어유구(魚有龜)의 딸 함종 어씨(咸從魚氏, 1705~1730)를 세자빈으로 결정하였다. 숙종이 삼간택을 행하여 결정한 것이었다.

세자빈 어씨의 백부(伯父)는 기원(杞園) 어유봉(魚有鳳, 1672~1744)이다. 어유봉은 김창협(金昌協, 1651~1708)의 문인으로 숙종때 김창집(金昌集)의 천거로 천안군수가 되었고, 장령을 거쳐 집의를 지냈으나 신임사화로 스승 김창협이 화를 당하자 유생들과 함께 그를 변호하다가 파직되었다. 영조 즉위 후 세자시강원 찬선 등에 임명되어 영조에게 지극한 대우를 받았다. 학문적으로 낙론(洛論)에 속하여 호락논쟁(湖洛論爭) 당시 '인물성동론(人物性同論)'을 주장하였다. 자신의 문인들로는 이천보(李天輔, 1698~1761)·홍상한(洪象漢, 1701~1769)·윤득관(尹得觀) 등이 있다. 어유봉의 딸이 풍산인(豊山人) 홍상한(洪象漢)과 혼인하였다. 홍상한은 사도세자 부인 혜경궁 홍씨(惠慶宮洪氏)의 아버지인 홍봉한(洪鳳漢, 1713~1778)과 4촌형제이다.

선의왕후 어씨의 첫째고모할머니는 숙종 39년에 영의정까지 오른 이유(李濡, 1645~1721)와 혼인하였다. 이유는 이후재(李厚載)의 증손자이다. 이후재의 동생이 이후원(李厚源, 1598~1660)이다. 둘째고모할머니는 이의현(李宜顯, 1669~1745)과 혼인하였다. 이의현은 김창협의 문인으로 대제학을 지냈으며 연잉군(延礽君: 후일 영조) 왕세제 책봉당시 노론으로서 소론의 유봉휘를 탄핵하였던 인물이다.

【함종 어씨 어유봉을 중심으로】

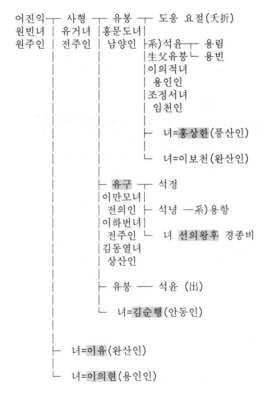

9월 18일 세자와 세자빈의 가례를 마쳤으니, 종묘에 알현하는 절차에 대하여 예조에서 아뢰어, 9월 28일 세자가 세자빈과 함께 종묘를 알현하였다.

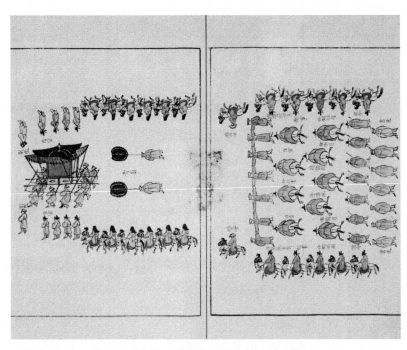

경종선의왕후가례도감의궤 景宗宣懿王后嘉禮都監儀軌 (규장각 한국학연구원)

제16장 경종대 정치사

■ 세자시절과 경종 즉위

경종은 숙종 14년(1688)에 아버지 숙종과 어머니 희빈 장씨 사이에서 태어나 이듬해인 숙종 15년에 원자(元子)로 정해졌다. 당시 원자 정호(定號) 문제로 서인의 영수이던 우암(尤庵) 송시열(宋時烈)과 문곡(文谷) 김수항(金壽恒)이 사사(賜死)되었다. 그리고 남인이 정권을 장악하게 되는 기사환국(己巳換局)이 일어나게 되었다.

서인 민유중(閔維重)의 따님인 왕비 인현왕후 민씨도 남인들에 의해 폐서인되기에 이르렀다.

숙종 16년(1690) 3세의 나이로 왕세자에 책봉되었고, 어머니 희빈 장씨가 왕비가 되기에 이르렀다.

그러나 숙종 20년 권대운(權大運) 등 남인들을 일시에 유배하고 서인인 남구만(南九萬)·박세채(朴世采) 등을 등용하여 정국을 일변시켰다. 이를 '갑술환국(甲戌換局)'이라고 한다. 그리하여 왕비로 있던 희빈 장씨는 다시 후궁으로 강등되고, 인현왕후는 왕비로 복위되었다.

숙종 27년에는 인현왕후가 승하하였는데, 이후 어머니 희빈 장씨가 인현왕후가 죽기를 기도한 일이 발각되어 외숙 장희재(張希載)가 참형에 처해졌다. 결국 어머니 장씨도 죽게 되었는데, 이를 '무고(巫蠱)의 옥(獄)'이라고 한다.

숙종 43년(1717) 8월 1일 대리청정을 하였다. 그리고 2년

후 숙종 46년(1720) 6월 8일 숙종이 승하하고 6월 13일 경종이 33세로 조선 제21대 왕으로 즉위하였다.

■ 연잉군의 왕세제 책봉

경종 1년(1721) 8월 20일 정언 이정소(李廷熽, 1674~1736)가 저사(儲嗣)를 세울 것을 상소하였다. 경종의 춘추가 한창인데 아직 후사가 없어서 신민들이 걱정하고 국가의 지경이 위태로우니 자성(慈聖: 숙종 계비 인원왕후 김씨)께 아뢰고 대신들과 의논하여 빨리 사직(社稷)의 대책을 세우라는 것이었다. 이정소는 태종 1남 양녕대군의 후손으로 그의 아버지 이상휴(李相休)는 정관재(靜觀齋) 이단상(李端相, 1628~1669)의 문인이다.

그래서 경종은 이 문제를 대신들에게 의논하라고 하였고, 아울러 대비인 인원왕후에게 아뢰었다. 그래서 영의정 김창집(金昌集), 좌의정 이건명(李健命)이 빈청(賓廳)에 나가 원임 대신(原任大臣)·육경(六卿) 등과 의논하여 이정소의 의견에 따라 저사(儲嗣)를 세울 것을 청하였다. 그래서 경종은 인원왕후가 내린 수찰(手札)을 보이며 28세인 연잉군을 왕세제로 책봉할 것을 전지하였다. 인원왕후는 이른바 삼종혈맥(三宗血脈)[24]을 내세워 그 명분을 제시하였다.

이에 다음날인 8월 21일 연잉군은 상소하여 왕세제의 임명을 거두어줄 것을 청하였으나, 경종은 자신이 후사가 없고 질병이 있기에 대비(大妃)와 여러 신하들의 청에 따라

---

24) 삼종혈맥(三宗血脈): 효종, 현종, 숙종의 혈속을 말한다. 현종과 숙종이 독자(獨子)이었기에 이 당시 왕족은 숙종의 아들인 경종과 연잉군[후일 영조]밖에 없다. 이 말은 숙종이 유교로서 인원왕후에게 남겼다고 한다.

왕세제로 삼았으니 국인(國人)들의 큰 기대에 부응하라고
하면서 허락하지 않았다. 같은 날 예조에서 연잉군이 사제
(私第)에 있는 것은 미안하니 궐내에 거처하기를 청하였고,
김창집과 이건명의 의논에 따라 위호(尉號)를 '왕세제(王世
弟)'로 결정하였다.

8월 22일 연잉군이 왕세제의 임명을 거두어줄 것을 재차
상소하였으나 경종은 사양하지 말라고 하였다. 그런데 이
날 소론(少論)의 영수격인 유봉휘(柳鳳輝)가 왕세제 책봉이
사리에 맞지 않다고 상소하였다. 그래서 연잉군이 사위(辭
位)하려 하니 경종은 연잉군을 위유(慰諭)하고서 유봉휘를
하옥시키고 아울러 국문(鞫問)하게 하였으나, 우의정 조태
구(趙泰耉, 1660~1723)가 차자를 올려 무마되었다. 조태구
는 노론 사대신의 한 명인 조태채(趙泰采, 1660~1722)와는
종형제이었으나 신임사화 당시 노론사대신을 사사하게 한
인물이다.

8월 25일 왕세제 책봉을 청나라에 주청하기 위해 김창집
(金昌集)을 정사(正使)로 삼고, 조태억(趙泰億)을 승진시켜
부사(副使)로, 유척기(兪拓基)를 서장관(書狀官)으로 삼았다.
이러는 동안 노론측에서는 계속 유봉휘를 국문할 것을 청
하였으나 경종은 허락하지 않았다. 그러나 유봉휘는 이러
한 삼사와 대신들의 논핵에도 불구하고 의금부가 있는 길
거리 위에서 석고 대명(席藁待命)하였다. 이날 연잉군은 유
봉휘의 상소를 들면서 다시 경종에게 사위(辭位)를 청하였
으나 경종은 허락하지 않았다. 대신과 2품 이상의 관원들
이 유봉휘의 국문을 연일 청하였으나 경종은 따르지 않았
다. 그리고 8월 30일 연잉군이 상소하여 유봉휘에게 은전

을 베풀어줄 것을 청하였다. 그래서 경종은 연잉군의 뜻을 따르겠다고 하였다. 이날 주청사의 정사인 김창집이 이건명(李健命)으로 바뀌었다.

9월 6일 왕세제인 연잉군과 빈궁(嬪宮: 후일 정성왕후)이 입궁(入宮)하였다. 9월 26일 경종은 자신의 이복동생으로 숙빈 최씨 소생인 연잉군(延礽君: 후일 영조)을 왕세제로 책봉하였다. 연잉군은 당시 28세이었다.

■ 신축년의 사화

경종 1년(1721)에 연잉군의 대리청정을 소론 김일경 등이 역모로 몰아 노론 사대신 등이 유배를 가고 소론이 정권을 장악한 사건을 말한다.

경종은 즉위한 후 소론 측 인사인 조태구(趙泰耇)를 이조판서, 박태항을 예조참판, 조태억(趙泰億)을 판결사 등에 임명하였다. 조태구는 신임사화(辛壬士禍)를 일으킨 장본인으로 조사석(趙師錫)의 아들이다. 경종의 외조모가 되는 희빈 장씨 어머니 윤씨는 조사석의 계집종이었다. 희빈 장씨는 바로 조사석과 종친(宗親) 동평군(東平君) 이항(李杭)에 의해 궁궐에 들어갔었던 인연이 있다.

경종을 둘러싼 소론은 노론을 역모로 몰아가게 되는데, 이 중심에 바로 노론 김창집(金昌集) 등에 대한 원망을 하고 있던 남인(南人) 심익창(沈益昌)이 소론과 남인의 앞잡이가 되어 모든 꾀를 내었던 것이다. 그리하여 김일경(金一鏡) 등이 노론 사대신(老論四大臣)을 역적으로 간주하는 상소를 올리게 되었고, 경종은 즉시 소론측 인사들을 등용하고 노론측 인사들을 파직하는 인사조처를 단행하였다. 그리하여 민진원(閔鎭遠), 김제겸(金濟謙), 김창집, 이이명(李頤命), 조태채(趙泰采) 등 노론계 인사 대부분이 유배를 가게 되었다. 그후 소론인 최규서(崔奎瑞)를 좌의정, 최석항(崔錫恒, 1654~1724)을 우의정, 조태구를 영의정에 임명하여 정국은 소론이 장악하게 되었다.

이보다 앞서 경종 1년(1721) 8월에 정언(正言) 이정소(李廷熽)의 건저(建儲) 요청을 계기로 연잉군의 세제책봉을 서둘러 끝내고, 9월에 연잉군이 왕세제로 책봉되었고, 급기야 노론인 조성복(趙聖復)이 왕세제 대리청정을 거론하면서부터 노론과 소론은 정면충돌하게 되었다.

경종 1년 10월 10일 집의(執義) 조성복(趙聖復)이 상소하여 왕세제[연잉군]가 정사에 참여할 수 있게 할 것을 대비(大妃: 숙종 계비 인원왕후 김씨)에게 의견을 물어 결정할 것을 청하였다. 경종은 그 뜻이 옳다고 하면서 왕세제가 영민하니 그에게 청정(聽政)하게 한다면 나랏일을 의지할 수 있고 자신은 안심할 수 있으니 크고작은 일들을 모두 왕세제로 하여금 재단(裁斷)하게 하도록 명하였다. 즉 왕세제 대리청정을 명한 것이나 다름없는 것이었다. 그러나 소론측 인사로 당시 승지로 있던 이기익(李箕翊)·남도규(南道揆) 등이 명(命)을 환수할 것과 조성복의 파직을 청하였다. 그래서 경종은 우선 조성복의 파직만을 명하였다.

이에 같은날 좌참찬 최석항·이기익·남도규 및 응교 신절(申哲)·교리 이중협(李重協)이 왕세제 청정의 명을 거둘 것을 극력 청하니 그 명을 환수하였고, 다음날인 10월 11일 호조판서로 있던 조태억(趙泰億)이 청대(請對)하여 앞으로는 그러한 명을 내리지 말 것과 조성복의 유배를 청하였다. 이날 영의정 김창집이 치사(致仕)하였다. 그러나 다음날인 10월 12일 좌의정 이건명이 김창집의 치사의 명을 거둘 것을 청하니 경종은 이미 그 명을 환수하였다고 말하였다. 이날 집의 조성복이 진도(珍島)에 안치되었다.

10월 13일 경종은 시임·원임대신, 2품 이상의 관원과 삼사(三司)를 불러서 빈청(賓廳)에 모이도록 하였다. 이윽고 비망기(備忘記)를 내려 다시 왕세제에게 대리청정할 것을 명하였다. 그래서 영의정 김창집을 비롯한 승정원과 삼사에서 명(命)의 환수를 청하였으나 경종은 허락하지 않았다. 같은날 이 명을 들은 왕세제는 상소를 올려 대리청정의 명을 거두어줄 것을 청하였다. 10월 14일 왕세제를 비롯하여 김창집·조태구 등이 명을 거둘 것을 거듭 청하였으나 경종은 허락하지 않았다. 10월 15일에도 왕세제는 거듭 상소를 올렸으나 경종은 허락하지 않았다. 이날 노론 사대신들은 백관을 거느리고 명을 환수할 것을 정청(庭請)하였다. 그러나 경종은 이틀 전의 비망기에 의하여 왕세제 대리청정을 거행하도록 명하였다.

그리하여 노론 사대신들은 정청(庭請)을 정지하자는 쪽으로 의견을 정하였는데, 좌참찬 최석항과 사직(司直) 이광좌(李光佐, 1674~1740) 등은 불가하다고 하였다. 10월 17일 노론 사대신인 영의정 김창집(金昌集), 영중추부사 이이명(李頤命), 판중추부사 조태채(趙泰采), 좌의정 이건명(李健命)이 차자(箚子)를 올려 대리(代理)절목을 진달하였다. 그리하여 차자가 들어간 뒤에 정청(庭請)을 중지하였다. 이날 최석항이 약방의 문안 때문에 예궐하여 명을 환수하라는 상소를 올렸다. 그러나 승지 홍계적(洪啓迪)이 물리치고 상소를 들이려 하지 않았다.

그런데 소론의 영수인 우의정 조태구가 승정원을 거쳐야 국왕을 알현할 수 있는 법도를 무시하고 창경궁 동남문인 선인문(宣人門)으로 몰래 들어가서 사약방(司鑰房)에 앉아 승정원에 사람을 보내 청대(請對)하였고, 이광좌 등은 금호문(金虎門)으로 들어가서 역시 청대하였다. 홍계적은 조태구가 대간의 논핵을 받고 있는데 어찌 감히 청대할 수 있느냐며 물리치고 경종에게 아뢰지 않았다. 양사의 관원이 마침 대각(臺閣)에 나왔다가 조태구가 입궐하였다는 것을 듣고 그를 원찬(遠竄)할 것을 청하였다. 그러나 그 계사(啓辭)가 미처 올라가기 전에 경종이 조태구를 인견한다고 하고 이미 전(殿)에 나와 계신다는 소식이 알려지니 당시 대궐의 상황은 긴박하게 돌아갔다. 이렇게 조태구를 인견한 경종은 왕세제 대리청정의 명을 환수하였다.

소론이 이것을 뒤집어 노론을 역모로 몰아갈 수 있었던 것은 모두 심익창(沈益昌, 1652~1725)의 꾀였다고 한다. 심익창은 효종때 영의정을 지낸 만사(晚沙) 심지원(沈之源, 1593~1662)의 아들로 효종 부마 청평위(靑平尉) 심익현(沈益顯, 1641~1683)의 바로 밑의 동생이 되는 인물이다. 심익현은 효종 3녀로 인선왕후(仁宣王后) 소생인 숙명공주(淑明公主, 1640~1669)와 혼인하여 부마가 된 인물이다.

심익창은 숙종 25년(1699) 증광시에 과거부정을 저질러 곽산(郭山)에서 귀양살이를 하고 있었는데, 처 이종사촌아우가 되는 김일경(金一鏡, 1662~1724)이 영변부사로 가서 심익창과 일을 도모한 것이었다. 우선 영변에서 고자(鼓子: 생식기가 불완전한 남자) 어린이 박상검(朴尙儉, 1702~

300 제16장 경종대 정치사

1722)을 발견하고 이를 장차 왕세자[경종] 측근내시로 들여보낼 심산에서 심익창의 이웃집에 사는 내시집에 양자로 들여보낸다. 그리고 심익창이 귀양에서 풀려 돌아오자 10세 전후한 박상검은 심익창에게 가서 학문을 배우고 그들과 내통하는 기본수칙을 익힌 다음 왕세자 측근내시로 들어간다. 영리하고 붙임성 있는 박상검은 곧바로 왕세자의 눈에 들어 가장 총애받는 측근내시가 되었다. 이런 속에서 경종이 즉위하였으니 경종은 이미 심익창의 수중에 있는 것이나 마찬가지였다.

이런 사실을 모르고 노론들은 연잉군의 왕세제 책봉을 서둘러 끝냈고, 급기야 왕세제 대리청정까지 청하였던 것이다. 이에 경종은 비망기를 내려 대소정국을 왕세제가 재단하라고 허락한다. 이에 노론 사대신들은 이것이 함정인 줄 모르고 비변사에 모여 대리할 일을 의논하고 있었다. 이때 소론의 영수인 조태구가 선인문을 통해 들어올 수 있었던 것은 대전 내시 최홍(崔泓) 등이 인도한 것이라고 하는데, 이들이 모두 박상검의 지휘를 받고 있었던 것이다. 이렇게 상황이 반전되자 김일경이 때를 놓치지 않고 노론 사대신을 맹렬히 성토하는 상소를 올리게 된 것이다.

심익창이 이렇게 소론과 남인의 앞잡이가 되어 노론을 제거하려 했던 것은 노론에 대한 원한 때문이었다. 심익창은 자신이 과거 숙종 25년에 행해진 단종복위 칭경 증광 별과에서 과거부정을 일으켜 곽산(郭山)으로 귀양을 갔었다. 그후 10여 년간 귀양살이 하다가 숙종 37년 즈음에 풀려난 듯보이는데, 이때 김창집 등이 그의 방면을 반대하였다고 한다. 그래서 그는 김창집에 대한 원망이 생겼다고 한다.

조태구가 경종을 인견할 때 사대신 중 조태채는 병 때문에 집으로 돌아가 있었고, 김창집은 이이명, 이건명과 함께 비변사에 있으면서 대리절목을 강정(講定)하고 있었는데, 경종이 조태구를 인견한다는 소식을 듣고 서둘러 합문(閤門)으로 달려갔고, 2품 이상의 관원과 삼사 및 여러 신하들도 당도하여 경종에게 청대(請對)하였다.

이렇게 노론측에서 왕세제 대리청정에 대하여 정청(庭請)하여 그 명을 거두기를 청하였고, 경종의 대리 하명이 내려지자 연차(聯箚: 연명한 차자)를 올려 대리절목을 아뢰었고, 다시 소론 조태구의 경종 인견을 계기로 대리 하명의 환수(還收)를 청한 것을 가지고 이제 소론들은 '삼변(三變)'이라 하여 노론측을 공격하였다.

12월 소론의 김일경·박필몽(朴弼夢, 1668~1728)·이명의(李明誼, 1670~1728)·이진유(李眞儒, 1669~1730)·윤성시(尹聖時, 1672~1730)·정해(鄭楷, 1673~1725)·서종하(徐宗廈, 1670~1730) 등이 상소하여 노론 사대신을 『서경書經』의 사흉(四凶)에 견주어 역적으로 공격하였다. 소두(疏頭) 김일경을 비롯한 나머지 6인을 이른바 '신축 소하 칠인(辛丑疏下七人)'이라 한다.

이 상소의 소두(疏頭)인 김일경은 광산부원군 김국광(金國光, 1415~1480)의 후손으로 7대조는 김종윤(金宗胤)이다. 김종윤의 셋째아들이 김호(金鎬)이고, 넷째아들이 김단(金鍛)이다. 숙종비 인경왕후의 아버지 김만기와 숙부인 김만중은 김호의 후손들이고, 김일경은 김단의 후손이다.

김호의 맏아들 김계휘(金繼輝, 1526~1582)의 4대손이 김

만기와 김만중이고, 김단의 셋째아들인 김복휘(金復輝)의 5
대손이 김일경이다. 김복휘의 부인은 성종 서14남으로 숙
의 홍씨(淑儀洪氏, 1457~1510) 소생인 양원군(楊原君) 이희
(李憘, 1491~1551) 딸이다.

　김일경에게 김만기와 김만중은 13촌의 종숙(從叔)이 되
고, 김만기의 아들 김진구(金鎭龜)와 김진규(金鎭圭)는 14촌
형제간이 되며, 김춘택(金春澤, 1670~1717)에게는 15촌 종
숙이 된다. 항렬(行列)로 보자면 김춘택이 조카가 되고 나
이도 더 어리지만 김일경은 어려서 김춘택을 따라다니고
좋게 지냈다고 한다.

　김일경의 할아버지는 김익렴(金益廉)이고 할머니는 여이
재(呂爾載, 1600~1665)의 따님 함양 여씨이다. 여이재는 장
현광(張顯光, 1554~1637)의 문인으로 인조 22년(1644)에 심
기원(沈器遠)의 역모를 적발한 공으로 영국 공신(寧國功臣)
2등에 올랐고, 효종때 황해도 관찰사와 형조판서를 지냈
다. 김일경의 생부(生父)는 김중하(金重夏)이고, 생모(生母)는
민복(閔福)의 따님 여흥 민씨이다. 김일경은 둘째아들로 태
어나 중부(仲父) 김여중(金呂重)의 양자가 되었다.

　김일경은 사계 김장생의 6촌아우 김태생(金泰生, 1563
~?)의 고손자인데 대대로 사계집의 보살핌을 받고 살았다.
그 자신도 어려워 13촌 숙부인 광성부원군 김만기(金萬基)
집에 얹혀 자랐다.

【광산 김씨 김일경을 중심으로】

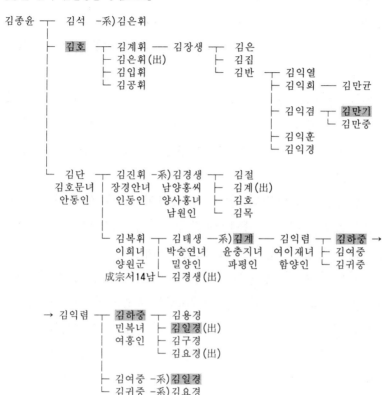

경종은 이날로 인사를 단행하여 박필몽을 지평, 이명의를 헌납, 이진유를 정언, 심단(沈檀)을 이조판서로, 김일경을 이조참판으로 임명하였다. 그리고 병조판서 이만성(李晩成), 예조판서 이의현(李宜顯), 호조판서 민진원(閔鎭遠), 형조판서 홍치중(洪致中)을 체직시키라 명하였다. 그리고 최석항(崔錫恒)을 병조판서로, 이광좌(李光佐)를 예조판서로, 이조(李肇)를 형조판서로, 김연(金演)을 호조판서로 특별히 임명하여 각사의 관원을 소론계 인사로 바꾸었다.

12월 9일 경종은 영의정 김창집, 좌의정 이건명을 체직

하였다. 그리고 조태구의 청으로 최규서(崔奎瑞)와 정제두
(鄭齊斗, 1649~1736), 이태좌(李台佐, 1660~1739) 등을 불러
쓰겠다고 하였다. 같은날 이광좌를 수어사(守禦使), 이삼(李
森, 1677~1735)을 총융사(摠戎使)에 임명하였다. 이삼은 무
신(武臣)이지만 윤증의 문인이었다. 12월 10일에는 홍만조
(洪萬朝)를 판의금으로, 한배하(韓配夏)를 지의금(知義禁)으
로, 이태좌(李台佐)·조태억(趙泰億)을 동의금으로 특별히
제수하였다.

12월 12일 김일경과 함께 상소하여 노론 사대신 처벌을
주청하였던 자들인 사간 이진유, 헌납 이명의, 지평 박필
몽 등이 경종을 인견하고 노론 사대신의 죄를 논하여 위
리안치를 청하니 경종은 그들의 청을 따랐다. 같은날 경종
은 민진원을 성주(星州), 이우항(李宇恒)·서종급(徐宗伋)을
강진(康津) 고금도(古今島), 홍석보(洪錫輔)를 영암군(靈巖郡),
김제겸(金濟謙)을 울산부(蔚山府)로, 황선(黃璿)을 무장현(茂
長縣)으로 귀양보냈다. 그리고 김창집을 거제부(巨濟府)에,
이이명을 남해현(南海縣)에, 조태채를 진도군(珍島郡)에 안
치하라고 하여 노론계 인사 대부분이 유배를 가게 되었다.
12월 15일 예조참판이었던 도암(陶庵) 이재(李縡, 1680~1746)
가 사판에서 삭제되었고, 17일에는 이재의 중부(仲父)가 되
는 전 병조판서 이만성(李晩成,)이 부안현(扶安縣), 김진상
(金鎭商)은 무산부(茂山府)로 귀양보내졌다. 김진상은 김익
훈(金益勳)의 손자이다. 왕세제 주청사로 청나라에 갔던 이
건명은 이듬해 4월 경에 돌아왔는데, 처음에 전라도 고흥
(高興)의 사도(蛇島)에 유배되었다가 4월 5일에 고흥의 나
로도(羅老島)로 이배되었다.

　이렇게 노론계 인사들 대부분이 귀양가게 되자 조정은
소론계 인사들로 채워져 나갔다. 12월 19일 최규서(崔奎瑞)
를 좌의정, 최석항(崔錫恒)을 우의정, 조태구(趙泰耉)를 영의
정에 임명하여 소론이 정국을 장악하였다. 조태구는 노론
사대신 중 한명인 조태채와는 사촌형제이다.

　조태구와 조태채의 6대조는 성종 서7녀로 숙용 심씨(淑
容沈氏) 소생인 숙혜 옹주(淑惠翁主, 1486~1525)와 혼인하
여 한천위(漢川尉)에 봉해진 조무강(趙無疆, 1488~1541)이
다. 할아버지는 조계원(趙啓遠, 1592~1670)이다. 조계원은
인조때 문과에 급제하였고, 현종때 형조판서를 지낸 인물
이다. 할머니는 상촌 신흠(申欽, 1566~1628)의 따님 평산
신씨이다. 조계원의 중형(仲兄)인 조창원(趙昌遠)의 딸이 인
조 계비 장렬왕후 조씨이다.

　조계원의 셋째아들인 조희석(趙禧錫, 1622~1662)이 조태
채의 아버지이다. 조태채의 부인은 심익선(沈益善)의 딸 청
송 심씨이다. 심익선은 심지원(沈之源)의 양자로 신임사화
를 일으킨 심익창(沈益昌)과 효종 부마 심익현(沈益顯)의 형
(兄)이 되는 인물이다.

　조계원의 넷째아들인 조사석(趙師錫)의 아들이 바로 조태
구(趙泰耉)이다. 조태채와 조태구의 숙부인 조가석(趙嘉錫)
의 아들이 조태구와 함께 소론의 영수이었던 조태억(趙泰
億)이다.

【양주 조씨 조태채를 중심으로】

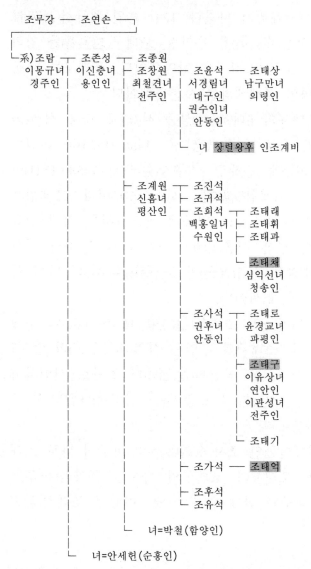

덕양서원(德陽書院). 문화재 자료 제53호(전남 고흥군)
전남 고흥군 동일면 덕흥리 668-2 소재

덕양서원은 신임사화(辛壬士禍) 때 당시 좌의정이었던 이건명(李健命)을 배향하는 서원이다. 이건명은 소론(少論)의 득세에 의하여 반역죄로 몰려 현 봉래면인 나로도에 유배되었다가 죽었는데 그의 학덕을 추모하기 위하여 영조 44년(1768) 송연악, 박유석 등 고흥관내 사림의 주력으로 유배의 사적을 가리는 유허비를 세우는데 이때 사당의 형태로 건립된 것으로 보인다.

유허비의 건립 이후 150여 년이 지나자 퇴락되어 1928년 선생의 8대손인 이정호의 발의로 관내 사림의 협력으로 비각의 중건과 덕양서원의 건립이 이루어진다. 그 당시 중건에 참여했던 인물들의 명연 선조가 추배되는데 황재 이기천, 송애 정동준, 돈암 이인기, 도사 오광생, 양촌 노주관, 입재 문약연, 정송송, 정난파, 명중화 등 9위이다. (출전: 문화재청)

■ 왕세제 모해

이러한 와중에 환관(宦官)과 궁녀가 왕세제[후일 영조]를 살해하려는 사건이 일어났다.

경종 1년 12월 22일 경종의 측근내시 박상검이 여우를 잡는다는 명목으로 왕세제가 대전으로 문안하러오는 길에 함정을 파고 덫을 놓아 길을 막은 다음 '세제를 폐하여 서인으로 삼는다.'는 전교를 박상검이 대신 써서 다음 날 반포하려 했다.

이를 본 환관 장세상(張世相)이 죽음을 무릅쓰고 세제에게 알리니 세제는 세제빈과 독약을 마시고 자진하려다 세제빈의 만류와 입직궁관 김동필(金東弼, 1678~1737) 등의 만류로 사위소(辭位疏) 초본을 대신들에게 보내고 왕대비 인원왕후에게 구명을 호소해 겨우 위기를 넘긴다. 이에 인원왕후가 몸소 세제를 인도하여 대전으로 가서 삼종혈맥(三宗血脈)이 왕과 왕세제밖에 없음을 말하고 우애를 당부하니 경종도 어쩔 도리가 없었다.

이어 인원왕후는 영의정 조태구에게 언문교서를 내려 꾸짖고 환관 박상검, 문유도와 궁녀 석렬(石烈)과 필정(必貞)을 거명하며 이를 처단하라고 한다

12월 23일 영의정 조태구, 우의정 최석항, 예조판서 이조(李肇), 호조판서 김연(金演), 이조판서 심단(沈檀), 공조판서 한배하(韓配夏) 등이 입시하여 경종에게 환관과 궁녀를 죄줄 것을 청하였다.

조태구는 이어서 왕대비에게 문안하니, 왕대비가 언서(諺書)로 하교를 내려 환관과 궁녀를 형률에 따라 처벌할 것을 명하였다. 아울러 조태구 등에게 경종과 왕세제를 잘

보호하여 숙종의 유교를 저버리지 말도록 명하였다.

이에 마지못해 조태구는 왕세제가 사위하려는 것은 옳지 않다고 하면서 박상검 등 세제를 모해하려는 세력을 사형에 처할 것을 청한다.

경종은 박상검을 몹시 아꼈으므로 처음에는 듣지 않았으나 워낙 명분에 어그러지는 일이라 결국 허락하게 되었다.

다음날인 12월 24일 양사(兩司)에서 두 환관과 궁녀의 국문을 청하지 않고 바로 정형(正刑: 사형)을 청한 사실 때문에 인피(引避)하였다. 이어서 국청(鞫廳)을 설치하여 실정을 알아낼 것을 청하였으나 경종은 따르지 않았다. 이날 궁녀 석렬(石烈)이 자결하였고, 25일에는 필정(必貞)이 자결하여 버렸다.

그리하여 영의정 조태구와 우의정 최석항이 차자를 올려 두 환관을 국문하여 역(逆)을 다스리도록 청하였으나 경종은 허락하지 않았다.

경종 2년(1722) 1월 3일 환관 문유도(文有道)와 박상검(朴尙儉)이 연일 형신(刑訊)을 받았으나 자복(自服)하지 않았고, 다음날인 1월 4일 문유도가 형신을 받고 죽었다. 다음날인 1월 5일 왕세제 모살(謀殺)에 연루된 박찬문(朴贊文)과 김몽상(金夢祥)을 나문(拿問)하고 박상검과 대질하니 박상검이 왕세제와 사감이 있어서 제거하려 했다는 거짓 자백을 하자 다음날인 1월 6일 사형에 처해졌다. 이는 역모의 앞뒤가 드러날까봐 서둘러 죽여 입을 막았던 것이다.

■ 임인년의 무옥

왕세제 제거에 실패한 김일경은 남인 서얼인 목호룡(睦
虎龍, 1684~1724)을 매수해서 노론들이 경종을 시해하려는
역모를 꾀한다고 고변하게 하였다. 이는 왕세제와 노론 세
력을 일망타진하려는 계획이었다. 김일경의 사주를 받은
목호룡(睦虎龍)이 '삼수(三手)'의 설로 노론을 역모로 몰아
일으킨 사건이다.

경종 2년(1722) 3월 27일 목호룡(睦虎龍)이 정인중(鄭麟
重), 김용택(金龍澤) 이기지(李器之, 1690~1722), 이희지(李喜
之, 1681~1722), 심상길(沈尙吉) 홍의인(洪義人), 홍철인(洪哲
人), 조흡(趙洽), 김민택(金民澤, 1678~1722), 백망(白望), 김
성행(金省行), 오서종(吳瑞鍾, 1693~1722), 유경유(柳慶裕) 등
이 경종을 시해하려 했다고 상변(上變)하였다. 그래서 옥사
가 일어나 노론 사대신이 죽고 그 자제와 문도들이 참화
(慘禍)를 입는 큰 사화(士禍)가 일어났다.

김용택은 김만중의 손자로 이이명의 형(兄) 이사명(李師
命)의 사위이고, 이기지(李器之)는 이이명의 아들이며, 김민
택(金民澤)은 김만기의 손자로 김춘택의 동생이다. 그리고
김성행(金省行)은 김창집의 손자이다. 즉 김일경과 목호룡
등은 노론을 일망타진하기 위해서 노론 사대신의 후손들
까지 죽이려 하였던 것이다.

목호룡은 이들이 이른바 '삼수(三手)'의 방법으로 경종을
시해하고서 이이명(李頤命)을 옹립하려 했다고 하였다. 삼
수(三手)라는 것은 칼로 시해하는 방법인 '대급수(大急手)',
독약으로 시해하는 '소급수(小急手)', 모해하여 폐출하는 '평
지수(平地手)'의 세 가지를 말한다.

　목호룡(睦虎龍)이란 자가 상변(上變)하여 고하기를, "역적
(逆賊)으로서 성상(聖上)을 시해하려는 자가 있어 혹은 칼
로써 혹은 독약(毒藥)으로 한다고 하며, 또 폐출(廢黜)을
모의한다고 하니, 나라가 생긴 이래 없었던 역적입니다.
청컨대 급히 역적을 토벌하여 종사(宗社)를 안정시키소
서." 하고, 또 말하기를, "역적 중에 동궁(東宮)을 팔아 씻
기 어려운 오욕을 끼치려 하는 자가 있습니다. 역적의 정
상을 구명(究明)해서 누명(累名)을 씻어 국본(國本)을 안정
시키소서." 하였다.
　… 이른바 '혹은 칼로써 한다.'는 것은 김용택이 보검(寶
劍)을 백망에게 주어 선왕의 국애(國哀: 국상)때 담장을 넘
어서 궁궐로 들어가 '대급수(大急手)'를 행하려고 하는 것
이고, '혹 약(藥)으로써 한다.'는 것은 이기지 · 정인중 · 이
희지 · 김용택 · 이천기 · 홍의인 · 홍철인이 은(銀)을 지상
궁(池尙宮)에게 주고, 그로 하여금 약(藥)을 타게 하여 흉
악한 일을 행하는 것이니, 이것은 경자년(경종 즉위년,
1720)에 반 년 동안 경영한 일이었으니 이른바 '소급수(小
急手)'라 하고, 폐출(廢黜)를 모의하는 것으로서는 이희지
가 언문(諺文)으로 가사(歌詞)를 지어 궁중에 유입(流入)시
키려 하였는데, 모두 성궁(聖躬)을 무고하고 헐뜯는 말이
었습니다. 또 교조(矯詔)를 초(草)하여 나인[內人] 지열(池
烈)과 환관(宦官) 장세상(張世相)을 시켜서 국상(國喪)때 곧
내리려고 하였는데, 그 조서(詔書)를 많이 기억하지는 못
하나, 첫머리에, '불곡첨위(不穀忝位)' 등의 글자가 있었고,
중간에는 '세자(世子) 모(某)를 폐위시켜 덕양군(德讓君)으
로 삼는다[廢世子某爲德讓君].'는 말이 있었습니다. … 『
경종실록』 경종 2년 3월 27일

　목호룡은 남인(南人) 출신으로 풍수지리술(風水地理術)에

능하여 왕세제의 응사(鷹師)[25]인 백망(白望)과 친하였고 그의 소개로 노론측 인사들과 사귀었다. 그런데 이들이 역모를 일으킨다고 무고한 것이었다. 그리하여 정인중·김용택 등 역모의 주도자로 몰린 자들이 잡혀와 국문을 받게 되었다.

이 역모에 연루되어 잡혀온 자들이 60여명이나 되었다.

3월 28일 추국청에서 백망(白望)·유경유(柳慶裕)·오서종(吳瑞鍾)·정인중(鄭麟重)과 나인(內人) 이영(二英) 등을 잡아 가두었고, 4월 7일 이사명(李師命)의 아들 이희지(李喜之)를 잡아 가두었으며 그 다음날에는 심상길(沈尙吉)을 잡아왔다. 4월 10일에는 김성행(金省行)을 잡아가두었고, 4월 12일 정인중이 복주(伏誅)되었고, 4월 13일 백망, 김용택, 이천기가 복주되었으며, 4월 14일에는 심상길이 죽었다. 조성복(趙聖復)이 의금부에 잡혀왔다. 그리하여 이들을 국문하고 공초를 받아내니 자연스레 유배가 있는 노론 사대신이 연루되었다. 김창집의 손자 김성행과 이이명의 아들 이희지(李喜之)가 부형(父兄)의 뜻을 받아 경종 즉위 후에도 환국과 모역(謀逆)을 꾸몄다고 한 것은 바로 김성절(金省節)의 공초(供招)에서 나온 것이었다고 하는데, 이는 거짓이었다.

그리하여 4월 17일 대사간 이사상(李師尙)·헌납 윤회(尹會)·장령 이경열(李景說)·지평 박필몽(朴弼夢)이 입시하여 노론 사대신인 김창집·이건명·이이명·조태채 등을 처단할 것을 청하였다.

김창집은 그의 아들 김제겸(金濟謙)과 손자 김성행이, 이

---

25) 응사(鷹師): 사복시(司僕寺)에 소속되어 매[鷹]에 관한 일을 맡아 보던 관원

건명과 이이명은 사촌형제인 이사명(李師命)이 각각 역모를 주도하였다는 것이고, 조태채는 경종 1년 경종의 왕세제 대리 하명 당시 차자(箚子)를 올려 그 절목을 올린 죄목으로 이 역모의 근본으로 몰리게 된 것이었다.

4월 23일 경종은 이이명과 김창집을 사사(賜死)하라는 명을 내렸으나 이틀 뒤인 4월 25일 그 명을 정지하고 위리안치하도록 하였다. 그러나 이 명을 받기 전에 4월 30일 이이명이 사사되었고, 김창집이 4월 29일에 성주(星州)에서 사사되었다.

5월 12일 장령 이경열(李景說), 지평 김홍석(金弘錫), 정언 정수기(鄭壽期)·이진순(李眞淳)이 합계하여 이건명과 조태채의 처단을 청하였다. 5월 14일에는 서덕수(徐德修)가 복주(伏誅)되었다. 서덕수는 독약을 쓰는 모의에 동참하였다고 한 것이 조흡(趙洽)과 이정식(李正植)·김창도(金昌道)의 공초에서 나온 것이었다. 그러나 이것도 영조 즉위후인 영조 1년 3월 2일 거짓으로 밝혀졌다.

서덕수는 영조비 정성왕후(貞聖王后) 서씨(徐氏)의 조카로 달성부원군 서종제(徐宗悌)의 손자가 되는 인물이다.

이렇게 노론이 참화를 입게 되자 정권을 장악한 소론은 8월 7일에 윤선거(尹宣擧)와 윤증(尹拯) 부자의 관작과 시호를 주청하여 회복하였고, 8월 11일에는 숙종과 인경왕후, 인현왕후의 신주를 종묘에 부묘하고서 숙종묘정(廟廷)에 영의정 남구만·좌의정 박세채·우의정 윤지완·영의정 최석정을 배향하였으니 전부 소론계 인사들이었다.

■ 김성궁인사건

이러한 정국에서 김씨(金氏) 성(姓)을 가진 궁인(宮人)이 경종의 수라에 독약을 탔다는 김성궁인사건이 일어나게 되었다. 이 사건은 김일경 등이 숙종 후궁 영빈 김씨(寧嬪 金氏) 및 그 족친인 안동 김문과 노론을 일망타진하려고 일으킨 조작된 사건이었다.

경종 2년 8월 18일 영의정 조태구와 약방제조 한배하가 입시하여 경종이 입진(入診)한 자리에서 김씨 성을 가진 궁인이 경종의 수라에 독약을 탔다고 말하였다. 조태구와 한배하는 김성절(金省節)의 초사(招辭)에서 그 사실을 알았다고 하면서 경종이 수라를 들고 난 뒤에 구토한 것은 독약을 탄 것이 맞으니 김씨 성을 가진 나인을 조사할 것을

청하였다. 그리하여 추국청에서 궁인(宮人)을 조사해내기를 청하였으나 경종은 원래 없었다고 말하였다.

영빈 김씨 묘 (사적 제367호, 경기 남양주시 진접읍 장현리 175 소재)
유명조선국 영빈안동김씨지묘(有明朝鮮國 寧嬪安東金氏之墓)

다음날인 8월 19일 전라도 홍양의 나로도(羅老島)에서 이건명(李健命)이 참형에 처해졌다. 8월 22일 영의정 조태구, 대사간 이명언(李明彦)이 김성(金姓) 궁인(宮人)을 조사할 것

을 계속 청하니 경종은 드디어 허락하였다. 그러나 잘되지
않은 듯 경종 4년까지도 계속 김성 궁인에 대한 조사를
청한다. 8월 26일 김성절(金省節)이 복주되었다. 그의 공초
에 "장성(張姓)의 역관(譯官)이 독약(毒藥)을 사서 가지고 왔
으며, 김성(金姓)의 궁인이 성궁(聖躬)에게 시험하여 썼습니
다. …" 라고 하니, 당시 소론은 계속 경종에게 김성 궁인
에 대한 조사를 요청하였다.

9월 21일 경종은 대신(大臣)을 태묘(太廟)에 보내 역적을
다스린 것을 고하고 반교문을 반포하였다. 이 토역 반교문
을 김일경이 지은 것인데, 그 내용 중에 형제간의 왕위 쟁
탈을 담고 있는 '금정접혈(禁庭蹀血)'26) 이라는 것이 있었
다. 김일경은 영조 즉위후 목호룡과 함께 역률로 참형에
처해졌다. 이로써 임인년의 무옥(誣獄)은 일단락 되었지만
이 옥사에 연루된 자들은 경종 재위년간 계속 화를 당하
였다. 이 반교문에도 김일경은, 김창집이 궁중의 인척과
연결하여 동정을 살피고 김성행을 조정하여 소훈(昭訓)을
죽였다고 기록하였다. 김창집은 숙종 후궁 영빈 김씨의 아
버지 김창국(金昌國)과 사촌형제 사이다.

이 신임사화로 화(禍)를 입은 노론 사대신인 김창집·이
이명·이건명·조태채를 중심으로 그 혼맥을 살펴보면, 척

26) '금정 접혈(禁庭蹀血)': 대궐의 뜰에 유혈(流血)이 낭자하여 그것을 밟고
건널 정도였다는 뜻. 당(唐)나라 초기 고조(高祖)가 장자(長子) 이건성(李建成)
을 태자(太子)로 세웠는데, 이건성이 당(唐)의 건국(建國)에 공(功)이 많았던
아우 이세민(李世民)이 자기 자리를 넘볼까 염려하여 미리 제거하고자 하
니, 이세민이 군사를 동원하여 현무문(玄武門)으로 들어가 이건성을 죽였음.
이때의 처참했던 상황을 『자치통감 資治通鑑』에서 이렇게 '접혈 금정'이란
말로 묘사했는데, 한편 아우가 형을 잔인하게 죽이고 왕위를 차지했다는
뜻을 내포하고 있음

화파의 양대 산맥이라 할 수 있는 청음 김상헌과 백강 이경여의 집안이 중심이 되어 척화북벌을 주도하는 세력이 되어 있다.

우선 안동 김씨(安東金氏)의 김창집은 그 아버지가 숙종 15년(1689) 기사환국때 남인들에 의하여 우암 송시열과 함께 사사(賜死)된 영의정 김수항(金壽恒, 1629~1689)이다. 김수항과 이이명의 형 이사명(李師命)은 나성두(羅星斗)의 딸 안정 나씨(安定羅氏)와 혼인하였으니, 이사명은 김창집에게 이모부가 되는 관계이다.

김창집의 아들 김제겸(金濟謙, 1680~1722)도 경종 2년에 부령부(富寧府)에 유배되었다가 동년 8월 24일에 사사되었다. 김창집의 딸이 민유중(閔維重, 1630~1687)의 아들이자 인현왕후의 오라비인 민진원(閔鎭遠, 1664~1736)의 며느리가 되었다. 민진원도 경종 1년에 성주목(星洲牧)으로 귀양갔었는데, 영조 즉위후에 특명으로 방면되었다.

다음으로 전주 이씨 세종 서5남 밀성군(密城君) 이침(李琛, 1430~1479)의 후손으로 이이명과 이건명이 있는데, 이이명이 사촌형이 된다. 이들은 둘 다 백강(白江) 이경여(李敬輿, 1585~1657)의 손자이다. 이경여는 병자호란 당시 척화파로서 인조를 남한산성에서 호종(扈從)하였고, 청나라 연호를 쓰지 않았다 하여 심양에 억류되기도 하였다. 효종 때 영의정까지 지낸 인물이다.

이경여의 둘째아들이 이민적(李敏迪), 셋째아들이 이민서(李敏敍)이다. 이민적의 아들이 이이명이고, 이민서의 아들이 이건명이다. 이이명은 김만중(金萬重, 1637~1692)의 딸 광산 김씨와 혼인하였다. 김만중은 사계 김장생의 증손자이다. 아버지는 병자호란때 강화도에서 청음 김상헌의 형 선원(仙源) 김상용(金尙容)과 함께 자결한 김익겸(金益謙, 1614~1636)이다.

【안동 김씨 김수항을 중심으로】

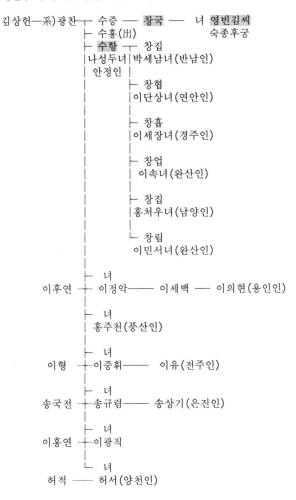

【김수항과 이건명을 중심으로】

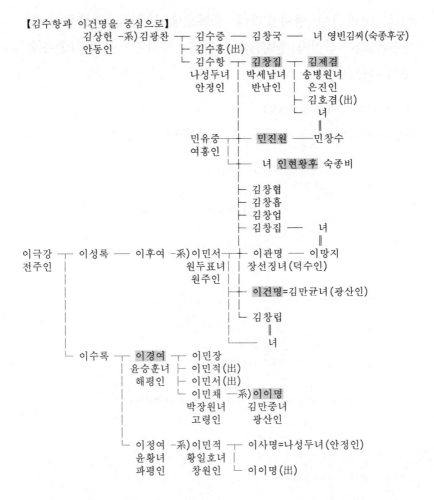

　경종 2년 10월 3일 대사헌으로 있는 김일경이 입시하여 조태채를 안율(按律)하기를 청하고, 아울러 김성(金姓) 궁인(宮人)을 조사할 것을 청하고, 10월 19일 추국청에서 김성 궁인을 조사해 잡아내기를 청하였다.

　10월 29일 경종은 금부도사 송식(宋湜)을 보내어 위리안치되어 있는 조태채를 진도에서 사사(賜死)하라고 명하였고, 11월 12일 도사 송식이 조태채를 사사하였다고 계문

(啓聞)하였다. 12월 3일 김운택(金雲澤)이 형장을 받고 죽었다. 김운택은 김춘택의 동생으로 김성절의 초사(招辭)에서 이희지(李喜之), 이기지(李器之)와 함께 경종을 해하기 위해 독약을 썼다고 하여 형장을 받고 죽은 것이다. 그러나 영조 즉위 후인 영조 1년 3월 25일 김성절의 초사는 거짓으로 밝혀졌다.

경종 2년 12월 21일 사간원에서는 김춘택의 여러 아우가 모두 역모를 도모하는 데 참여하였는데, 목호룡의 초사에서 김보택(金普澤)의 집에서 모의하였다고 하였고, 김성절의 결안(結案)에서 김운택의 무리가 독약을 썼다는 말이 나왔기에 김춘택의 자질(子姪)들을 절도(絶島)에 정배(定配)할 것을 청하였다.

경종 3년(1723) 1월 10일 김춘택의 아우와 자질(子姪)들을 유배보내었다. 이중에는 두세 살밖에 안 된 어린 아이도 있었다.

숙종 비 인경왕후의 아버지 김만기의 손자인 김춘택(金春澤, 1670~1717)에게는 7명의 남동생이 있다. 그들은 김보택(金普澤, 1672~1717), 김운택(金雲澤, 1673~1722), 김민택(金民澤, 1678~1722), 김조택(金祖澤, 1680~1730), 김복택(金福澤, 1682~1740), 김정택(金廷澤, 1685~1728), 김연택(金延澤, 1690~1751)이다. 이중에서 김조택, 김복택, 김정택, 김연택이 이날 유배가게 되었다.

그리고 그들의 아들과 조카들로 화(禍)를 당한 자들의 당시 나이와 이름은 다음과 같다. 김춘택의 아들 김덕재(金德材, 1694~1724)는 30세이었고, 김민택의 아들 김선재(金善材, 1702~1768)는 22세, 김운택의 아들들인 김준재(金

俊材, 1698~1772)는 26세, 김위재(金偉材, 1700~1776)는 24
세, 김양재(金養材, 1710~1734)는 14세였다.[27] 김보택의 아
들 김성재(金聖材, 1688~1738)는 36세, 김조택의 아들 김후
재(金厚材, 1704~?)는 20세였다.

【광산 김씨 김춘택을 중심으로】

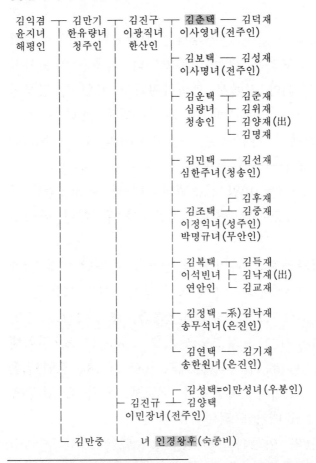

김익겸 ─┬─ 김만기 ─┬─ 김진구 ─┬─ 김춘택 ── 김덕재
윤지녀 │ 한유량녀 │ 이광직녀 │ 이사영녀(전주인)
해평인 │ 청주인   │ 한산인   │
        │   │   ├─ 김보택 ── 김성재
        │   │   │ 이사명녀(전주인)
        │   │   │
        │   │   ├─ 김운택 ─┬─ 김준재
        │   │   │ 심량녀 ├─ 김위재
        │   │   │ 청송인 ├─ 김양재(出)
        │   │   │   └─ 김명재
        │   │   │
        │   │   ├─ 김민택 ── 김선재
        │   │   │ 심한주녀(청송인)
        │   │   │
        │   │   │   ┌─ 김후재
        │   │   ├─ 김조택 ─┤ 김중재
        │   │   │ 이정익녀(성주인)
        │   │   │ 박명규녀(무안인)
        │   │   │
        │   │   ├─ 김복택 ─┬─ 김득재
        │   │   │ 이석빈녀 ├─ 김낙재(出)
        │   │   │ 연안인   └─ 김교재
        │   │   │
        │   │   ├─ 김정택 ─系)김낙재
        │   │   │ 송무석녀(은진인)
        │   │   │
        │   │   └─ 김연택 ── 김기재
        │   │   송한원녀(은진인)
        │   │
        │   │   ┌─ 김성택=이만성녀(우봉인)
        │   ├─ 김진규 ─┴─ 김양택
        │   │ 이민장녀(전주인)
        │   │
        └─ 김만중   └─ 녀 인경왕후(숙종비)

----

27) 김양재의 생년이 『광산김씨족보』에는 영조 경인(庚寅)년으로 되어 있다.
그러나 영조때는 경인년이 없고 숙종때 경인년(숙종36, 1710)이 있는데, 이
숙종 경인년이 김양재의 생년인 듯하여 본서에서는 유배되는 김양재의 나
이를 14세로 하였다. 만일 김양재가 영조때 태어났다고 한다면 이때 유배
를 간 것이 맞지 않기 때문이다.

경종 3년 2월 4일, 3월 6일 사간원에서 어선(御膳)에 독을 탔다고 한 김성(金姓) 궁인을 조사할 것을 청하였고, 4월 28일 승정원에서도 청하였다. 12월 18일 삼사에서, 12월 24일 빈청(賓廳)에서 모두 조사를 청하였으나 경종은 허락하지 않았다.

경종 4년(1724)에도 삼사에서 계속 김성 궁인에 대한 조사를 청하였으나 경종은 허락하지 않았다. 5월 18일 삼사에서 김성 궁인에 대한 일을 논쟁하였으나 경종은 허락하지 않았다. 이러한 청이 있게 된 것은 이보다 앞서 김일경의 무리가 옥사가 마무리되자 사헌부 지평 신치운(申致雲, 1700~1755)을 사주하여 김성 궁인의 일을 가지고 복합(伏閤)의 논의를 주도하게 한 것이었기 때문이었다.

김씨(金氏) 성(姓)을 가지 궁인이 경종의 수라에 독약을 탔다는 '김성궁인사건(金姓宮人事件)'은 김일경 등이 숙종 후궁 영빈 김씨(寧嬪金氏) 및 그 족친인 안동 김문과 노론을 일망타진 하려고 일으킨 조작된 사건이었다.

김창집 초상화 (한국학중앙연구원)

이렇게 경종 1년과 2년에 청음 김상헌의 후손인 안동 김씨를 비롯하여 사계 김장생의 후손인 광산 김씨, 세종 후손으로 백강(白江) 이경여(李敬輿)를 중심으로 하는 전주 이씨 밀성군파도 거의 멸문(滅門)에 가까운 화(禍)를 당하였다. 안동 김씨는 전술(前述)하였고, 광산 김씨와 전주이씨 밀성군파의 혼인관계를 살펴보면 다음과 같다.

김장생의 증손녀이고 김익희(金益熙, 1610~1656)의 손녀가 되는 김만균(金萬均)의 딸이 이민서(李敏敍)의 둘째아들로 노론 사대신의 한 명인 이건명(李健命)과 혼인하였다. 그리고 이건명에게 조카가 되는 형(兄) 이관명(李觀命)의 아들 이익지(李翊之)는 김익희의 조카인 김만중의 손녀 김진화(金鎭華)의 딸과 혼인하였다. 그리고 김진화의 아들 김용택(金龍澤)은 이이명의 친형(親兄) 이사명(李師命)의 첫째딸과 혼인하였다. 김만중의 딸은 이건명과 함께 노론 사대신의 한 명인 이이명(李頤命)과 혼인하였다.

김만중은 숙종비 인경왕후의 아버지 김만기의 동생이다. 김만기의 첫째아들이 김진구(金鎭龜)인데, 그의 장남이 김춘택이다. 김춘택은 인현왕후 민씨의 복위운동을 주도했던 인물이다. 김춘택의 동생 김보택(金普澤)이 이이명의 친형 이사명의 첫째딸과 혼인하였다.

이렇게 이건명은 김만중의 사촌형제인 김만균(金萬均)의 사위이고, 이이명은 김만중의 사위가 되어 이이명과 이건명이 서로 사촌형제이면서 또 사촌동서간이 되었다. 그리고 김만중의 다른 사촌형제인 김만견은 이민적(李敏迪)의 사위가 되어 이이명과 처남매부사이가 되었다. 그리고 이들 가문의 후손들도 서로 두세 겹 혼인을 맺었다.

【광산 김씨, 전주 이씨 밀성군파와의 혼맥】

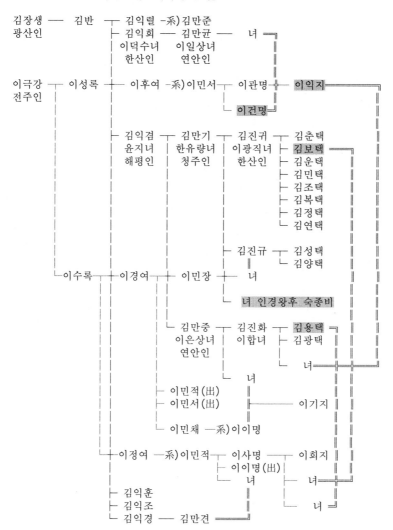

찾아보기

찾아보기

※ 역사문화에서 나온 책

● 사상과 문화 시리즈

한국의 사상사 시리즈는 문화의 발전과정이 그 당시를 대표하는 사상과 철학의 조류 속에서 정치, 경제, 사회의 발전과 의례, 미술, 음악 등의 문화가 형성됨을 알리기 위한 기획 시리즈이다.

조선성리학과 문화
朝鮮性理學과 文化

지두환 저

2009년 5월 20일 초판 발행

값 15,000 원

조선시대 사상사의 재조명
朝鮮時代 思想史의 再照明

지두환 저

1998년 7월 11일 초판 발행

값 12,000 원

※ 제1회 대산문화재단·교보문고 양서발간 지원 사업의 지원대상 도서.

한국사상사
韓國思想史

지두환 저

1999년 9월 13일 초판 발행
2002년 9월 10일 2쇄 발행

값 15,000 원

조선시대 사상과 문화

지두환 저

1998년 3월 4일 초판 발행
2012년 3월 7일 2쇄 발행

값 7,000 원

조선시대 궁궐 운영 연구

장영기 저

2014년 5월 10일 초판 발행

값 20,000 원

한국사상과 복식문화 (신간)

지수현 저

2016년 10월 7일 초판 발행

값 20,000 원

기업 사회공헌, 문화재와의 만남 (신간)

장영기 저

2017년 12월 21일 초판 발행

값 19,000 원

조선시대 책문·대책연구 (신간)

조선시대 策問·對策연구

안소연 저

2019년 2월 18일 초판 발행

값 20,000 원

● **한국의 인물 시리즈**

저자가 한국사를 연구하고 강의하면서, 조선의 왕실과 그 친인척들을 정리하였고 다시 각각의 인물에 대한 정리를 좀 더 심도 있게 할 필요를 느껴 기획한 인물 시리즈이다.

고운 최치원 논문선집 (신간)

孤雲 崔致遠 論文選集

이성호 저

2017년 7월 17일 초판 발행

값 25,000 원

장희빈
張禧嬪

지두환 저

2002년 12월 26일 초판 발행

값 8,000 원

최충과 신유학
崔冲과 新儒學

이성호 저

2014년 5월 50일 초판 발행

값 20,000 원

청음 김상헌 (신간)
清陰 金尙憲

지두환 저

2016년 10월 5일 초판 발행

값 25,000 원

● 정치사 시리즈

조선의 정치사를 정리하는데 필수적인 요소가 되는 국왕 친인척을 조사하면서 정치사를 정리하기 시작하고, 이렇게 정리한 것을 강의하면서 일반 사람들은 정치사를 배우면서 역사에 흥미를 느끼고 역사가 중요하다고 평가를 하고 있다는 것을 알게 되었다. 왕위계승이나 왕실친인척과 연결하여, 그동안 왕조사관이라 하여 부정적으로 보아만 왔던 국왕 왕실 관계와 연결하여 설명해보려 하였다.

왕실 친인척과 조선정치사

지두환 저

2014년 5월 9일 초판 발행

값 15,000 원

조선전기 정치사
朝鮮前期 政治史

지두환 저

2001년 9월 9일 초판 발행
2003년 9월 9일 개정 발행

값 8,000 원

조선의 왕비 가문

양웅렬 저

2014년 8월 29일 초판 발행

값 20,000 원

역주 아아록

임병수·이순구·권윤수·이성호·김준은·류명환 저

2016년 2월 29일 초판 발행

값 35,000 원

선조 후궁 인빈 김씨와 그의 손자들
(E-Book) (신간)

양웅렬 저

2018년 11월 30일 초판 발행

값 12,000 원

● 지리학 시리즈

여암 신경준과 역주 도로고

류명환 저

2014년 10월 20일 초판 발행

값 25,000 원

역주 가람고

류명환 저

2016년 12월 19일 초판 발행

값 20,000원

- **조선의 왕실 시리즈 (지두환 저)**

조선의 왕실 시리즈는 한국학이나 역사를 연구하는데 있어 인물 연구가 중요하면서도 기초적인 것이라는 것을 알면서도 연구의 작업량이 워낙 방대하여 누구나 손쉽게 접근하지 못한 면이 많았다. 이에 역사의 중심이자 핵심인 왕실의 인척 관계를 정리하고, 역사 속에서 커다란 역할을 했던 각 인물에 대한 정리를 하기 위한 기획 시리즈이다.

연번	도서명	출간일	가격	비고
1	태조대왕과 친인척	1999년 2월 23일	8,000	
2	정종대왕과 친인척	1999년 9월 21일	10,000	
3	태종대왕과 친인척 1	2008년 8월 14일	15,000	
4	태종대왕과 친인척 2	2008년 8월 14일	15,000	
5	태종대왕과 친인척 3	2008년 8월 14일	15,000	
6	태종대왕과 친인척 4	2008년 8월 14일	18,000	
7	태종대왕과 친인척 5	2008년 8월 14일	15,000	
8	태종대왕과 친인척 6	2008년 8월 14일	15,000	
9	세종대왕과 친인척 1	2008년 8월 8일	15,000	
10	세종대왕과 친인척 2	2008년 8월 8일	15,000	
11	세종대왕과 친인척 3	2008년 8월 8일	15,000	
12	세종대왕과 친인척 4	2008년 8월 8일	15,000	
13	세종대왕과 친인척 5	2008년 8월 8일	15,000	
14	문종대왕과 친인척 1	2008년 8월 8일	15,000	
15	문종대왕과 친인척 2	2008년 8월 8일	15,000	
16	단종대왕과 친인척	2008년 8월 8일	15,000	

17	세조대왕과 친인척	2008년 10월 6일	18,000	
18	예종대왕과 친인척	2008년 11월 7일	15,000	
19	성종대왕과 친인척 1	2007년 5월 23일	15,000	
20	성종대왕과 친인척 2	2007년 5월 11일	14,000	
21	성종대왕과 친인척 3	2007년 2월 26일	15,000	
22	성종대왕과 친인척 4	2007년 2월 26일	14,000	
23	성종대왕과 친인척 5	2007년 2월 26일	13,000	
24	연산군과 친인척	2008년 11월 7일	18,000	
25	중종대왕과 친인척 1	2001년 6월 23일	8,000	
26	중종대왕과 친인척 2	2001년 7월 11일	10,000	
27	중종대왕과 친인척 3	2001년 7월 27일	12,000	
28	인종대왕과 친인척	2008년 11월 7일	15,000	
29	명종대왕과 친인척	2002년 2월 28일	10,000	
30	선조대왕과 친인척 1	2002년 10월 17일	11,000	
31	선조대왕과 친인척 2	2002년 10월 11일	12,000	
32	선조대왕과 친인척 3	2002년 8월 24일	11,000	
33	광해군과 친인척 1	2002년 11월 25일	9,000	
34	광해군과 친인척 2	2002년 11월 25일	9,000	
35	인조대왕과 친인척	2000년 11월 30일	10,000	
36	효종대왕과 친인척	2001년 3월 26일	10,000	
37	현종대왕과 친인척	2009년 1월 24일	18,000	
38	숙종대왕과 친인척 1	2009년 1월 24일	15,000	
39	숙종대왕과 친인척 2	2009년 1월 24일	15,000	
40	숙종대왕과 친인척 3	2009년 1월 24일	13,000	
41	경종대왕과 친인척	2009년 1월 24일	13,000	
42	영조대왕과 친인척 1	2009년 1월 24일	15,000	
43	영조대왕과 친인척 2	2009년 1월 24일	12,000	
44	영조대왕과 친인척 3	2009년 1월 24일	15,000	
45	정조대왕과 친인척 1	2009년 1월 24일	15,000	
46	정조대왕과 친인척 2	2009년 1월 24일	12,000	
47	순조대왕과 친인척	2009년 2월 14일	18,000	
48	헌종대왕과 친인척	2009년 2월 14일	12,000	
49	철종대왕과 친인척	2009년 2월 14일	13,000	
50	고종황제와 친인척	2009년 2월 14일	15,000	
51	순종황제와 친인척	2009년 2월 14일	12,000	
52	부록 - 색인집	2009년 2월 27일	15,000